4차산업의
패스워드

4차산업의 패스워드

초판 1쇄 인쇄일 2022년 9월 23일
초판 1쇄 발행일 2022년 9월 23일

지은이 박광봉 · 박미라
펴낸이 박수학
인 쇄 신화프린팅
교 정 김민정
편집디자인 책과나무

펴낸곳 (주)넷비즈월드
출판등록 제573-2022-000024호
주소 충청북도 청주시 청원구 2순환로160번길 94-10
대표전화 043.214.3981   팩스 043.215.3981
이메일 MBN@netkorea.or.kr
홈페이지 http://www.netkorea.or.kr
ISBN 979-11-980093-0-2 (03320)

시공을 관통하는 4차산업의 암호는 무엇인가?

4차산업의 패스워드

4TH PASSWORD

박광봉 · 박미라

지음

─── 지속성장 전략모델을 위한 ───
암호를 찾아라

NETBIZWORLD

이업종 서시(序詩)

行智 朴光鳳

二六不下 異業種
26년 이업종과 동고동락하며,

觀小觀大 融卽尖
크고 작은 기업 모두 살피니 융합이 곧 첨단이로다.

如何一滴 信創業
어찌하여 신창업 한 방울 떨어뜨리고,

肯墮協業 一國中
한 나라의 협업으로 좋다고 하리오.

『4차산업의 패스워드_4th Password』을 출간하면서

1996년 7월 23일 중소벤처기업진흥공단에서 이업종 교류전문가로 활동을 시작한 지 26년의 세월이 지나간다. 이업종 산업에 투신한 지 4반세기가 흐른 것이다. 그동안의 산업활동으로 다져진 형식지와 암묵지를 재정리하고자 한다. 30여 년의 공직생활을 뒤로하고 중소기업 산업현장에 투신한 것은 나름대로의 이유가 있었다. 공직생활에서 쌓아진 지식과 정보의 가치를 재창출하여 우리나라 산업현장에도 기여하고 나의 인생을 리스트럭처링(Restructuring ; 재구조화)하고자함에 있었다. 그 시도는 적중했다. 보람있는 시도였다. 인생을 마무리하는 시점에서 돌이켜 보면 아직도 부족한 면이 없지 않지만, 그래도 가치 있는 일이었다고 자평해 본다. 지난 2016년 8월 15일 첫 출간한 『융합시대 信 創業』은 그간의 경험을 토대로 정리한 내용을 하나의 책으로 엮었다. 이후 6년이 지나가는 현시점에서 그 당시 부족했던 내용과 변화된 내용을 업그레이드해서 이번에 『4차산업의 패스워드_4th Password』란 이름으로 리뉴얼했다.

협업이란 둘 이상의 기업들이 교류를 통하여 신뢰를 바탕으로 신 비즈니스모델로 확립되어야 성공할 수 있다. 이업종 교류활동을 통한 중소기업 간 협업 비즈니스모델만이 대한민국이 글로벌 경제전쟁에서 살아남

는 유일한 방편이다. 여기서는 비즈니스 세계에서 승리할 수 있는 방편으로 협업 비즈니스모델을 제시했고 협업 비즈니스의 이론적인 근거를 중도이론에서 찾았다.

이 책은 융합 비즈니스모델에 대한 이야기를 26년 동안 융합전문가로서 겪어온 저자의 노하우와 암묵지를 바탕으로 저술되었다. 따라서 이 책은 소상공인에서부터 중소기업에 모든 분야의 업종에 이르기까지 구조적으로 경영환경이 열악한 중소기업인들과 이들을 위한 정부나 자치단체의 중소기업 정책 입안자들이 적극적으로 참고하기를 권한다. 특히 요즘 4차 산업혁명 시대에 ESG 경영을 추구하고 성과 중심의 교류활동을 원하는 기업인과 단체들에게 필독을 권한다.

2022년 07월 01일
백화산 한국ICT융합연구소에서 저자 씀

추천사

2016년 다보스포럼에서 '클라우스 슈바프'가 4차 산업혁명 시대의 시작을 선언한 이후 4차 산업혁명은 전 세계적으로 매우 중요한 화두가 되었다. 인터넷 문명에 기반한 4차 산업혁명의 핵심 키워드는 '데이터 연결성'과 '기술 융.복합'으로 규정할 수 있다.

현재 전 세계는 ICT융합을 통하여 빅테이터를 기반으로 메타버스와 AI(인공지능)가 급속도로 확산되고 있다. 따라서 기업 CEO와 컨설턴트, 학자, 정책 입안자들은 반드시 '빅데이터 경영', '메타버스 경영', '인공지능 경영'에 대한 체계적이고 전문적인 이해가 필요한 시대이다.

하지만, 과연 우리는 4차 산업혁명의 시대적 흐름 가운데 치열한 글로벌 경쟁 속에서 체계적 대비를 해왔는지 돌이켜 볼 필요가 있다.

그런 의미에서 『4차산업의 패스워드』는 우리에게 많은 시사점을 던져주고 있다. 저서에는 오랫동안 융합전문가이자, 협업전문가로서 지난 26년 동안 활동해 온 저자가 산업현장에서 일어난 사실 하나하나에 근거하여 그 해법을 제시했다는 점에서 그 의미가 매우 크다.

특히, 중소기업들이 융합교류활동을 통하여 새로운 기술과 새로운 제품을 개발하고, 새로운 비즈니스모델을 발굴하여 사업화하는 단계까지 성과 창출로 이어지는 패스워드. 그것은 바로 협업에 있다. 이를 위한 현실적인 노하우와 기법들을 소개하고 있다는 점에서 그 가치를 발견할 수 있을 것이다.

융합전문가인 저자의 해박한 전문적 식견과 열정이 담겨있는 『4차산업의 패스워드』는 산업계를 비롯한 학계, 연구계, 정책 입안자와 집행자 등 4차산업 속에 빠져있는 우리들에게 그 방향을 제시하는 나침판으로, 4차산업의 패스워드를 찾아가는 필독서로 자리매김할 것이라 믿어 의심치 않는다

국회의원 정우택

추천사

　과거 2006년 미래학자 앨빈 토플러는 한국초청 강연 시 한국이 가장 필요로 하는 것은 과거 산업 시대의 오래된 시스템을 고수하는 대신 시스템과 커리큘럼의 다양화가 필요하다고 하였으며 변화를 위해선 낡은 시스템을 깨뜨려야 한다고 하였다. 오늘의 지식이 내일은 쓰레기가 되는 혁명적 속도의 시대가 왔으며 지식 속성은 공유에 있으므로 창의력을 높일 수 있는 교육과 조직 문화 정착이 중요하다고 강조했다.

　현재 하는 일이 단순 반복적인 일인가 아닌가 한 번쯤 생각하여 고부가 가치화 할 수 있는 방법이 무엇인가 생각하여 시대의 흐름에 맞게 업데이트하여야 할 것이다. 공유경제가 발전을 거듭하면서 연결이란 단어와 융합이란 단어가 등장하여 새로운 융합형 직업이 증가하고 있다. 디자이너는 인간의 심리적 지식과 스마트기술을 접목하여 디자인하고 요리사는 농부와 결합하여 신선하고 건강한 음식을 공급하고 공연이나 전시도 콘텐츠 기획에 인문학적 소양과 홀로그램기술이 접목되어 기획되고 있다.

　4차 산업혁명 시대에 인간은 창의적이고 획일적이지 않는 일, 다양한 융합적 가치가 있는 일, 인간과 기계가 공생하면서 문제해결을 할 수 있는 일 등을 서로 협업하여 큰 가치를 만들어 낼 수 있는 역량있는 일이 될 것으로 보며 『4차산업의 패스워드4th Password』에 서는 이를 제시하고 있다.

 박광봉 저자는 30년 공직생활 기획력과 중소벤처기업진흥공단 이업종 교류전문가 활동을 시작으로 26년 세월을 보냈다. 이 책은 융합전문가와 NSC컨설팅 전문가로 겪어온 저자의 산업활동의 노하우를 경영환경이 열악한 소상공인과 중소기업인 그리고 정책입안자들이 적극적으로 참고하도록 했다. 따라서 4차 산업혁명 시대 ESG 경영 성과를 원하는 기업인과 단체들이 필독하길 같은 마음으로 권하고자 한다.

 본 저서는 지금의 익숙함과 당장의 이익을 뒤로하고 융합 R&D기획 역량을 키워 중장기 경영전략과 연계한 역량이 강화되어 성장하고 발전하는 지침서가 될 것이다.

한국폴리텍대학 교수 공명채

추천사

ICT 융합의 중요성이 날로 증가하고 있다. ICT 융합이 상품과 서비스의 본질에 영향을 미쳐 새로운 유형의 상품과 서비스를 창출하는 일에 중요한 영향을 미치고 있기 때문이다. 이와 같이 ICT 융합은 가치 창출 체계를 변화시키며, 새로운 비즈니스모델이나 새로운 산업이 창출되기도 한다.

2013년 8월 '정보통신 진흥 및 융합활성화 등에 관한 특별법'이 제정되어 ICT 융합 신제품/서비스에 대한 지원체계가 구축되어 있고, 산업 측면에서도 자동차, 조선, 섬유 등 다양한 분야에서 새로운 가치가 투여된 혁신활동이 진행되고 있다. 이에 따라 ICT 융합을 통하여 여러 가지 콘텐츠 개발이나 기술개발이 이루어지고 있다. 이때 둘 이상의 기업들이 협력하게 마련이다. 협력을 통한 기술개발까지는 성공적으로 진행되고 있으나 사업화하는 과정에서 상호 간의 이견이 발생하여 중단되는 사례가 많이 발생하게 된다. 성공적인 R&D는 성공적인 사업화가 전제되어야 한다. 따라서 ICT 융합 비즈니스 활동을 통한 협업 비즈니스모델이 많이 구축되어 실제적으로 중소기업들에게 매출증대로 이어지는 사업화 성공 모델이 많이 나와 주어야 한다. 저자는 이러한 점을 중요하게 지적하고 있다. 그동안 융합전문가로서 전국적으로 활동을 해 온 저자의 『4

차산업의 패스워드』란 책은 ICT 융합 비즈니스 활성화를 위하여 시사하는 바가 크다. 특히 ICT 융합 클러스터뿐만 아니라 일반 산업 클러스터들이 이업종 융합활동의 방법론을 받아들여 활용한다면 성공적인 ICT 협업 모델이 많이 나올 것으로 기대된다. 이에 융합활동을 희망하는 중소기업들과 융합을 추구하는 일반인들에게도 강력하게 권하고 싶다.

충남과학기술진흥원장 김광선

추천사

미국의 한류 연구학자 샘 리처드(Sam Richards) 교수는 2022년 5월 13일 건국대학교에서 '한국이 글로벌 위기에 맞서는 방법'이라는 주제로 진행된 강연을 통하여 기후변화 등 전 세계가 직면하고 있는 인류 대재앙의 위기를 극복할 수 있는 해답이 한국에 있다고 말한 바 있다. 한국만이 가진 강점이 있기 때문이라는 것이다. 첫 번째, 공동체 중심의 도덕관을 가지고 있다는 점. 두 번째, 효율적인 교육 시스템을 가지고 있다는 점. 세 번째, 공익을 위한 규칙을 준수하고 있다는 점. 네 번째는 세계적인 소프트 파워(Soft power & global stage)를 가지고 있다는 점을 들고 있다. 저자가 이 책을 통하여 강조하고 있는 융합 비즈니스모델의 정신은 적어도 리처드 교수가 주장하는 공동체, 공익, 소프트 파워 등 세 개의 개념과 상통한다고 볼 수 있다. 경제전쟁의 위기를 극복하는 유일한 방편은 바로 '협업대첩'이라고 하는 저자의 주장에 동감한다.

저자는 내가 충북 음성에서 제조업을 처음 시작했을 때, 기업 애로상담을 위하여 당사를 방문하여 이업종 교류의 중요성을 강조하고 권유한 바 있다. 이런 연유로 인하여 현재 청주이업종융합교류회 회원으로 함께 활동하고 있다. 그동안 저자는 중소기업융합충북연합회와 이업종 교류 활동의 체계를 바로 세운 산 증인이기도 하다. 중소기업진흥에 관한 법률 제5조에서 '중소벤처기업부장관은 서로 다른 업종을 영위하고 있는 중소기업자 간 정보 및 기술 교류를 촉진하기 위하여 이업종교류지원사업(異業種交流支援事業)을 실시하여야 한다.'라고 규정하고 있다. 이 법 실행을 위한 현장의 전문가로 26년을 활동해 온 장인(匠人)이다.

그가 그동안 겪어 온 이업종 교류활동 이야기와 노하우를 이 책은 담고 있다. 이업종과 삶의 한 괘를 같이 해 온 만큼 이업종 교류에 대한 그의 지적도 날카롭다. 그럼 점에서 이업종 교류를 하는 기업인들과 이업종 정책 입안자들에게 일독을 권한다.

(사)중소기업융합충북연합회/(주)뷰티화장품 회장 오찬선

∞

추천사

IT, BT, NT 기술은 기존의 기술 및 산업과 다양한 형태로 융합하면서 새로운 제품과 새로운 기술을 발전시키고 있다. 융합(Convergence)은 산업문화로 자리 잡아 가고 있다는 저자의 지적에 동감한다. 산업계에서 IT 등 특정 분야에 국한하지 않고 산업 전반에서 융합을 활성화하고 있고, 이(異)업종 간, 대·중견·중소기업 간, 그리고 학계·연구계에 이르기까지 교류의 장이 확대되고 있다. 융합은 새로운 것을 창조하는 데 없어서는 아니 될 수단이다. 융합은 창업기업에서부터 중견기업과 대기업에 이르기까지 필요한 산업발전의 핵심요소이다. 산업뿐만 아니라 연구계와 학계에서도 융합연구와 융합학문이 봇물을 이루고 있다. 시대의 요청인 것이다.

그런 의미에서 『4차산업의 패스워드_4th Password』는 매우 뜻깊은 일이다. 박광봉 박사는 오랫동안 융합전문가로서 활동해 오면서 많은 융합 지도를 하는 등 그 전문성을 인정받아 왔다. 이 책의 내용은 융합 교류활동을 통하여 새로운 기술과 새로운 제품을 개발하고, 새로운 비즈니스 모델을 발굴하여 사업화하는 단계까지 성과 창출로 이어지는 융합활동에 필요한 현실적인 노하우와 기법들을 소개하고 있다. 현실적으로 이노비즈협회 등 산업계 협단체, 학계, 연구계, 정책 입안자와 집행자 등 융합에 관심이 있는 모든 사람들이 참고할 만한 메시지들로 구성되어 있다. 뿐만 아니라 융합의 이론과 실제를 모두 쉽게 이해할 수 있도록 서술하고 있으므로 특히 융합관련 학과의 교수 및 학생들까지도 필독할 것을 추천한다.

(사)이노비즈협회충북지회/㈜태강기업 회장

추천사

저자는 4반세기 동안 융합전문가이다. 이 책은 '융합 비즈니스만이 살 길이다.'라는 신념을 가지고 해당 부문의 활성화에 노력한 저자의 핵심 결정체이다.

이제 인공지능, 작고 강력한 센서, 유비쿼터스 환경 등 신기술로 인해 제4차 혁명의 태풍에 휩싸이고 있다. 기업들은 이러한 빠른 기술변화와 사회 환경의 변화에 매우 당황하고 있기도 하다. 이 책은 이러한 변화에 대응하기 위한 하나의 지침을 제시하고 있다. 기업, 지역, 국가 모두 혼자서 모든 변화에 원만하게 적응하고 발전을 이루어가기 어렵게 되었다. 따라서 융합을 통해 새로운 제품과 새로운 기술을 발전시키고 더 나아가 새로운 융합경제를 만들어가야 한다는 것이다.

기존 서적과는 달리 본서는 융합 사례는 물론, 실제 어떻게 융합을 이루어갈 것인가에 대한 이론적 프로세스와 현실에서 어떤 절차를 거쳐 달성할 수 있는지 그 과정은 물론이고 저자의 성공 사례와 융합의 기법들을 자세하고 다루고 있다. 그러므로 『4차산업의 패스워드』란 도서는 융합 비즈니스를 접하기 위하여 보다 의미 있고 현실에 도움이 되는 책이 될 것이다.

따라서 이 책은 이 시대를 살아가는 산업계의 모든 CEO들이 한 번은 꼭 읽어야 할 책이다. 또한, 실제 사례를 넘어 상당한 정도의 이론적 체계를 갖추고 있어서 경영학 등 관련 학계의 학자들에게도 필요한 책이며, 국가 정책을 입안하거나 추진하는 공무원들도 융합정책에 관한 여러 가지 시사점을 얻을 수 있는 책이라고 생각한다.

이제 21세기와 더블어 메타버스가 화두로 대두된 제4차 산업혁명의 도구들이 봇물을 이루어 전개되고 있다. 이에 신속하게 대응하여 혁신적이고 지속가능하며, 가치 창조적인 경영성과를 달성하고, 상호 공존하는 넉넉한 사회건설을 위해 학생, 일반인, 산업계, 공무원, 학자 등 모든 분들께 주저 없이 『4차산업의 패스워드』의 일독을 권한다

(사)충남CT/SW협회 회장 이성찬

1996년 7월 중소벤처기업진흥공단에서 시행하는 이업종 교류전문가 연수공고가 나의 마음을 크게 움직였다. 공고내용을 보는 순간 나는 아! 이것이다. 이것이야말로 나의 인생을 걸어볼 만한 가치가 있는 일이라는 생각이 뇌리를 번득이며 지나갔다. 대한민국이 살아갈 길이 여기에 있다고 생각했다. "융합은 영원한 신성장동력이다. 따라서 이업종은 영원한 미래산업이다."라는 소신이 섰기 때문이었다. 이업종 교류전문가는 당시 생소한 단어였다. 중소기업 진흥을 위해서는 이(異)업종 간의 교류를 통한 기술융합화에 있고, 기술융합화를 위해서는 중소기업 CEO들 간에 이업종 교류활동을 촉진해야 한다. 이업종 교류 촉진을 위해서 이업종 교류전문가가 필요하다는 것이다. 여기에 나는 쾌히 동의하고 연수과정에 선발되어 전문가 활동을 시작했다. 당시 이업종 교류활동은 태동기였다. 지금은 양적으로나 질적으로 많은 발전을 해 왔다고 평가한다. 그러나 아직도 성과 중심의 융합 교류활동을 위해서는 개선할 점이 많이 있다. 그런 점을 주로 이 책에서 다루고자 했다.

그동안 모방경제 위주의 틀에서 벗어나 창조경제를 지향하는 흐름이 세계적인 변화 트렌드로 진행되고 있고, 국내 산업현장에서는 이미 여러 곳에서 협업정책을 목말라하고 있다. 많은 중소기업들이 협업에 대한 필요성을 인식하고 협업 비즈니스모델을 갈구하고 있으나 접근하기가 쉽지 않다. 협업의 특성상 독자적인 추진이 어렵기 때문이다. 공적기관이 개입해서 리드하는 정책을 발굴하여 이들을 지원해 주어야 하는 논리적 타당성이 제기되는 대목이다. 단순한 시장경제의 원리에 맡겨서는 활성화되기가 어렵다. 약육강식의 논리로 인해 경영환경이 열악한 중소기업을 보호·육성해야 하기 때문이다. 여기에 정부의 몫이 필요한 것이다. 이 책에서는 지속가능 경영의 이슈와 더불어 중소기업들이 서로 협업을 통하여 생존하고 발전할 수 있는 방안으로서 그간의 담론들을 정리하여 협업 활성화를 기하는 접근법을 제시하는 데 목적을 두었다.

협업은 둘 이상의 기업들이 교류를 통한 신뢰를 바탕으로 신 비즈니스모델로 확립되어야 성공할 수 있다. 이러한 점을 감안하여 90년대 초부터 정부 주도로 조직된 이업종(異業種) 교류활동을 중심으로 그 해법을 제시하고자 했다. 서로 다른 업종 간의 CEO들의 자율적 모임체인 이업종 교류활동은 대기업 중심의 경제구조의 틀에서 벗어나 중소기업 중심의 산업현장에서 필연적으로 나타나는 현상이다. 이제 대기업도 흔들리고 있다. 이러한 시점에서 중소기업 중심의 새로운 시대를 여는 산업구조를 모색하는 정책이 요구되고 있다. 이업종 교류활동을 통한 중소기업 간 협업 비즈니스모델만이 대한민국이 글로벌 경제전쟁에서 살아남는 유일한 방법으로 여겨진다. 이 책은 중소기업의 사업 성공을 위한 매뉴얼로서 이업종 교류활성화와 이를 통한 협업 비즈니스모델 확립방안에 대한 이야기를 4반세기 동안 융합전문가로서 겪어온 저자의 경험을 바탕으로 서술되었음을 밝힌다. 그리고 신세대의 의견을 수렴하기 위하여 한성대학교 융합컨설팅학과 박사과정에서 수학 중인 박미라 한국ICT융합연구소장의 원고를 보강했다.

따라서 이 책을 소상공인에서부터 중소기업에 이르기까지 구조적으로 경영환경이 열악한 중소기업인들과 이들을 위한 정부나 자치단체의 중소기업 정책 입안자들이 적극 활용하기를 희망한다. 특히 기업 간 교류 활동에 참여하는 기업인들은 성과 중심의 네트워크 활동을 위하여 필독할 것을 권한다.

끝으로 이 책이 나오기까지 기획 · 검토와 자문을 아끼지 않으신 ㈜넷비즈월드의 임직원 모두에게 감사의 인사를 드린다. 이 땅에 융합산업의 꽃이 활짝 피기를 기원하면서……

2022년 07월 01일
백화산 자락 연구실에서 저자 씀

키워드(Key Word) 이해

이 책을 읽기에 앞서 책에서 사용되는 핵심용어(Key word)에 대한 이해
를 하고 읽어야 책에서 주는 메시지를 쉽게 이해할 수 있기 때문에 몇 가
지 용어를 정리한다.

− 융합 : 융합(融合)의 사전적인 의미는 '다른 종류의 것이 녹아서 서로
구별이 없게 하나로 합하여지거나 그렇게 만듦. 또는 그런 일.'이다. 요
즘 산업계에서 사용하는 융합도 비슷한 의미에서 응용되고 있다. 기술
융 · 복합에서의 융합은 A+B=C와 같이 하나의 기술과 다른 하나의 기
술이 전혀 다른 새로운 어떤 기술로 탄생하는 화학적 의미로 사용되고,
복합이란 A+B=AB와 같이 하나의 기능과 또 다른 하나의 기능이 합쳐져
새로운 복합기능을 발휘하는 의미로 사용되고 있다. 어떤 것이든 융 · 복
합은 새로운 기능과 기술로 발전하여 새로운 형태의 것으로 변화하는 것
을 의미한다. 현실적으로는 융합을 포괄적인 의미로 사용하기도 한다.
그러므로 융합은 산업발전을 위한 창조물의 수단으로서 없어서는 아니
될 산업활동이다. 그러나 융합은 현실적으로 광의의 개념과 협의의 개념
으로 혼용하여 사용하고 있어 일반인들이 이해하기가 어려운 측면이 있

다. 협의의 개념은 위에서 정의한 내용을 말한다. 즉, 기술 융·복합의 의미로 쓰이고 있다. 주로 중소벤처기업부의 중소기업지원정책에서는 협의의 개념에 의한 융합 지원사업이 이루어지고 있다. 2011년 10월 5일부터 시행된 산업융합촉진법에서는 "산업융합이란 산업 간, 기술과 산업 간, 기술 간의 창의적인 결합과 복합화를 통하여 기존 산업을 혁신하거나 새로운 사회적·시장적 가치가 있는 산업을 창출하는 활동을 말한다."라고 규정하여 산업을 창출하는 활동으로 광의의 개념으로 확대하고 있다. 초 광의의 개념으로 서로 다른 부문 간의 조화와 화합을 위한 활동의 일체로 쓰이기도 한다. 이 책에서는 협의와 광의 개념을 혼용하여 사용하였다.

- **협업** : 기업 간 네트워크 활동을 통하여 얻어지는 최고의 선(善)은 신 비즈니스 창출이다. 신 비즈니스 창출은 바로 협업의 형태로 나타난다. 협업은 기업이 개별적으로 추진해 온 경영주체를 그대로 유지하면서 기업의 경쟁력을 강화하기 위하여 만들어지는 상생의 새로운 비즈니스모델이다. 따라서 이는 각 사의 경영권은 그대로 유지하면서 비즈니스모델만 새롭게 가지고 가는 수평적 관계이다. 경영환경이 열악한 중소기업들에게 지속성장이 가능한 적합 모델이 아닐 수 없다. 이를 위해 정부는 법제화하고 중소기업들이 활용하도록 유도하고 있다. 중소기업진흥에 관한 법률 제2조 제9호의 규정에 의하면 "협업이란 여러 개의 기업이 제품 개발, 원자재 구매, 생산, 판매 등에서 각각의 전문적인 역할을 분담하여 상호보완적으로 제품을 개발·생산·판매하거나 서비스를 제공하는 것을 말한다."라고 정의하고 있다. 동법 제39조에서는 정부가 중소기업자의 원활한 협업 수행을 위하여 ① 협업자금 지원, ② 인력 양성, ③ 기술개발자금 출연, ④ 수출 및 판로개척 지원, ⑤ 공동 법인 설립 등에 관한

자문, ⑥ 그 밖에 중소기업인의 협업 지원을 위하여 중소벤처기업부장관이 필요하다고 인정하는 사항에 관한 지원사업을 할 수 있도록 하고, 중소기업의 신청을 받아 해당 중소기업자를 협업 지원사업의 대상자로 선정하여 지원할 수 있도록 규정하고 있다.

– 이업종 교류활동 : 이업종 교류활동이란 사업상 경쟁상대가 아닌 서로 다른 업종의 중소기업이 교류회를 조직하여 회원사 간의 친목을 도모함으로써 각사가 보유하고 있는 경영 노하우(Know–how), 전문기술, 인적자원, 판매력 등 경영자원을 상호교류·교환하여 기업 경쟁력 향상과 신 비즈니스(New–Biz) 창출을 궁극적 목적으로 하는 네트워킹(Networking) 경영활동이다.

– 네트워킹(Networking) 경영 : 네트워킹 경영1이란 이업종 네트워크(NETWORK)의 활동(行)을 통한 경영 개선활동이다. 지속적으로 이루어져야 하기 때문에 현재 진행형(ing) 활동인 것이다. 실행이 중요하다는 의미이다. 주요 활동내용은 새로운 가치를 창출하는 가치경영(New Value Management), 환경경영(Environment Management), 표적경영(Target Business Management), 현장경영(Wandering Management), 조직경영(Organizing Management), 책임경영(Responsibility Management), 지식경영(Knowledge Management) 활동으로 이루어진다.

– 융합 비즈니스 : 융합 비즈니스란 융합활동을 통하여 신 비즈니스를 창출하는 활동이다. 융합 비즈니스 활동은 신창업(信創業) 단계로 전개된다. 신(信)의 단계는 인프라 구축 부문으로 신뢰를 구축하는 단계이다.

---

1   네트워킹(Networking) 경영은 저자의 신조어이다.

창(創)의 단계는 R&D 부문으로 기술개발 또는 경영혁신을 위한 창조활동을 하는 단계이다. 사업화 부문과 구분된다. 업(業)의 단계는 융합활동의 최고의 선(善)인 신 비즈니스 활동단계이다. 신 비즈니스는 협업의 형태로 나타난다. 협업사업을 구성하거나 구성된 협업사업이 활성화될 수 있도록 하는 단계이다.

– 협업 비즈니스모델 : 협업사업 수행을 위한 비즈니스 유형을 말한다. 융합 비즈니스 활동을 통하여 나타난 신 비즈니스의 구체적 유형 중의 하나가 협업이며, 그 유형은 다양한 형태로 나타난다.

– 협업사업 선정 기업 : 협업사업 선정 기업이란 협업사업계획서를 중소벤처기업부장관에게 제출하여 협업 지원사업의 대상자로 선정된 기업을 말한다. 중소기업진흥에 관한 법률 제39조의 2의 규정에 의거 중소벤처기업부장관은 협업에 관한 구체적인 계획을 수립하는 등 대통령령으로 정하는 요건을 갖춘 중소기업자의 신청을 받아 해당 중소기업자를 협업 지원사업의 대상자로 선정할 수 있다. 그러나 협업 지원사업의 대상자로 선정된 기업이 일정 요건에 해당하면 그 선정을 취소할 수 있도록 규정하고 있다.

– 이업종 교류전문가 : 이업종 교류전문가란 이업종 융합 교류 모임결성에서부터 교류활동에 이르기까지 창조활동이나 협업활동을 위하여 필요한 지식이나 정보를 제공해주고, 회원사 상호 간에 돈독한 신뢰를 구축할 수 있도록 윤활유 역할을 수행하는 전문가를 말한다. 도입 당시의 정의는 "이업종 교류전문가란 도입 당시 이업종 교류그룹의 결성에서부터 교류활동의 전개·신기술 개발에 이르기까지의 각 단계에서 필요한 사항에 관하여 지도·상담을 수행하는 전문가로서 경영·기술지도사, 전문연구원·대학교수 등 각 분야의 전문가 및 결성·지원기관의 임직원 등 일정

자격을 갖춘 자를 대상으로 일정 교육을 이수한 후 중소벤처기업진흥공단에 등록된 자"로 규정되어 있었다. 현재는 운영되지 않고 있다.

- **융합전문가** : 융합전문가는 학습조직화를 통하여 융합과제 발굴 및 융합 R&D 기획서 작성에 도움을 주는 전문가이다. 2012년부터 이업종 교류전문가를 통합한 개념으로서 관련된 교육과정을 이수하고 (사)중소기업융합중앙회에 등록한 자이다. 현재는 제도적으로 운영되지 않고 개인적으로 활동하고 있다.

- **협업전문가** : 협업전문가는 협업(協業)활동 부문에 투입되어 협업과제 발굴에서부터 성공적인 협업 비즈니스의 유지 · 발전을 위하여 프로젝트 매니저 역할을 수행하는 자이다. 2009년부터 도입된 제도로서 일정한 교육과정을 이수한 자들로 (재)대 · 중소기업농어업협력재단에 등록된 자이다. 현재는 제도적으로 운영되지 않고 개인적으로 활동하고 있다.

- **기업연계전문가** : 기업연계전문가는 교류사업의 성과창출을 위해 공동협력사업(기술개발, 공동마케팅, 공동생산 등)의 과제발굴 및 기획, 개발 및 사업화에 이르는 전(소)과정을 지원할 수 있는 전문인력으로 성과 중심의 교류활동을 지원하는 전문가이다. 2015년부터 도입된 제도로서 일정한 교육과정을 이수한 자들로 (사)중소기업융합중앙회에 등록된 자이다. 현재는 제도적으로 운영되지 않고 개인적으로 활동하고 있다.

키워드(Key Word) 이해

차례

Part 1   산업전환 시대의 이슈

Part 2　이업종 네트웍은 불멸의 산업도구

Part 3　신 비즈니스모델, 협업

Part 1

산업전환 시대의 이슈

글로벌 경제전쟁,
협업대첩(協業大捷)으로 극복하자

　4차 산업혁명 시대의 산업전환 속에서 융합(Convergence)은 이제 거스를 수 없는 산업문화로 자리를 잡아가고 있다. IT 기술을 비롯한 BT, NT 기술은 기존 산업과 다양한 형태로 결합하면서 새로운 제품과 혁신적인 기술을 쏟아내고 있다. 융합산업은 이제 전 세계적인 이슈가 된 지 오래다. 현재 우리나라의 신산업정책 트렌드 중의 하나도 융합산업정책이다. 최근 "정보화 시대"를 지나 "융합 신시대"로 급속히 전환되는 가운데 글로벌 위기 이후 우리 경제의 새로운 돌파구로서 융합이 가장 중요한 화두로 대두되었다. 이러한 산업 패러다임 전환에 대비하여 정부가 산업융합촉진법 제정 등 융합정책 추진을 본격화하고 있는 가운데, 산업계에서도 IT 등 특정 분야에 국한된 융합을 넘어 산업 전반에서 융합을 활성화하고, 이업종 간, 대·중견·중소기업 간, 그리고 학계·연구계 간 교류의 장을 마련하고 있다.

　이제는 더 이상 독자적인 생존을 기하기 어렵다. 기술과 기술이 융합하고, 기업과 기업이 융합하고, 산업 간 융합을 이루어야 한다. 1차 산업, 2차 산업, 3차 산업이 따로따로 발전할 수가 없다. 1차 산업, 2차 산업, 3차 산업이 함께 어우러지는 융합산업이 되어야 더 큰 시너지를 낼 수 있다. 따라서 기술융합 R&BD(Research&Business Development) 프로젝트 개발은 기업조직뿐만 아니라 공공조직도 지속가능한 사업다각화 전략이라는 이슈를 해결할 수 있다. 여기서 중요한 것은 성과 중심의 사업화가 반드시 이루어져야 한다는 점이다. 융합을 위한 융합은 공허한 것이 될 수 있다. 기술융합을 통한 협업은 신사업 모델 창출이라는 이슈를 동시에 해결할 수 있는 해법이라 할 수 있다. 현재 "산업융합촉진법"이 제정되어 2011년 10월 5일부터 발효되고 있다. 이업종 상호 간의 교류활동을 통하여 중소기업에게는 신산업 창출과 사업다각화 전략으로서, 대기업과 중견기업은 중소기업과의 지속가능한 상생전략으로서, 중소기업 지원기관 등 공적기관 등에서는 새로운 기업지원 모델 발굴에 안간힘을 쏟고 있다. 융합정책이 부처 간 경쟁으로 발전하고 있다. 정권교체를 불문하고 협업에 대한 화두는 중요한 이슈로 대접받고 있다. 다행스러운 일이 아닐 수 없다. 그동안 우리 소시민들은 행정부처 간의 칸막이 행정의 폐해를 얼마나 감내해야 했던가. 어제와 오늘의 이야기가 아니다. 행정 서비스를 받는 입장은 항상 '을(乙)'의 입장에 설 수밖에 없다. 그러다 보니 칸막이 행정의 폐해를 감히 지적할 수가 없다. 심지어는 전임자가 추진했던 사업과 관련된 일을 수행했던 행정 수혜자 또는 기업들은 후임자의 눈치를 볼 수밖에 없다. 학계에서도 협업의 바람이 불고 있다. 한국행정연구원은 2013년 6월 5일 서울 소공동 롯데호텔에서 '창조경제를 위한 협업행정 활성화 방안' 세미나를 개최한 바 있다. 행정부서에도 부처 간 협업을 활성화하기 위한 전담 공무원을 배치 운영하고 있다는 소식은 정말로 환영해야 할 일이었다. 산업현장에서는 협업정책을 목말라하고 있다. 많은 중소기업인들이 협업에 대한 필요성을 인식하고 협업 비즈니스모델을 갈구하고 있으나 접근하기가 쉽지 않다. 협업의 특성상 독자적인 추진이 어렵기 때문이다. 공적기관이 개입해서 리드하는 정책을 발굴하여 이들을 지원해 주어야 하는 논리적 타당성이 제공되는 대목이다. 단순한 시장경제의 원리에 맡겨서는 활성화되기가 어렵다. 여기에 정부의 몫이 필요한 것이다. 그러나 아직도 융합의 덫에 가리어 협업이 활성화되지 못하고 있다. 요즘의 융합정책은 R&D에 초점이 맞춰져 있기 때문이다. 융합에서는 분명히 원천기술 확보차원에서 R&D가 필요하다. 그러나 융합정책이 R&D에서 끝나는 우(愚)를 범해서는 아니 된다. 반드시 협업으로 이어져야 사업화의 성과로 이어질 수 있다는 뜻이다.

1597년 9월 조선 수군이 단지 13척의 전선과 군사를 정비하여 133척의 전함을 이끌고 쳐들어 온 일본 수군과 대항하여 왜선 31척을 수장시킴으로써 조선이 다시 해상권을 회복했던 사례는 너무나 유명하다. 이것이 그 유명한 명량해전이다. 420여 년 전 영토전쟁에서 명량대첩(鳴梁大捷)의 신화를 남겼다. 이순신 장군은 당시 강강수월래를 합창하는 부녀자들의 협력을 받아 민·관·군이 합세하는 군사전략을 구사했다. 행정·문화·예술과의 융합으로 위기를 극복한 좋은 사례였다. 어쩌면 오래전부터 융합은 우리 민족문화의 숨결에 용해되어 있다고 볼 수 있다. 이제 다시 융합시대에서 벌어지는 글로벌 경제전쟁에서의 해법은 협업에서 찾아야 한다. 정치, 경제, 행정, 법률, 문화, 예술 등이 함께 어우러지는 행정 서비스와 비즈니스모델을 창발해야 한다. 이순신 장군의 지혜를 생각하며 더 이상의 칸막이 행정, 부처이기주의에서 탈피하고 이제는 협업행정을 이루어야 한다. 산업계도 혼자만 살아남고자 하는 온리원(Only One)정신에서 대동(大同)정신으로 돌아가 협업대첩을 이루어야 한다. 그 해법이 협업 비즈니스모델이다. 융합은 영원한 진리이기 때문이다. 이것은 시대를 초월하여, 계층을 초월하여 대접받고 있는 것이다.

『논어』의 「자로」편에서 "군자화이부동(君子和而不同) 소인동이불화(小人同而不和)"라 했다. 즉, 군자는 화합하나 뇌동(雷同)하지 아니하고, 소인은 뇌동하나 화합하지 못한다는 의미이다. 군자는 다른 사람과 생각을

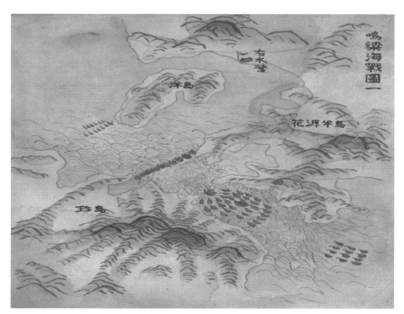

명량대첩 해전도(네이버 이미지에서 발췌)

같이하지는 않지만 이들과 화합할 수 있다는 뜻으로, 밖으로는 같은 생각을 가진 것처럼 보이나 실은 화합하지 못하는 소인의 세계와 대비시켜 군자의 철학을 인간이 추구해야 할 덕목이라고 주장한 것이다. 오늘날 협업 활성화에 던지는 메시지가 강하다. 이후의 논의는 산업현장에서 요구되는 기업 간 융합 비즈니스 차원의 이야기로 한정하고자 한다.

융합의 궁극적 목적을 이해하고
접근하라

이제 본격적인 융합 비즈니스에 대한 이야기 속으로 들어가 보자. 융합(融合)의 사전적인 의미는 '다른 종류의 것이 녹아서 서로 구별이 없게 하나로 합하여지거나 그렇게 만듦. 또는 그런 일.' 심리학에서는 '둘 이상의 요소가 합쳐져 하나의 통일된 감각을 일으키는 일.' 정신 분석에서는 '생(生)의 본능과 죽음의 본능을 동시에 충족시키려는 충동'을 의미한다.[1] 요즘 산업계에서 사용하는 융합도 비슷한 의미에서 응용되어지고 있다. 기술 융·복합에서의 융합은 A+B=C와 같이 하나의 기술과 다른 하나의 기술이 전혀 다른 새로운 어떤 기술로 탄생하는 화학적 의미로 사용되고, 복합이란 A+B=AB와 같이 하나의 기능과 또 다른 하나의 기능이 합쳐져 새로운 복합기능을 발휘하는 의미로 사용되고 있다. 어떤 것이든 융·복합은 새로운 기능과 기술로 발전하여 새로운 형태의 것으로 변화하는 것을 의미한다. 현실적으로는 융합을 포괄적인 의미로 사용하기도 한다. 그러므로 융합은 산업발전을 위한 창조물의 수단으로서 없어서는 아니 될 산업활동이다. 따라서 역대 어떤 정부에서도 융합에 대한 산업 정책이 중요한 핫(hot) 이슈가 되지 않은 적이 없다.

그렇다면 융합의 궁극적인 목적이 무엇인가. 산업융합 발전위원회가 정리한 내용을 중심으로 풀어보자. 결론적으로 이야기하면 우리 인

---

1 네이버 사전(http://krdic.naver.com/detail.nhn?docid=29939801)

간의 삶의 질을 향상시키기 위해서 융합이 필요하다. 인간이 잘 먹고 잘 살기 위해서 사회·문화적 니즈(욕구)와 인문·예술적 니즈가 발현한다. 이러한 니즈를 충족시키기 위한 구체적인 욕구는 네 가지로 요약할 수 있다. 건강(Wellbeing), 친환경 에너지(Green energy), 안전(Safety), 즐거움(Fun) 등이다. 이를 위해서는 두 가지의 방법으로 접근할 수 있다. 첫째 지능형 자동차 개발, 맞춤 의학, 스마트 의복, 농업기술 혁신, 유통이력 추적, IT 기술을 활용한 조선 기술개발 등 기존 산업에서의 혁신활동이다. 두 번째는 지능형 로봇, U-헬스 서비스, S(safety)-홈, S(safety)-시티, U-security(유비쿼터스 기술의 안전보장), 실감 콘텐츠 등 신산업 창출활동이다. 결국

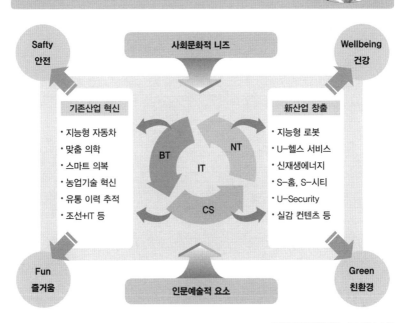

융합의 목적 : 융합기술 ➡ 인간의 삶의 질 향상

Safty 안전	사회문화적 니즈	Wellbeing 건강
기존산업 혁신 · 지능형 자동차 · 맞춤 의학 · 스마트 의복 · 농업기술 혁신 · 유통 이력 추적 · 조선+IT 등	BT NT IT CS	新산업 창출 · 지능형 로봇 · U-헬스 서비스 · 신재생에너지 · S-홈, S-시티 · U-Security · 실감 컨텐츠 등
Fun 즐거움	인문예술적 요소	Green 친환경

___ 산업융합발전위원회 자료 일부 수정

이러한 활동들을 위하여 몇 가지 요소기술들이 필요한데 구체적으로는 IT(Information Tech.), BT(Bio Tech.), NT(Nano Tech.), CT(Culture Tech.) 등으로 이들의 융·복합을 통하여 목적을 실현하게 된다.

따라서 융합 비즈니스에 도전하려면 이러한 융합의 궁극적 목적을 이해하고 접근해야 한다. 정부의 지원금만 탐하여 남들이 하니까 무턱대고 쫓아가다 보면 닭 쫓던 개 신세가 된다. 공연히 시간만 낭비하고 지금까지 잘하고 있던 자신의 사업까지 망치는 결과를 초래할 수도 있다. 자신이 영위하는 사업 아이템을 기반으로 융합의 목적이 추구하는 바를 반영해야 한다. 그렇게 함으로써 해답을 쉽게 발견할 수 있다. 그러면 융합이 즐겁다. 모두가 행복하다. 군자(君子:CEO)는 화이부동(和而不同)해야 함을 의미한다.

융합시장에 주목하라
그러나 현재 조직이 처한 위치를 직시하라

융합시장을 주목해야 한다. 일반적으로 융합기술은 개별기술의 한계를 극복하고 시너지 효과를 얻기 위해 정보기술(IT), 생명공학기술(BT), 나노기술(NT) 등 최근 발전하는 신기술을 결합하여 생산성을 높임은 물론 미래의 삶의 질 향상에 영향을 주는 고부가 신기술을 말한다. 오늘날 융합기술의 발달로 인하여 급기야 정부는 산업융합촉진법을 제정하고 시행에 들어갔다. 이 법에서 말하는 "산업융합"이란 산업 간, 기술과 산업 간, 기술 간의 창의적인 결합과 복합화를 통하여 기존 산업을 혁신하거나 새로운 사회적·시장적 가치가 있는 산업을 창출하는 활동을 말한다. 또한 "산업융합 신제품"이란 산업융합의 성과로 만들어진 제품으로서 경제적·기술적 파급효과가 크고 성능과 품질이 우수한 제품을 말한다. 그리고 "융합 신산업"이란 산업융합을 통하여 새롭게 창출된 산업 부문 중에서 시장성, 파급효과, 성장 잠재력과 국민경제 발전에 대한 기여도가 높은 새로운 산업을 말한다. 필자는 융합시장을 이러한 개념적 요소와 관련된 산업적 측면의 모든 거래관계를 포괄하는 의미로 사용하고자 한다.

IT전문 시장조사기업 KRG에 따르면 2021년 국내 ICT 시장 규모는 34조 500억 원으로 작년 대비 5.1% 증가했다고 보고하고, 2022년 국내 ICT 시장 규모가 35조 1500억 원으로 2021년보다 3.2% 성장할 것으로 전망하고 있다. 더욱이 코로나19 사태로 경영 불확실성에 따른 어려움이 있었지만, 시장의 주류로 부상한 비대면 서비스와 관련된 수요가 기업의

ICT 시장을 확대하는 데 일조한 것으로 보고된 바 있다. IT 융합은 전 산업 분야의 지능화 및 스마트서비스 등으로 지속적으로 성장할 것이며, BT 융합은 바이오센서, U-health 서비스 등 수요증가와 함께 시장이 확대될 전망이다. 또한 NT 융합은 첨단소재, 미세공간기술 등을 중심으로 시장이 성장할 것으로 전망되고 있다.

이렇듯 시장이 융합으로 변하고 있다. 그러나 우리 중소기업인들은 발등의 불도 끄기 힘든 것이 현실이다. 따라가기가 힘겹다. 경제전쟁이다. 그러므로 장수(CEO)는 장기전에 대비해야 롱 런(Long run)할 수 있다. 소위 지속가능한 경영을 해야 한다는 말이다. 바깥의 환경을 잘 살피지 아니하면 아니 된다. 동시에 내부사정에 정통해 있어야 한다. CEO는 이러한 역량을 바탕으로 조직의 변화관리자(Change agent)로서의 역할을 수행해야 한다. 따라서 현재 조직이 처해있는 상황을 직시하고 융합시장을 받아들여야 한다는 말이다.

융합정책과 융합하라

　정부가 산업융합 촉진법을 제정하여 본격적으로 시행하고 있음은 전술한 바와 같다. 산업융합의 촉진을 위한 추진 체계와 그 지원에 관한 사항 등을 규정하여 산업융합의 기반을 조성하고 산업경쟁력을 강화함으로써 국민경제의 지속적인 발전과 국민의 삶의 질 향상에 이바지하기 위해서이다. 산업융합을 통하여 산업융합 신제품과 융합 신산업이 창출되는 것이다. 여기에 정부가 지원을 하겠다는 이야기이다.

　잠시 이 법의 내용을 들여다보자. 국가와 지방자치단체는 산업융합을 촉진하기 위하여 필요한 시책을 마련하여야 한다고 국가 등의 책무를 규정하고 있다. 각 부처별로 융합정책이 봇물을 이루고 있는 것도 이런 이유에서이다. 정부는 산업융합을 효율적으로 촉진시키기 위하여 5년마다 산업융합발전위원회의 심의를 거쳐 산업융합발전 기본계획을 수립하여 시행하여야 하며, 산업융합의 촉진 등 산업융합 관련 정책을 심의·조정하기 위하여 국무총리 소속으로 산업융합발전위원회를 두도록 되어 있다. 산업융합 신제품과 관련된 개별 법령상의 각종 허가·승인·인증·검증·인가 등을 받지 못하는 경우에는 소관 중앙행정기관의 장에게 해당 산업융합 신제품의 적합성 인증을 신청할 수 있도록 관련 규정도 두고 있다. 또한 융합 신산업의 지원, 산업융합형 연구개발의 활성화, 산업융합을 촉진하기 위한 지식재산권 관련 지원, 산업 간 협력체계의 구축, 산업융합 연계조직의 지원, 이종 산업 간 인력의 상호 교류 지원, 중소기업자 등의 산업융합사업 지원, 산업융합 신제품 구매자에 대한 지원, 산업융합지원센터의 지정 등의 산업융합 촉진의 지원과 활성화 등에 관한 규정을 두고 있다. 한편 산업융합 특성화대학의 지정, 산업융합 표준화, 국제협력과 해외시장 진출의 촉진과 지원, 산업융합문화의 기반 조성 등과 관련된 규정도 마련하여 시행하고 있다.

동법에 따라 정부가 마련한 산업융합발전 기본계획을 보면, 미래 대(大)융합 시대의 글로벌 리더를 비전으로 설정하고, 인문과 기술의 소통으로 더 앞서가는 산업 강국, 건강하고 편리한 더 풍요로운 생활 부국, 인간과 자연이 동행하는 더 든든한 안심 대국을 목표로 하는 세부 실천계획을 담고 있다. 한편 중소기업 진흥에 관한 법률에도 이업종 교류 지원사업과 협업에 관한 규정이 1994년 제정되어 운영되고 있다. 중소벤처기업부장관은 서로 다른 업종을 영위하고 있는 중소기업자 간 정보 및 기술 교류를 촉진하기 위하여 이업종교류지원사업(異業種交流支援事業)을 실시하여야 한다고 의무규정을 설정하고 있다. 그리고 "협업"이란 여러 개의 기업이 제품개발, 원자재 구매, 생산, 판매 등에서 각각의 전문적인 역할을 분담하여 상호보완적으로 제품을 개발·생산·판매하거나 서비스를 제공하는 것을 말하며, 협업사업을 수행하기 위하여 지원을 받으려는 자는 협업사업계획을 수립하여 중소벤처기업부장관으로부터 지원대상자로 선정될 수 있다. 이와 같이 이업종 교류와 협업 지원사업을 국가의 지원사업으로 규정하고 있다. 중소기업인들은 이에 관한 지원정책을 요구할 수 있다. 따라서 이업종을 하나의 미래산업으로 발전시켜야 하는 논거가 바로 여기에 있는 것이다. 산업의 패러다임(paradigm)이 변하고 있다.

이러한 국가 융합산업정책에 발맞춰 부처별로 실행예산을 편성하여 시행하고 있는 것이다. 산업통상자원부만 하더라도 수조 원의 예산을,

중소벤처기업부는 수백억 원을 융합과 관련된 예산으로 세워놓고 시행하고 있다. 우리 중소기업인들로서는 눈여겨보아야 할 대목이다. 자사의 기술개발, 신 비즈니스모델 개발에 국가의 산업융합정책을 활용할 만한 구석이 있는지를 검토해야 할 것이다. 지나치게 정부에 의존하는 자세는 바람직하지 않다. 그러나 적절히 기업경영을 하는 데 꼭 필요한 지원제도는 활용하는 것이 네트워킹 경영이다. 관주위보(貫珠爲寶)란 말이 있다. 구슬이 서 말이라도 꿰어야 보배인 것이다.

융협불이(融協不二)

지난 2013년 9월 27일에는 '2013 중소기업 융합 및 협업 활성화 세미나'가 중원대학교에서 열렸다. 이날 행사에는 충북지방중소벤처기업청장, 충북테크노파크 원장, 중소기업융합충북연합회장, 중원대학교총장 등을 비롯한 융합 및 협업 관련 국방부 직할부대 및 기관·단체장들과 융합과 협업에 관심이 있는 기업인들이 다수 참석하여 성황을 이루었다. 중소벤처기업부로부터 계약학과 지원사업에 선정되어 융합기계·전기전자부품공학과 학사과정을 개설하여 융합교육을 특성화하겠다는 취지로 중원대학교가 본 세미나를 유치하게 되었다. 중소기업현장에서 융합 및 협업이

안○○ 중원대학교 총장(왼쪽), 박○○ (사)중소기업융합충북연합회 회장(오른쪽)이 축사하는 모습(2013.09.27.)

긴요하다는 현장의 목소리를 대변해 주고 있는 대목인 것이다.

산업경제의 동력은 융합에서 찾아야 하고, 이는 중소기업 및 소상공인들의 사업화와 연결되어야 한다. 그 사업화의 모델이 바로 협업이다. 협업은 박근혜 정부 이후 더욱 이슈화되고 강조되고 있다. 협업은 성과와 바로 직결되기 때문이다. 따라서 협업은 산업 간 또는 기업 간에 이루어져야 하고, 심지어는 정부기관, 공공단체, 부서 간 협업 시스템을 이루어야 한다. 그러나 아직도 부서이기주의나 칸막이 행정이 횡행하는 모습이 눈에 띄는 것이 현실이다. 여기서는 중소기업 융합산업정책에 한하여 이야기해보자. 현 융합산업정책은 R&D에 포커싱(Focusing)되어 있고, 기술개발이나 제품개발의 HW 중심 인프라 구축 지원사업에 집중되어 있다. 연간 수조 원이 융합 R&D 출연자금으로 지원되고 있다. 문제는 이렇게 지원된 자금이 사업화 성공으로 이어지느냐에 달려 있다. 사업화의 실패는 곧 정책수요자인 기업의 입장에서 볼 때 시간 낭비와 의타심 증대로 이어지게 되고, 공급자인 국가적인 측면에서는 국고금 손실만 가져올 뿐이다. 또한 융합정책과 협업정책의 비(非)융합 현상을 초래하는 융합정책의 한계점도 극복해야 할 문제이다. 융합과 협업이 따로 국밥이 되어서는 아니 된다는 이야기이다. 따라서 융합 및 협업 정책은 SW 중심의 사업화 지원사업과의 균형유지가 필요한 실정이다.

융합 및 협업의 현주소를 살펴보자.

2011년에 산업융합촉진법이 제정된 이후 "융합"은 기술과 산업, 그리고 사회, 문화, 국민의 삶 전반에 새로운 가치 창출을 위해 꼭 필요한 요소로 자리매김하고 있다. 국가산업융합지원센터가 2012년 1월 개소하여 융합의 역할이 더욱 강화될 수 있도록 정책기획, 기반 조성, 실증기반의 융합 R&D를 통해 기업역량강화와 협력체계 구축의 역할을 수행하고 있다.

4차 산업혁명의 도래로, 혁신성장의 돌파구로써 융합의 역할이 더욱 강조됨에 따라 2018년 산업융합촉진법 전면 개정과 함께 국가산업융합 지원센터의 기여 범위는 산업융합 규제혁신의 영역까지 확장되었다. 융합 신제품의 신속한 시장출시를 돕는 '산업융합 신제품의 적합성 인증제도' 지원기관, 그리고 신기술과 제품·서비스가 국민의 생명·안전·건강에 위해가 되지 않는 한 先허용, 後규제 원칙에 따라 마음껏 도전할 수 있도록 돕는 '규제샌드박스제도' 지원기관 등의 임무를 큰 틀에서 수행하고 있다. 중소기업을 위한 융합지원제도는 (재)대중소농어업협력재단을 통하여 2005년부터 운영되어온 협업기업 선정제도는 2016년부터 (사)중소기업융합중앙회로 이관되어 현재는 '지역혁신형 협업(사업화)계획 지원사업' 또는 '중소기업 네트워크형 기술개발사업'등으로 그 유형이 변화되어 시행되고 있다. 이렇게 되면 융합센터와 지원사업의 전문성이 떨어져 융합지원사업의 본래 목적을 실현할 수 없게 된다. 아울러 여기서 취급하는 융합지원사업은 모두가 사업화와 연결되어야 하는 필연성을 가지고 있는 사업이다. 그동안 (재)대중소농어업협력재단이 관리·운영하다가 2016년부터 (사)중소기업융합중앙회에 이관된 협업 지원사업은 시설자금을 포함하여 45억 원까지 지원하는 정책자금 지원과 18개 정부 지원사업에 대하여 가점을 부여하는 형식으로 간접적인 지원을 하고 있었으나 현재는 유야무야되고 있다. 이 정도의 정책 지원제도로는 협업이 활성화될 수 없는 구조이다. 협업 활성화 출연자금이 확보되어야 한다. 최소한 융합 R&D 출연자금의 10%만 전환해도 획기적인 중소기업 융합 R&D 사업이 사업성과로 이어질 것이다. 아울러 협업 활성화를 기할 수 있는 메리트(Merit) 정책개발이 긴요하다. 더욱 필요한 사항은 지자체의 관심과 동참이다. 융합정책은 중앙정부의 사업으로 치중되어 있다. 지자체에서도 융합정책이 뿌리내릴 수 있도록 하는 인프라 지원에 관한 관심과 동참이 필요하다. 그런 의미에서 지난 2013년 8월 진천군이 주최하고 청주 소상공인지원센터가 주관한 '2013 진천군 소상공인 이업종 교류회 지원사업'은 그 의미가 크다 하겠다. 소상공인들과 중소기업들의 융합과 협업에 대한 관심이 날로 증대되고 있다. 제도권에서는 이러한 현장의 목소리를 귀담아듣고 정책에 반영해야 한다. 현장 행정이 더욱 필요하다는 이야기이다.

전문가 일각에서는 일부 공공기관들이 정부예산이나 배달해주는 택배 사업을 하고 있다는 비판의 목소리도 들린다. 전문가 집단의 활용도도 미흡한 것이 현실이다. 지난 2011년부터 2013년까지 3년여 동안 정부가 융합전문가 교육을 3회나 실시하여 130여 명의 융합전문가를 배출해 놓

진천군 소상공인 이업종 교류 지원사업에서 '소상공인 협업 비즈니스 접근방법'을 주제로 특강하고 있는 필자(2013.09.23.)

Part 1 산업전환 시대의 이슈

고 그들의 일감과 연결을 못 시키고 폐기하고 말았다. 배출된 융합전문가는 개인적으로 활동하고 있는 실정이다. 심지어는 융합 R&D 기획 지원사업에 융합전문가가 아닌 비전문가를 투입하여 지도하는 사례도 부지기수이다. 모처럼 거액의 교육비를 들여 양성한 전문인력이 사장됨으로써 국고손실로 이어진 사례라 할 수 있다. 이들을 최대한 활용해야 한다. 각 지역에 있는 이노비즈협회 등 중소기업 교류회나 융합교류회 별로 전문가를 매칭하여 그 활용도를 높여야 한다. 협업전문위원도 전국에 10여 명 내외가 지역별로 배치되어 협업업체를 관리 지도한 바 있다. 협업전문위원 수도 확대하고 이들에 대한 지원도 확대해야 한다. 협업 컨설팅 지원사업이 시행된 지난 2006년 이후 양성된 협업 컨설턴트가 수백 명이 된다. 그러나 이들 또한 폐기처분되었다. 이들은 제도적인 활동을 못하고 개인적으로 활동을 하고 있는 실정이다. 협동조합기본법이 발효된 이후 소상공인들을 중심으로 협동조합 설립에 활기를 띠고 있다. 그러나 협동조합 설립이 능사는 아니다. 회원과 조합의 사업 활성화에 초점이 맞추어져야 한다. 사업화의 방법론이 협업이고 협업의 전제조건이 융합이다. 여기서의 협업은 순수 비즈니스모델로의 접근이 전제가 되어야 한다. 협업을 위한 협업이 아니라 사업화를 위한 협업이 되어야 한다는 말이다. 이렇듯 융합과 협업은 불가분의 관계이다. 다시 말해 융합과 협업의 균형정책을 필요로 하는 것이다. 제도권의 융합 및 협업 활성화 지원정책은 수요자인 기업과 전문가들의 현장 목소리를 귀담아야 할 것이다. 융합과 협업이 따로 가는 정책이 되어서는 아니 될 것이다. 융협불이(融協不二)가 완성될 때 중소기업의 경쟁력은 확보될 것이고 신 비즈니스 창출로 인한 지속가능한 발전 모델이 될 것이다.

융합 R&D기획 전문가 양성, NCS에 접목

NCS컨설팅 기업 성과창출을 위한
"융합 R&D기획 전문가" 사업주훈련 연계과정 인기리 성료

㈜넷비즈월드(대표이사 박광봉) 부설 '한국ICT융합평생교육원(청주시 주성동 소재)'은 2022년 6월 24일 NCS기업활용 컨설팅 기업들을 대상으로 교육훈련 프로그램에 대한 성과창출과 중소기업들의 정부 R&D 참여 연계지원을 위한 "융합 R&D기획 전문가" 양성과정을 인기리에 성료시켰다. 정부가 중소기업의 기술경쟁력을 강화하기 위하여 연간 수조 원의 예산을 투입하여 지원하고 있음에도 R&D기획 역량이 부족한 중소기업으로써는 R&D지원신청서조차 작성하지 못하고 있어, R&D기획 전문인력이 필요한 실정이다. 2022년에도 중소벤처기업부로부터 중소기업 기술개발 자금으로 1조 8,338억 원이 지원되고 있음에도 접근조차 못하고 있는 것이 현실이다. 요령을 알고 있는 기업에 편중되고 있다. 이에 따라 4차 산업혁명으로 급속한 산업전환이 이루어지는 시기에 경영환경의 변화에 대응하기 위한 "융합 R&D기획 전문가" 양성과정 교육을 실시함으로써 정부 R&D지원사업의 성과창출을 목적으로 특별과정을 개설한 것이다.

이는 그동안 ㈜넷비즈월드가 한국산업인력공단으로부터 NCS기업활용 컨설팅 운영기관으로 지정받아 참여한 기업들을 대상으로 한국산업인력공단의 사업주훈련과 연계하여 실시함으로써 중소기업들에게 무

료 교육훈련 서비스를 제공한 것이다. 2015년부터 ㈜넷비즈월드는 다른 운영기관과는 달리 중소기업들에게 꼭 필요한 "융합 R&D기획"직무를 NCS(국가직무능력표준 ; National Competency Standards) 기반으로 자체 개발(2014년)하여 훈련프로그램을 차별화하여 지원해 왔다. 이번 강좌는 필자가 직접 기획하고 킥오프 강의를 통하여 R&D기획은 사업화와 반드시 연결되어야 하며, 이를 위한 구체적인 비즈니스모델이 협업이라고 강조했다. 25년간의 융합 비즈니스 노하우를 보유한 전문가답게 교육과정의 기획부터 여타의 다른 기관들에서 실시하는 R&D교육과는 차원을 달

충청비즈

NCS컨설팅 기업 성과창출 '융합R&D기획 전문가' 양성 성료!

㈜넷비즈월드 박광봉 대표이사   승인 2022.07.02 16:46

NCS컨설팅 기업 성과 창출을 위한 '융합R&D기획 전문가' 양성과정 사업주 훈련이 성황리에 마쳤다.
관련기사 : https://www.cbiz.kr/news/articleView.html?idxno=23886(충청비즈)

리하여 기업조직의 중장기 경영전략과 연계한 융합 R&D기획이 되도록 디자인했다고 역설했다. 이로써 참여기업들에게는 융합 R&D기획 역량이 강화되고 NCS기업활용 컨설팅으로 구축된 교육훈련 프로그램의 성과창출과 협업을 통한 사업화의 이점을 가져오는 일석삼조의 성과를 거두게 되었다. 이날 교육에 참석한 청원산업의 하재학 전무이사는 이번 교육을 통하여 융합 R&D기획서의 작성방법의 실전 노하우를 배우게 되어 매우 기쁘게 생각하며, 이를 현장에 적용하여 내년도에는 정부R&D 수주를 기필코 달성하겠다고 의지를 밝혔다. 대면 또는 비대면으로 교육에 참석한 31명의 수강생들은 이구동성으로 본 교육은 그 어느 교육보다도 알차고 보람이 있는 시간이었다고 입을 모았다. 특히, 한국산업인력공단 대전지역본부에서 정은희 본부장이 직접 비대면으로 참가하여 본 강좌의 진행을 격려해주어 열기를 더했다.

업어주기 정책개발

어느 여름날, 육군 중령인 군인 한 사람이 강을 건너게 되었다. 그는 물구경을 나온 한 노인에게 다가갔다. "어르신, 죄송합니다만, 제가 군화를 벗기가 어려워서 그런데요. 제가 이 냇물을 건널 수 있도록 저를 업어 건네주실 수 있을까요?", "그렇게 하시구려!" 이리하여 중령은 노인의 등에 업혀 그 시냇물을 건너게 되었다. "어르신께서도 군대에 다녀오셨나요?", "네, 다녀왔지요.", "사병이셨습니까?", "장교였습니다.", "혹시 위관급(尉官級)이셨습니까?", "조금 더 위였습니다.", "아니 그러면 소령이셨나 보네요.", "조금 더 위였습니다.", "그럼 중령이셨군요.", "조금 더 위였습니다.", "아니 대령이셨단 말씀이십니까?", "조금 더 위였습니다.", "아니 그럼 장군이셨네요.",

"(당황하며)어르신, 저를 여기서 내려 주세요.", "냇물을 건너기까지는 얼마 남지 않았소. 내가 업어 건네 드리리다.", "노인장, 그럼 준장이셨습니까?", "조금 더 위였습니다.", "혹시 중장이셨나요?", "조금 더 위였습니다.", "그럼 최고의 계급인 대장이셨단 말씀이세요?", "조금 더 위였습니다." 냇가를 다 건너게 되자 노인이 중령을 바닥에 내려놓았다. 노인을 물끄러미 바라보던 중령은 그 텁수룩한 노인이 당시 미합중국의 유일한 오성장군(五星將軍)이 던 '조지 워싱턴'임을 알아보고 소스라치게 놀랐다.

2013년 10월 2일 세종대학교에서 "소상공인 생태계 변화와 협업을 통한 소상공인 경쟁력 강화, 어떻게 할 것인가?"라는 주제로 소상공인 학술세미나가 개최됐다.

이날 진행된 세미나에서는 박주영 교수(숭실대학교 중소기업대학원)를

소상공인 학술세미나에 토론자로 참석하여 발표하고 있는 필자(왼쪽에서 네 번째)

좌장으로 하여, 소상공인 경쟁력 강화를 위하여 4개 부문에 대한 주제 발표가 있었고, 이어서 필자를 비롯하여 김홍기 교수(한남대학교 경제학과), 박진용 교수(건국대학교 경영학과), 이재광 박사(경기개발연구원 선임연구위원) 등이 참가하여 진지하고 열띤 토론을 벌여서 계획된 시간을 1시간이나 초과하여 세미나가 종료되었다.

한 발표자는 창업 4년 후 생존율이 38.8%에 불과하다고 했다. 또 한

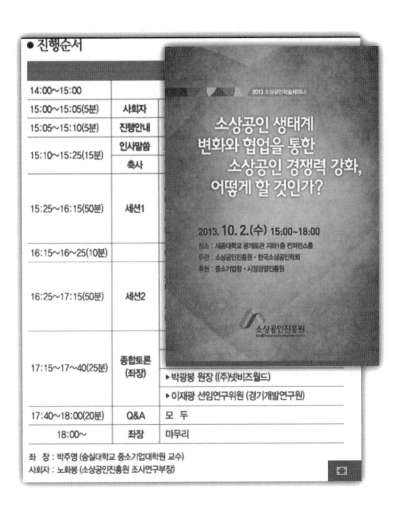

발표자는 소상공인의 퇴출사유가 영세성과 반드시 관련이 있다고 볼 수 없다는 연구결과를 내놓았다. 또한 소상공인은 소사업자 협동조합의 협업화 지원정책과 소공인 집적지 활성화 방안을 내놓기도 했다. 모 언론에 의하면 충북지역 외식업소 5천여 곳이 해마다 폐업과 창업을 반복하고 있는 것으로 보도된 바 있다. 이처럼 소상공인들은 어렵게 마련한 창업자금을 한순간에 날려버리는 악순환을 계속하면서 살고 있다. 따라서 이들에 대한 선순환 정책개발이 시급하다. 이들 대부분은 70년대부터 80년대에 이르기까지 우리나라 경제발전의 주역들이다. 조지 워싱턴같이 현역시절 각 분야에서 이름값을 했던 이들은 체화된 기술과 노하우를 보유하고 있으나 조직역량이 부족하다. 학술적인 논의의 장도 필요하지만 바로 활용될 수 있는 실용화 정책개발이 시급하다. 협업을 통한 소상공인 경쟁력 강화방안을 정리해 본다.

무엇보다 소상공인 정책은 소상공인 생존율을 제고하는 측면에서 접근해야 한다. 이를 위한 정책으로써, 첫째, 소상공인이 참여한 융합 및 협업 활성화 지원정책을 실시해야 한다. 예컨대, 융합 R&D 사업 지원 시 소상공인과 협업사업 선정 기업에 대한 우대 가점 제도를 확대도입하는 것이다. 둘째, 협업 선정 업체에 대한 SW(Soft Ware) 중심 사업 전환이 필요하다. 현재의 정책자금 융자에 한정된 지원정책으로는 협업사업이 활성화되기 어렵다. 시설자금이나 운전자금을 대여해주는 HW(Hard Ware) 중심의 사업지원에서 사업화 프로그램 중심의 SW 사업으로의 전환이 필요하다. 셋째, 협업사업의 저변확대를 꾀해야 한다. 중앙정부의 지원사업으로는 한계가 있다. 지자체도 중소기업·소상공인 간 협업사업이 활성화될 수 있도록 교류의 장을 마련하는 등 협업 비즈니스모델 리딩(Leading)사업을 추진하는 것이다. 넷째, 소상공인 협동조합의 육성·발전을 위해서는 성장단계별로 전문가를 활용해야 한다. 현재 소상공인 협업 컨설턴트가 수행하는 협동조합 설립, 공동사업(공동 브랜드, 공동 마케팅, 공동사업장, 공동구매 등) 등 인프라 구축이 중심이 된 HW 중심의 업무한계를 극복해야 하다. 조합원 간, 이업종 간, 산업 간 신 비즈니스모델 창출될 수 있도록 소상공인이 참여한 협업 비즈니스모델을 구축하고 이를 지원해야 한다. 융합전문가와 협업전문가와도 연계된 지원정책을 개발할 필요가 있다. 예컨대, 인프라 구축 단계에서는 소상공인 협업 컨설턴트가, R&D 단계에서는 융합전문가가, 사업화 단계에서는 협업전문가가 단계적으로 투입되어 지도해야 한다. 다섯째, 협업사업의 인증제도화가 필요하다. 현행 중소기업의 협업사업 선정제도를 협업사업 인증제도로 격상시킬 필요가 있다. 또한 소상공인의 역량 한계를 극복하기 위해서는 중소기업·중견기업과 협업 비즈니스를 통한 국제적 협업 참여가 필요하다. 소상공인 자체적으로는 글로벌 시장화가 어렵기 때문이다. 이와 같이 소상공인 정책은 업어주기 정책이 필요하다. 아이가 커서 자력으로 강을 건널 때까지는 업어주기를 계속해야 한다. 업어주기가 끝나고 아이가 성장하면 예속된 하수인(OEM)으로 부리는 것이 아니라 파트너(경영주체)로 대접하며 상부상조(협업)해야 한다. 소상공인도 마찬가지이다. 기술과 지식과 노하우가 부족한 청년 창업자의 경우에 더욱 그렇다. 베이비부머 세대들의 실버창업의 경우에도 마찬가지이다. 체화된 전문기술과 노하우는 있으나 조직역량이 없다. 조지 워싱턴의 일화같이 상황은 언제나 바뀌기 마련이다. 소상공인과 중소기업, 중견기업, 대기업이 함께 가는 협업 비즈니스모델이 곧 영원한 상생의 비즈니스모델이며, 소상공인 정책대안이 아닐까.

4차 산업혁명 시대 비즈니스모델, O2O 협업

　디지털 트랜스포메이션(Digital Transformtion)이라는 디지털 기술의 급격한 발전은 수년간 기업들이 만들어놓은 사업방식과 다른 혁신적인 변화를 만들어냈다. 오프라인에서 온라인으로의 쇼핑형태는 가장 획기적인 혁신이라 할 수 있다. 오프라인 매장에서 판매되는 상품이나 서비스를 온라인 소비자와 연결하여 구매를 유도하는 방식으로 온라인과 오프라인의 융합되면서 나타난 혁신이다.

　이처럼 4차 산업혁명의 핵심은 가상세계와 현실세계의 융합에 있다. 온라인 플랫폼을 통해 소비자들의 욕구를 파악하여 신제품의 개발과 마케팅을 동시에 할 수 있으며, 온라인 채널을 통해 고객의 분석이 가능해지면서 예측과 전략수립이 가능해졌다.

　과거 제조업의 경우 생산성을 향상시킬 수 있는 혁신을 필요로 하였다면, 오늘날 4차 산업혁명의 핵심기술들이 주도하면서 제조업에 Supply Chain을 통한 스마트 팩토리(Smart Factory)구축 등 변화와 혁신을 필요로 하고 있다.

　선진국의 친환경 제조업 육성정책의 선도모델은 ① 미국의 첨단 제조 파트너십 정책(2011년), ② 독일의 인더스트리 4.0 정책(2012년), ③ 중국의 중국제조 2025 정책(2015년), ④ 대만의 생산력 4.0 계획(2015년) 등이 주목받고 있다. (출처 : KEITI 한국환경산업기술원)

　AI(인공지능) 기술력을 기반으로 하는 자동화 영역의 기술이 적용되고,

특히 최근 들어 ESG 경영이 대두되면서 친환경적인 에너지의 지속가능성을 위한 노력이 요구된다. 이를 위한 기술 간·기업 간의 상호운용성을 확보할 수 있는 융합이 절실히 필요한 시점이다.

유통산업의 경우 협업의 패러다임 변화가 뚜렷하다. 정보기술이 발전하면서 인터넷, 모바일뿐 아니라, 인공지능(AI), 빅데이터(Big Data), 로봇, 드론, 사물인터넷(IOT) 등 다양한 기술과 적용함으로써 우리 사회에 많은 변화를 주고 있다. 이제는 전통적인 방식의 고객관리는 의미가 없어졌으며, 다양한 고객을 유지 관리하기 위해서는 DATA의 활용 없이는 안되는 사회에 살고 있다. 이처럼 유통산업에 기술투자 분야는 새로운 수익모델을 개발하고 혁신하는데 필요한 부분이 되었다.

또한, 최근 코로나 팬데믹 확산과 디지털 전환 가속화로 전 세계에서 산업 간 경계가 허물어지는 빅블러 현상이 두드러지게 나타나고 있다. 업종과 업태 간 경계가 희미해지는 빅블러 현상은 갈수록 확대될 전망이며 온라인과 오프라인이 혼재하는 시장이 두드러질 것이다. 따라서 4차 산업혁명 시대의 비즈니스모델은 O2O 협업을 고려하지 않을 수 없다. O2O라는 개념은 2010년 IT 분야의 온라인 매체인 '테크 크런치'가 소셜 커머스의 급속한 성장에 주목하며 처음으로 언급한 것으로 알려져 있다. Online to Offline의 줄임말이다. 좁은 의미로는 유통 관점 개념상 온라인에서 소비자를 모아 오프라인의 판매처로 연결해준다는 것으로 볼 수 있지만, 넓은 의미로는 온라인 플랫폼을 통해 실제 오프라인에서 일어나는 활동(액티비티)을 일으키는 일종의 비즈니스를 통틀어서 O2O라고 할

Part 1 산업전환 시대의 이슈

수 있다.[1]

대표사례로 글로벌 최대 전자상거래기업 미국 무인 식료품점 '아마존 고(Amazon Go)'의 경우 온라인 플랫폼 업체들이 온라인을 넘어 오프라인 공간으로 진출을 하고 있다. 기존의 오프라인 방식의 유통업에서 온라인 플랫폼으로의 발전이 다시 오프라인 공간으로 진출하고 있는 경우인 셈이다. '아마존고(Amazon Go)'의 경우 온라인을 통해 얻은 데이터와 노하우로 오프라인 영역까지 확대해 시장을 주도하겠다는 것이다.[2]

이처럼 모든 산업에 있어 자기영역을 더 견고하게 지키기 위해서는 다른 영역과의 협업은 꼭 필요한 시대에 살고 있다. 각 산업에 있어 새로운 시장에 진출하고 확장하기 위해서는 협업의 중요성을 알고 변화에 대응하는 협업전략이 중요하다.

___ 출처 : 아마존

1   https://namu.wiki/w/O2O
2   출처 : ㈜북넷 마케팅

Part 2

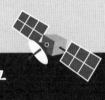

이업종 네트웍은 불멸의 산업도구

융합은 영원한 신성장동력이다
따라서 이업종은 영원한 먹거리 산업이다

융합시대의 산물은 기술융합이고 기술융합의 산물은 신 비즈니스 창출이다. 이러한 일련의 성과들을 창출하기 위한 활동이 있다. 바로 이업종 교류활동이다. 이업종 교류활동이란 사업상 경쟁상대가 아닌 서로 다른 업종의 중소기업이 교류회를 조직하여 회원사 간의 친목을 도모함으로써 각사가 보유하고 있는 경영 Know-How, 전문기술, 인적자원, 판매력 등 경영자원을 상호 교류 · 교환하여 기업 경쟁력 향상과 신 비즈니스(New-Biz) 창출을 궁극적 목적으로 하는 네트워킹(Networking) 경영활동이다.[1]

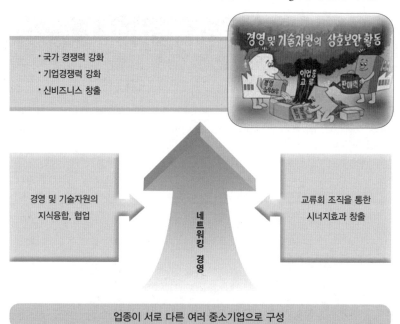

1   박광봉, 『이업종교류기법』, (사)중소기업융합중앙회, 2011. p. 8.

이미 산업계에서는 이업종 교류활동을 중심으로 융합시대를 준비해 오고 있었다. 90년대 초반부터 시작된 이업종 교류활동은 융합시대를 대비하기 위한 중소기업들의 몸부림으로 해석된다. 일본에서부터 시작된 이업종 교류활동은 7천여 회원사가 참여하는 거대 그룹으로 성장하여 이업종 산업으로 발전하여 융합시대의 한 축을 이루고 있다. 한국의 이업종 교류는 1990년을 기점으로 지속적인 증가 추이를 보이고 있다. 교류 그룹의 수는 1990년의 44개에서 2013년 6월 말 현재 327개로 증가했고, 회원 기업수도 1990년의 754개 기업에서 현재 7,000여 개 회원사로 증가했다. 이는 이업종 교류활동을 통하여 지역경제 활성화에 커다란 기여를 하고 있는 것으로 해석할 수 있다. 이업종 교류는 향후 양적인 팽창과 함께 질적인 성장을 가져올 것으로 예상된다. 따라서 이업종은 하나의 산업으로 자리매김해 가고 있다는 증거다.

중소기업 이업종 간의 교류를 통하여 서로 다른 기술과 지식을 체계적으로 융합하고 협업을 추진하여 신기술, 신제품, 신사업을 창출함으로써 산업선진화와 국가 산업발전에 이바지하고자 ㈜중소기업융합중앙회[2]가 설립되어 활발한 융합활동을 벌이고 있다. 궁극적으로는 중소기업의 기업 경쟁력 향상과 신 비즈니스(New-Biz)모델 창출을 도모하기 위하여 이업종 간의 네트워킹(Networking) 경영활동을 하는 것이다. 국내외 경제 환경은 급속하게 변하여 미래에 대한 예측을 불가능하게 하고 있으며, 정보화와 글로벌 시장구조 속에서 급속한 기술혁신이 이루어지므로 개별 기업의 능력만으로는 발전에 한계가 있다. 그리고 경제의 소프트

---

2 2011년 11월 3일 전북 무주에서 실시한 〈전국 이업종 교류 리더 합동 워크숍 및 임시총회〉에서 '㈜중소기업이업종중앙회'를 '㈜중소기업융합중앙회'로 명칭을 변경하였음.

화, 서비스화의 진전은 이질적인 요소의 융복합화를 요구하고 있다. 또한 소비자의 욕구가 다양화·세분화되어 시장의 분화가 일어나고 있으며, 상품의 수명 주기도 단축되고 있다. IT 기술의 발달로 다른 분야 간 정보와 기술의 융합은 새로운 가치창조를 가능케 하고 있다. 따라서 업종이 다른 기업 간의 네트워킹 경영활동을 통한 공동대응은 경영환경이 열악한 중소기업으로서는 필수불가결한 전략이 아닐 수 없다.

이업종 활동은 경영 역량 강화를 위한 교류활동과 신 비즈니스 창출을 위한 전략적 교류활동으로 구분된다. 교류 중심의 경영 역량 강화 활동을 통하여 신뢰관계를 구축하고 융합활동을 전개해야 한다. 왜냐하면 협업은 신뢰관계가 구축되어야 하기 때문이다. 이업종 교류활동은 종국적으로 신 비즈니스 창출활동이며 이는 협업의 형태로 이어지게 된다. (사)중소기업융합중앙회는 성과 중심의 교류활동을 전개하기 위하여 여러 가지 정책을 시도하고 있으나 여의치가 않다. 이업종 교류활동을 교류활동 중심과 융합활동 중심으로 이원화하여 운영한 바 있다. 광역융합협의회를 구성하여 성과 중심의 이업종 교류활동도 추진하고자 했다. 기술 융·복합 기술개발 과제의 발굴과 협업 비즈니스 창출을 희망하는 기업은 이업종 교류 회원가입을 통해 광역융합교류회 활동에 참여토록 한 바 있으나 중앙회장의 교체로 흐지부지되고 말았다. 정책의 일관성이 필요한 대목이다. 신 비즈니스 창출을 희망하는 기업들은 이러한 사업에 참여함으로써 중소기업 간 융합활동을 통한 기술 융·복합 과제를 발굴하고 신사업 모델을 창출할 수 있다. 이와 같이 융합은 영원한 신성장동력이다. 따라서 이업종은 영원한 미래산업이다.

이업종의 정체성

① 이업종은 네트워킹(Networking) 경영이다

이제부터는 이업종 교류활동의 방법론에 대하여 논의해보고자 한다. 이업종 교류활동은 업종이 다른 CEO들이 서로가 가지고 있지 못한 경영 및 기술자원의 공유를 통하여 기술융합과 신 비즈니스모델을 창출하는 활동이다. 우리나라 이업종의 역사는 1990년 1월 중소벤처기업진흥공단 내 교류지원과 신설을 시작으로 이업종 교류사업이 정부 차원에서 보급되기 시작했다. 30년여의 세월을 지나면서 활동이 진행되어 온 셈이다. 이업종 교류활동에는 정체성이 정립되어 있어야 한다. 단순한 친목활동을 하는 계모임이 아니다. 이업종 교류활동은 이제 '이업종'으로 그 대명사가 굳어져 있다. 따라서 이하에서 논의하는 이업종 교류활동은 이업종으로 표기하기로 한다. 이 이업종은 네트워킹(Networking) 경영이다.

첫째, 이업종은 새로운 가치를 창출하는 가치경영(New Value Management)이다. 서로 다른 업종의 CEO들이 모임활동을 통하여 신 비즈니스모델을 창출하는 가치창출활동인 것이다. 따라서 이업종은 학습조직이 활성화되어 있어야 한다. 둘째, 이업종은 환경경영(Environment Management)이다. 환경을 보존하기 위해서는 기술경영(Engineering Management)이 필요하다. 여기서 추구하는 기술은 테크놀로지(technology)의 개념을 초월한다. 공학적 접근(Engineering Approach)이 필요한 것이다. 따라서 이업종은 특정 분야의 기술에 한정되지 않는다. 전 산업에 걸쳐 기술과 기술이 융합하고, 산업과 산업이 융합해야 한다. 바이오기술(BT), 정보기술(IT), 나노기술(NT)이 융합하고, 문화(Culture)와 기술(Technology)이 융합하여 문화콘텐츠가 개발된다. 나아가 인문학을 기술과 융합시켜 인간의 삶의 질을 향상시키는 인문학적 신제품이 탄생하기도 한다. "마법천자문"이 그 좋은 예가 될 것이다. 셋째, 이업종은 표적경영(Target Business Management)이다. 교류활동은 목적의식과 목표의식을 가지고

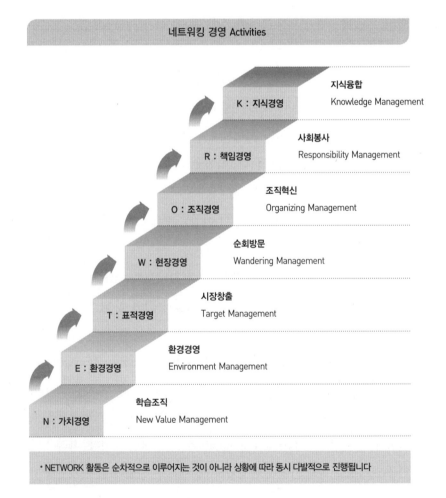

네트워킹 경영 Activities

K : 지식경영 — 지식융합 Knowledge Management

R : 책임경영 — 사회봉사 Responsibility Management

O : 조직경영 — 조직혁신 Organizing Management

W : 현장경영 — 순회방문 Wandering Management

T : 표적경영 — 시장창출 Target Management

E : 환경경영 — 환경경영 Environment Management

N : 가치경영 — 학습조직 New Value Management

· NETWORK 활동은 순차적으로 이루어지는 것이 아니라 상황에 따라 동시 다발적으로 진행됩니다

임해야 한다. 단순히 이업종 회원사이기 때문에 의무적으로 월례회의에 참석하는 활동이 되어서는 아니 된다. 그런 활동이라면 더 이상 참여하지 말아야 한다. 그런 활동은 자신의 비즈니스에 해가 될 뿐만 아니라 다른 참석자들에게까지 해를 끼치게 된다. 목표의식이 없기 때문에 자연히 적당주의가 침투해서 건전한 이업종 활동을 그르치게 된다. 공동의 표적시장 창출과 공동의 신 비즈니스모델 개발에 동참해야 이업종의 진정한 의미를 찾을 수 있다. 넷째, 이업종은 현장경영(Wandering Management)이다. 이업종 활동은 회원사들의 기업 순회방문을 통하여 현장을 관찰함으로써 자사가 인지하지 못하는 기존의 문제점을 찾아내서 개선점을 제시할 수 있다. 나아가 기술융합과 협업 모델로 발전시킬 수도 있다.

다섯째, 이업종은 조직경영(Organizing Management)이다. 이업종 교류활동에서는 목표달성을 위하여 조직이 구조화(structuring)되어야 하며 조직혁신을 이루어야 한다. 이업종 교류조직의 목표나 비전을 달성하기 위하여 교류회장을 중심으로 기능별 또는 지역별로 조직의 상황에 맞는 조직구조를 설정해야 한다. 나아가 기술융합이나 협업 아이템이 발굴되면 태스크 포스 팀(TFT ; Task Force Team)을 구성해서 조직적으로 접근해야 한다. 여섯째, 이업종은 책임경영(Responsibility Management)이 필요하다. 이업종 회원사로 활동하는 CEO는 자사의 이익 창출뿐만 아니라 타사의 이익도모를 위하여 화이부동(和而不同)하는 군자(Leader)로서의 소임을 다해야 한다. 사회 봉사활동에 동참하는 등 기업의 사회적 책임을 다할 필요도 있다. 그렇게 함으로써 더욱 발전하는 이업종 활동이 될 것이다. 이업종 회원사는 물론 지역사회 구성원들이 함께 이용하는 공동의 플랫폼(platform) 개발에 노력해야 한다. 마지막으로 이업종은 지식경영(Knowledge Management)활동이다. CEO

들의 교류활동을 통하여 서로가 몰랐던 지식과 정보를 공유하고 나눔으로써 자사의 이익은 물론 공동의 이익이 되는 새로운 가치창출이 가능한 것이다. 이러한 지식경영은 통섭적으로 이루어져야 한다. 어떤 특정 분야로 국한되어서는 가치의 창출도 그 범위 안에서 한정될 수밖에 없다. 따라서 기업을 초월하고, 산업을 초월하고, 학문 영역을 초월하는 통섭적 지식경영을 지향해야 한다.

이와 같이 이업종은 네트워크(Network) 활동(行)으로 이루어진다. 이러한 네트워크 활동은 일회성으로 끝나는 활동이 아니고 지속적인 활동을 통하여 이루어져야 하기 때문에 현재 진행형(ing) 활동인 것이다. 실행이 중요하다는 의미이다. 또한 이러한 활동은 순차적으로 이루어지는 것이 아니라 상황에 따라 동시다발적으로 진행되는 것이다. 이업종은 중소기업인들이 모여 골프나 치고 친목이나 도모하는 모임체가 아니다. 그런 활동들은 하나의 수단에 불과하다. 따라서 이업종은 네트워킹 경영(Networking Management)의 정체성을 가진 경제활동이며 산업활동인 것이다. 이업종이 하나의 산업으로 발전해야 하는 논리 근거가 바로 여기에 있는 것이다.

2022년 5월 24일 그랜드플라자 청주호텔 3층 그랜드볼룸에서 이노비즈협회 충북지회(회장 태강기업 대표이사 임형택) 제16차 정기총회를 성황리에 치러졌다. 이날 임형택 회장은 인사말을 통하여 그동안 코로나19 사태로 거의 활동이 정지 상태에 있었으나 이번 정기총회를 기점으로 회원사들에게 도움이 되는 지원활동과 협회 조직 역량 강화가 증대되는 데 온 힘을 기울이겠다고 다짐했다. 이노비즈 회원사 200여 명이 참석한 이날 총회에는 ㈜블로마운트테크놀로지 안준식 대표이사를 비롯한 4명의 기업대표들이 중소벤처기업부장관상을 수상하는 등 33명의 수상자를 배출했다. 특히 충북의 4% 경제실현과 중소기업지원에 남다른 애정과 노력을 아끼지 않은 이시종 충북지사가 참석하여 12년간의 도정책임자로서의 소임을 마치고 소회를 밝히는 고별사를 하는 동안 참석자들의 심금을 울리기도 했다. 이 지사는 그동안 2010년 3%에 불과하던 충북의 경제규모를 조금씩 성장하도록 견인하여 2021년 말 현재 지역내총생산(GRDP)이 67조 8천억 원으로 전국 대비 3.69% 수준으로 끌어올리는데 큰 기여를 한 것으로 평가된다. 한편 충북이노비즈협회는 2005년 출범 이후 239개 회원사(2022년 5월 현재)를 거느린 거대 조직으로 성장하였다.

구분	경기 인천	서울	대구 경북	대전 충남 세종	부산 울산	광주 전남	충북	전북	강원	제주	계 (평균)
인증사	8,293	3,479	1,856	1,551	1,337	1,020	703	453	390	89	20,496
회원사	2,487	1,107	604	522	426	309	239	158	205	27	6,625

_____ 자료 출처 : 이노비즈협회 충북지회, 2022년 제16차 정기총회 자료집

이는 이노비즈 회원사가 전국(6,625사) 대비 3.6%로써 충북의 경제규모와 비슷한 수준을 나타내고 있어 충북경제의 대들보 역할을 수행하고 있음을 알 수 있어 향후 이노비즈협회 활성화가 크게 기대된다. 이 자리에는 이시종 도지사를 비롯하여 박문희 도의회 의장 및 각급 중소기업지원기관장들이 대거 참석하여 이노비즈협회 총회 개최를 축하하고 격려했다.

이노비즈 회원사들은 대부분 제조업들로 구성되어 있고 기술력과 조직의 규모도 제법 갖추고 있어서 역량있는 기업들이 많다. 따라서 이런 단체에서 이업종 교류활동을 한다면 보다 많은 성과창출로 이어질 것으

임형택(이노비즈협회 충북지회) 회장이 제16차 정기총회를 주관하고 있다.

로 기대된다. 지역의 경제규모를 성장시키는 데 더 큰 역할을 할 것으로 판단된다. 그동안 이노비즈협회는 인증기업 중에서 회비를 납부하는 기업들을 중심으로 활동해 왔다. 그것도 협회의 임원사(회장, 부회장, 이사 등)를 중심으로 정부와 지자체의 지원사업에 의존하는 활동을 해 왔다. 이노비즈 인증기업들의 잠재력을 놓치고 있었다는 이야기가 된다. 회원사들의 자생적인 모임에 기반하는 바텀업(Bottom up)방식이 아니라 탑다운(Top down)방식으로 운영되었다. 회원사 간의 자생적인 부가가치 창출을 위한 학습활동을 기대하기 어려웠다. 그러다 보니 기업들 간에 교류를 통한 융합 비즈니스모델을 창출할 수가 없었다. 만약 이업종 교류 방식을 이노비즈협회 활동에 접목한다면 진정한 신 비즈니스 창출을 위한 네트워킹 경영활동을 기할 수 있을 것이다.

② 이업종은 전략경영(Strategic Management)이다

앞에서도 지적했지만 이업종 활동은 친목을 위한 계모임이 아니다. 이업종은 바로 전략경영(Strategic Management)에서부터 출발한다. 90년대 초 정부가 이업종 교류사업을 일본으로부터 벤치마킹할 당시만 해도 이업종 교류사업의 정책적인 의미는 대단히 중대한 것이었다. 그런데 이업종이 30여 년이 지난 오늘날 융합시대에 희석되어 그 정체성을 잃어가는 것 같다. 융합은 본래 이업종 활동을 통하여 일어나는 산출물이다. 그리고 이업종에 있어서 융합의 궁극적인 목적은 신 비즈니스이다. 이러한 줄기를 이해하고 출발해야 한다.

이제 본격적으로 전략경영을 이야기해보자. 전략(戰略)이란 "전쟁을 전반적으로 이끌어 가는 방법이나 책략, 전술보다 상위의 개념"으로 군사적 용어로 사용되던 것을 경영이나 행정에 도입하여 사용하고 있다. 본래 전략이란 단어는 單(단)+戈(과)+田(전)+各(각)의 합성어이다. 單(단)

戰 略 單+戈+田+各

_____ 네이버 이미지에서 발췌 수정

은 식구들을 먹여(口) 살리기 위해 많은 날(十)을 밭(田)에 나가 홀로 열심히 일한다는 데서 '홀'이란 뜻을 가지고 있다. 그러다 적의 침입을 받으면 창(戈)으로 막아내야 하고, 밭(田)에서 주어진 임무를 각자 열심히 해야 한다.

1년간 생산해야 하는 식량이 주어진 임무이자 목표이다. 1년간의 목표가 모여 5년 후, 10년 후가 되면 크고 원대한 꿈이 된다. 이 꿈이 오늘날 회자되는 비전(Vision)이다. 따라서 전략이란 비전 달성을 위해서 필요한 것이다. 다시 말해서 비전 달성을 위해서 전략이 필요하다는 이야기이다. 당초 이업종은 우리나라 중소기업을 대한민국에서 경제의 중심으로 육성 · 발전시키기 위해서 도입된 정책이다. 그래서 중소기업 진흥에 관한 법률에 그 지원 근거를 마련해 놓았다. 그러한 이업종이 융합 R&D에 흡수되어 그 색이 바래고 있다. 중소기업의 육성 · 발전은 이업종에서 찾아야 하고 이업종은 바로 신 비즈니스(New Business) 창출을 통하여 지속

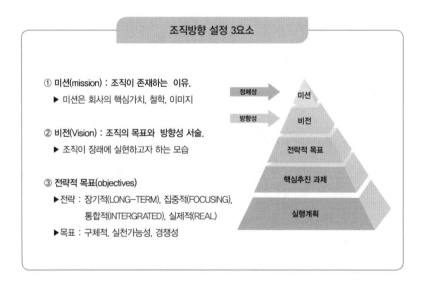

경영을 펼쳐나가야 한다. 그러기 위해서는 이업종이 전략경영으로 자리 매김될 필요가 있다. 따라서 이업종은 단위교류회 조직에서부터 철저한 목표의식(Vision)을 가지고 접근하지 않으면 아니 된다. 각각의 단위교류 회는 그 조직의 목표와 비전을 설정하고, 각 지역의 연합회는 연합회별 로 비전을 정하여 전략적인 접근을 해야 한다. 친목이나 하고 정부의 지 원자금이나 목말라하는 해바라기성 이업종이 된다면 더 이상의 발전은 없다. 자생력을 갖추어가는 전략경영 조직이 되어야 한다는 말이다.

조직의 방향을 결정하는 데는 세 가지 요소가 있다. 미션과 비전, 그리 고 전략적 목표가 그것이다. 미션(Mission)은 조직이 존재하는 이유를 나 타내는 말이고, 조직의 핵심가치, 철학, 이미지 등을 내포하고 있다. 미 션의 요건은 첫째, 변화를 이끌어낼 수 있는 변화의 동인(Driver)이 되어 야 한다. 둘째, 조직 구성원들에게 업무수행에 대한 동기부여를 할 수 있 어야 한다. 셋째, 쉽게 이해하고 의사소통할 수 있도록 이해 가능성을 전 제로 한다. 넷째, 본질적으로 장기적인 적용이 가능해야 한다. 따라서 미 션은 조직의 정체성을 표현하는 데 가장 기본이 되며, 한번 설정된 미션 은 아주 특별한 환경변화가 없는 한 영속적으로 존속되어야 한다. 비전 (Vision)은 이러한 미션 하에서 조직이 실현하고자 하는 장래의 모습(꿈) 을 담아야 한다. 비전은 크고(Big) 대담하며(Hairy) 도전적인(Audacious) 목표(Goal)를 가져야 한다고 제임스 콜린스(James Collins)와 제리 포래스 (Jerry Porras)는 말했다. 한 치 앞을 내다보기 힘든 글로벌 경제전쟁 시대 에서 기업들이 경쟁력을 가지려면 때로는 무모해 보일 정도로 공격적인 경영을 해야 한다는 메시지이다.

전략적 목표(objectives)는 장기적(Long-Term), 집중적(Focusing), 통합 적(Integrated), 실제적(Real)인 의미를 내포하고 있다. 여기서 목표(Goal)

의 설정은 추상적이거나 개념적이어서는 아니 된다. 곧 스마트(Smart)해야 한다. 첫째, 구체적(Specific)이어야 한다. 조직 구성원들이 무엇을 해야 할지를 알 수 있도록 구체화해야 한다. 둘째, 측정 가능(Measurable)해야 한다. 구성원들이 실행으로 인하여 측정 가능하도록 정량적으로 표시해야 한다. 셋째, 일체감 조성(Aligned)이 가능해야 한다. 조직 구성원들의 동기부여를 통하여 일체감이 조성될 수 있도록 설정해야 한다. 넷째, 현실적(Realistic)으로 접근해야 한다. 공허한 목표설정은 비용(Cost) 증가와 시간 낭비로 이어진다. 다섯째, 시한성(Time-bounded)을 지니고 있어야 한다. 달성 기간이 명시되지 아니한 목표는 구성원들을 지치게 하여 결국 포기로 몰아가고 만다.

이러한 현상들은 이업종에서도 어김없이 나타나고 있다. 이업종 교류회 활동을 하면 뭔가 비즈니스에 도움이 될 것으로 기대하고 입회하게 된다. 그러나 목표 지향적 전략 경영활동이 없이 식당에서 진행되는 의례적인 회식자리가 전부인 교류활동에 몇 번 참석하고 나면 식상해지기 마련이고, 결국 조직이탈로 이어지곤 한다. 이런 방식으로 30년의 이업종 역사가 쓰이는 것 같아 아쉬움이 있다. 본격적인 융합시대와 중소기업시대에서는 그 접근방법이 달라져야 하고 새롭게 정립되어야 한다.

이업종에는 PDCA가 균형 잡힌
매니지먼트가 있어야

이제부터 그 전략경영의 사례를 살펴본다. 전략이란 원래 전쟁에서 쓰이고 있는 용어이므로 『손자병법』을 살펴보지 않을 수 없다. 이는 고대 중국의 병법서로, 춘추시대 오나라 왕 합려(闔閭)를 섬기던 손무(孫武 ; 춘추시대의 이름)가 쓴 것으로 널리 알려져 있다. 그는 "兵者, 國之大事, 死生之地, 存亡之道, 不可不察也(병자, 국지대사, 사생지지, 존망지도, 불가불찰야)."라 설한다. 즉 전쟁을 일으키는 것은 국가의 중대한 일로, 생사의 문제이며, 존망의 길이므로 잘 살피지 아니하면 아니 된다는 뜻이다. 비즈니스는 경쟁자가 있는 전쟁이다. 따라서 기업을 경영하는 것 또한 이와 다르지 아니하다. 또 "故經之以五事, 校之以七計, 而索其情(고경지이오사, 교지이칠계, 이색기정)."이라 설하며 경영에서의 다섯 가지 요건을 제시한다. 즉, "一曰道, 二曰天, 三曰地, 四曰將, 五曰法(일왈도, 이왈천, 삼왈지, 사왈장, 오왈법)."이다. 그 첫째가 지도자(CEO)의 지도력(道)을 강조하고 있다. 백성으로 하여금 윗사람과 더불어 같은 의지를 갖게 하여 백성들이 윗사람과 더불어 동고동락하면서 일심동체의 경지를 이루어 위기가 닥쳐도 두려워하지 않고 전쟁터로 나아가도록 하는 것이다. 이를 기업경영에 접목해 보면 미션(Mission)과 비전(Vision)에 관한 덕목으로서 상도, 도덕성, 사회적 책임, 대의명분 등을 강조하고 실천해야 하는 것이다. 미션과 비전 체계를 바로 세우는 것이 그 첫째가는 덕목이라는 메시지이다. 두 번째는 기상조건(天)을 말하고 있다. 전쟁에서 승리하려면 외부환경 조건을 잘 분석해서 대처해야 한다. 어둠과 밝음, 추위와 더

위, 계절의 변화 등 시간적 조건이다. 뜻을 이루기 위하여 천기(천지의 기운, 기후, 절기, 징조 등)를 살피는 것은 당연한 일이다. 거시적 환경조건인 자연환경, 정치·경제·사회·문화적 환경과 과학·기술적 트렌드를 분석해야 할 것이다. 세 번째는 지형조건(地)을 말하고 있다. 멀고 가까움, 험하고 평탄함, 넓고 좁음, 죽은 곳과 사는 곳 등의 지리적 조건을 잘 살펴야 한다. 미시환경 차원의 특정산업 환경, 지리적 조건, 시장점유율 등을 분석해서 대처해야 할 것이다. 네 번째는 장수(將 ; CEO)에 대하여 설하고 있다. 장수는 지식, 신의, 인내, 용기, 위엄을 가져야 한다. CEO는 학습능력과 신뢰성, 인내력에 의한 지속경영, 과감한 도전정신, 카리스마 등을 갖추어야 함을 의미한다. 또한 리더(CEO)는 외부환경과는 변화관리자(Change Agent)로서의 역할과 내부적으로는 조정자(Controller)로

전략경영의 기본요건

故經之以五事, 而索其情 : 一日道, 二日天, 三日地, 四日將, 五日法

五事	경영관리 차원	내 용
道	Mission/Vision	상도, 도덕성, 사회적 책임, 대의명분
天	거시환경	자연환경 · 정치 · 경제 · 사회 · 문화 · 과학적 트랜드
地	미시환경	특정 산업환경 · 지리적 조건 · 시장점유율
將	리 더 십	- 外部 : Change Agent / - 內部 : Controller
法	System	조직 규범 · 질서 · Process

서의 역할을 동시에 수행해야 함을 내포하고 있다. 다섯 번째는 조직체계(法)를 설한다. 조직의 편제와 명령계통 등을 제정한 법과 제도를 갖추어야 한다는 의미이다. 조직의 규범과 질서유지, 업무 프로세스를 갖추고 시스템(System)적으로 접근해야 한다.

여기서 중소기업융합 충북연합회가 한때 설정해 놓았던 비전 체계 사례를 소개한다.[1]

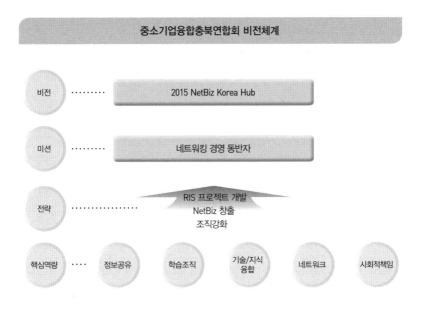

미션은 "네트워킹 경영의 동반자"로 설정하고, 비전은 "2015 NetBiz

---

1 현재는 그 비전 체계를 찾아볼 수가 없다.

Korea Hub"로 공시하고 있다. 즉 2015년까지 융합 비즈니스로서 대한 민국의 중심가는 단체로 성장하겠다는 것이다. 이를 달성하기 위한 전략으로서 첫째 RIS(지역혁신체계) 프로젝트 개발, 둘째 NetBiz(융합 비즈니스) 창출, 셋째 조직강화를 제시하고 있다. 이를 뒷받침하기 위한 핵심 역량으로서 정보공유, 학습조직, 지식ㆍ기술융합, 네트워크, 사회적 책임을 내세우고 있다. 지금까지 논의한 요건들을 모두 갖추고 있다. 중소기업융합충북연합회는 전국의 13개 지역연합회 중 비전 체계를 갖추고 있는 유일한 조직이다. 그런데 이의 실현을 위한 구체적인 플랜들이 어떻게 되어 있는가. 그때그때 이벤트성 행사로 일관하고 있지는 않는가. 2009년 9월 연합회 이사회의 심의를 거쳐 확정된 비전 체계는 연합회장 임기를 몇 번째 맞이했다. 충북연합회 23번째 단위교류회 창립기념식이 개최됐다. 기업지원 관련 기관장들이 다수 참석하여 성대한 이벤트를 연출했다. 아마도 새로 탄생하는 이업종 교류회원사 모두가 신비즈니스 창출에 상당한 기대감에 부풀어 있을 것이다. 과연 이것이 이업종의 전부인가. 전략경영으로 자리매김하려면 월터 슈와트(Walter Shewhart)와 에드워즈 데밍(W. Edwards Deming)이 주장한 기본적인 관리과정(Management process)을 거쳐야 한다. 즉 P(Planing)-D(Doing)-C(Checking)-A(Action)라는 관리순환(Management Cycle)이 그것이다. 계획을 수립하고, 계획한 바대로 실행하고, 실행한 것에 대한 점검을 실시하고, 점검결과를 개선하여 피드백(Feed-back)하는 일련의 지속적(~ing)인 관리를 해야 한다. 그러나 이업종에는 관리(Management)가 없다. 조치(Do)만 있을 뿐이다. 이제는 그 회원사 수가 제법 많아서 각종 행사에 도지사, 국회의원을 비롯한 관계 기관장들의 모습이 빠지지 않는다. 2~3년 임기제로 되어 있는 중앙회장과 연합회장 선거도 이제는 경쟁시대에 돌입했다. 적당히 임기만 채우는 시대는 지났다. 경쟁체제 하에서의 군자(君子 ; CEO)는 자리를 탐하기 이전에 구성원들에게 공약으로서 비전(Planing)을 제시하고, 자리에 오른 후에는 제시한 비전을 달성하기 위한 구체적인 실행(Doing)에 힘써야 한다. 또한 실행 후에는 내용에 대한 평가(Checking)가 있어야 하며, 평가 결과는 조직의 지속성장을 위한 개선활동에 반영(Action)하고 관리자로서의 주의 의무를 다해야 한다. 전략경영의 정체성 확립을 위한 청사진(Vision)을 제시하고, 그 공약을 하나하나 이행해 나갈 때 비전을 달성할 수 있을 것이다.

손무(孫武) 선생님의 말씀이 새롭다. 이업종은 2천5백 년 동안 흐르는 지식의 젖줄이다. 이업종은 전략경영차원에서 접근해야 한다. 이업종이 영원한 미래산업으로 자리매김하려면 이러한 전략경영의 정체성을 하나하나 확립해 나아가야 할 것이다. 우리의 이업종에는 P-D-C-A로 균형 잡힌 관리(Management)가 필요하다는 이야기이다. 세 불리기의 처리(Do)만이 반복되어선 아니 된다.

③ 이업종은 시스템 경영(System Management)이다

이업종의 정체성을 나타내는 세 번째 이야기는 시스템 경영(System Management)이다. 시스템이란 "복잡하지만 통일된 전체를 이루는 상호 관련된 부분의 집합"이라고 쿤츠와 오도넬(H. Koontz&C. O'Donnell)은 이야기한다. 다시 말해서 시스템 경영이란 조직의 목표달성을 위하여 체계화된 관리활동을 말한다. 따라서 시스템은 본질적으로 목표성(Goal), 전체성(Wholism), 개방성(Openness), 상호연관성(Interrelatedness), 통제성(Control mechanism)을 지니고 있다.[2] 시스템 경영이 바로 설 때 비로소 이업종의 정체성이 확립될 수 있는 것이다. 단위교류회는 단위교류회대로, 지역연합회는 지역연합회대로, 중앙회는 중앙회대로 시스템 경영을 해야 하는 것이다. 중앙회 차원의 이업종 활동 체계를 살펴보자. 중앙회의 조직체계는 단위교류회를 회원 조직으로 한 지역연합회가 결성되고, 지역연합회를 회원조직으로 구성하여 중앙회를 조직하고 있는 것이다. 중앙회는 중소벤처기업부, 산업통상자원부 등 중앙부처, 중소벤처기업진흥공단, 기타 기업지원기관 등과의 유기적인 활동을 통하여 정책건의 및 이업종 교류활성화를 위한 각종 중소기업 지원사업 수주활동의 모태가 되고 있다. 한편 단위교류회 및 지역연합회 사업의 질적인 향상을 꾀하기 위하여 이업종 교류전문가와 융합전문가 등 전문가 풀(Pool)을 구축하고 단위교류회와 지역연합회가 필요로 하는 전문가를 파견하여 지원활동을 펼치고 있다. 전문가 집단의 역량을 강화하기 위한 각종 교육훈련사업도 병행하고 있다. 30여 년의 이업종 활동을 통하여 정착된 활동체계이다. 여기서 이업종 교류활성화를 위한 전문가의 활성화 방안에 대하여 몇 가지 짚어보고자 한다.

먼저 맞춤형 전문가를 배치해야 한다. 이를 위해서는 이업종 성장단계별 전문가의 확보 및 배치가 전제되어야 한다. 조직 결성단계와 친목단계에서는 교류전문가가 필요하다. 조직을 결성할 때에는 준비절차와 형식이 필요하다. 또한 조직결성 후에 친목단계에서는 새로 만나는 회원사들의 서먹서먹한 관계를 풀어주기 위한 일련의 캐털라이저(Catalyzer)

---

2   신유근, 「조직론」, 다산출판사, 서울, 1986, p.74~76.

가 필요하다. 이를 해결할 수 있는 전문가가 교류전문가이다. 다음 학습조직화 단계에서는 융합 R&D 활동이 전개되는 시기이다. 따라서 이 단계에서는 학습조직화 활동이 요구되며, 기술개발을 위한 아이디어 창출 활동과 R&D 기획 활동이 필요하다. 여기에 적합한 전문가가 융합전문가이다. 다음으로 프로젝트 개발단계와 신 비즈니스(New Biz) 창출단계에서는 비즈니스모델 구축 활동이 필요하다. 프로젝트 개발은 신 비즈니스모델이 전제되어야 한다. 이를 위해서는 참여기업에 대한 분석과 시장조사, 사업타당성 분석 등의 철저한 조사가 이루어지고 중장기 사업계획서가 작성되어야 한다. 또한 신 비즈니스를 통하여 창출되는 이익배분을 어떻게 하여야 할 것인가가 무엇보다 중요하다. 사업화의 실패요인도 여기서 발생하는 것이다. 참여기업 당사자에게만 맡겨서는 아니 되는 이유가 여기에 있다. 반드시 중재자를 통하여 이견문제를 해결해야 한다. 여기에 필요한 전문가가 바로 협업전문가인 것이다. 이렇듯 단계마다 전문가의 니즈가 다르다. 그런데 현재 우리는 어떤 지원체계를 갖추고 있는가. 2011년도에 배출한 융합지도사와 그동안 이업종의 역사를 같이 해온 이업종 교류전문가를 융합전문가라는 이업종 만능전문가로 통합하여 운용한 바 있다.[3] 만능전문가는 상대적으로 전문성이 취약하기 마련이다. 이는 자칫 이업종 활동의 질적 저하와 기업들의 불만으로 이어져 융합전문가의 무용론이 제기될 공산이 크다. 따라서 단계별 전문가를 양성하여 수요의 다양성에 공급의 적합성을 높여야 할 것이다.

둘째, 지역 전담 교류전문가를 배치해야 한다. 현재는 통합된 융합전

---

3 그것도 이제는 그 존재가치를 찾을 수 없다.

문가를 교류회가 요청하면 중앙회가 파견하는 방식으로 지원하고 있다. 그나마 예산이 없어 거의 활용하지 못하고 있는 실정이다. 통합된 융합전문가의 전문성도 떨어질 수 있는 구조일 뿐더러 수시 파견 융합전문가로서는 당해 단위교류회가 안고 있는 문제점을 진단하여 체계적이고 지속적인 지도를 하기 어렵다. 단위교류회의 회원사들은 경영환경이 열악한 중소기업들이 대부분이다. 한 달에 한 번 나오는 월례회에도 참석하기 어려운 기업들이 많다. 그들 자체적으로 융합활동과 신 비즈니스 창출활동을 맡기는 것은 무리다. 교류전문가가 월례회의 때마다 참석하여 그들의 애로사항을 청취하고 교류회 운영상의 문제점을 파악하여 개선하도록 유도하는 역할이 절대적으로 필요하다. 지역 전담 교류전문가가 배치되어 단위교류회의 문제점과 개선방안을 도출하고 지역연합회와 중앙회에 정기적으로 보고하여 이업종 활성화를 기하도록 전 주기적인 촉매역할을 해야 한다는 것이다.

셋째, 이업종 정책의 일관성이 필요하다. 30여 년간 지속되어 온 이업종 교류전문가가 융합시대에 세류에 묻혀 융합전문가로 변신한 것은 심도 있는 제도 발전으로 평가하기는 어려울 것으로 보인다. 중소기업진흥에 관한 법률 제5조의 규정에 의거 중소벤처기업부장관은 서로 다른 업종을 영위하고 있는 중소기업자 간 정보 및 기술 교류를 촉진하기 위하여 이업종 교류 지원사업(異業種交流支援事業)을 실시하여야 한다고 의무규정으로 명시하고 있다. 따라서 이업종 교류활성화를 기하기 위해서는 당연히 이업종 교류전문가가 존재해야 하는 것이다. 법률의 규정에 의한 이업종을 영원한 미래 성장동력 산업으로 발전시키려면 일관성 있는 100년 정책이 필요하지 않겠는가.

④ 이업종은 신 비즈니스 창출을 위한 합목적성 경영이다

이업종의 정체성에 대한 마지막 이야기를 하고자 한다. 이업종은 친목 활동을 하는 계모임이 아니라는 지적을 한 바 있다. 가끔 계모임으로 착각하고 진행하는 교류회에서는 친목활동의 범주를 벗어나지 못하는 현상이 벌어지기도 한다. 이업종 월례회의에 가끔 참석해 보면 특별한 주제 없이 진행하는 경우가 있다. 이런 경우는 모임 장소도 대부분 식당으로 정해져서 진행되게 마련이다. 회의 내용도 연합회나 중앙회의 행사참여에 대한 안내나 정부 시책에 대한 안내 정도로 이루어지는 경우가 고작이다. 가끔 중소벤처기업부나 중소벤처기업진흥공단 등의 직원이 참석하여 정책 지원사업을 안내하고 그에 대한 정보를 공유하여 참여하도록 권장하는 정도이다. 장소가 식당이다 보니 참석자의 마음가짐도 으레 느슨해지기 마련이다. 회의 후 식사를 할 것이 추측되므로 식사가 끝나기 전까지만 가면 된다는 식의 심리적 사고가 마음 한구석에 자리 잡고 있기 때문에 정해진 시간에 참석할 리가 없다. 그러다 보면 당연히 회의시간이 지체되고, 장소도 식당이다 보니 먼저 온 사람은 소주 한 잔을 기울이게 된다. 30분 정도 회의시간이 지체되다 보면 먼저 온 사람은 취기가 올라 있는 상태이다. 회의 진행자인 총무가 이제 올 사람이 다 왔다고 판단하고 회의를 진행한다. 회의 분위기는 산만해지기 마련이다. 집중이 안 되어 정보공유가 어렵게 된다. 이렇게 되면 교류회를 유지하기가 어려워진다. 무언가 비즈니스에 도움이 되기를 기대하고 이업종 교류회에 참여했는데, 되는 것도 없고 안 되는 것도 없는 매너리즘 상태가 되면 실망하기 마련이다. 그런 판단이 서는 순간 탈퇴로 이어지고 모임은 유지하기 어렵게 된다. 따라서 이업종은 합목적성을 가지고 조직적으로 접근해야 한다. 이업종의 궁극적인 목적은 네트워킹 경영을 통한 신 비즈니스모델 창출에 있다. 이런 목적을 달성하기 위하여 교류회 리더는 활동해야 하고 참여 회원사는 이에 협조해야 한다. 목적의식 없는 이업종 활동은 공연히 시간만 낭비하는 격이 된다. 차라리 안 하느니만 못하다. 그러므로 이업종은 신 비즈니스 창출을 위한 합목적성 경영이다.

로크(E. A. Locke)의 목표설정이론(Goal setting theory)에 의하면 목표가 실제행위나 성과를 결정하는 요인으로 작용한다는 것이다. 연구결과에 의하면, 실험실 상황과 실제 상황 모두에서 목표를 수립하는 데 구성원의 참여는 과업의 성취정도와 긍정적 관계가 있음이 규명되었다. 이업종 활동을 함에 있어서도 이와 같이 합목적성을 가지고 접근하는 것은 매우 중요하다 하겠다. 따라서 이업종 교류회를 이끄는 리더는 이러한 점을 염두에 두어야 할 것이다.

여기서 목표에 대하여 좀 더 이야기해 보자. 목표의 속성은 SMART해야 한다. 즉, ① Specific(구체적), ② Measurable(측정 가능), ③ Aligned(일체감 조성), ④ Realistic(실현가능성), ⑤ Time-bound(기간 설정) 등의 요건을 검토해야 한다. 첫째, 목표 정의가 명쾌해야 한다. 목표가 분명하다는 것은 사업의 타당성 검토가 이루어져야 하고, 참여 회원사의 요구 사항을 정의하는 것에서부터 출발해야 한다. 둘째, 측정 가능한 관리기준을 마련해야 한다. 피터 드러커(Peter Ferdinand Drucker)가 "측정할 수 없으면, 관리할 수 없다(If you can't measure it, you can't manage it)."라고 지적했듯이, 목표하는 바, 계획이 구체적인 수치로 정량화되지 않으면, 관리기준을 분명히 적용할 수가 없다. 셋째, 구성원들의 일체감이 조성되어야 한다. 행동지향성을 높이기 위해서는 구성원 및 관련자들의 동의에 기반을 둔 자발적 참여가 필수적이다. 참여도를 높이기 위해서는 구성원의 역할분담과 책임 한계를 분명히 하는 것이다. 목표달성의 주체는 결국 구성원인 회원사이기 때문이다. 자원의 한계성과 자원배정의 적합성이 매우 중요하기 때문이다. 가끔 이업종 교류회 회장을 윤번제로 하는 경우를 본다. 이러한 이유에서 조직이 안정화되기 이전까지는 고려해야할 사안이다. 넷째, 목표는 현실성이 있어야 한다. 현재의 기술과 역량으로서는 해결할 수 없는 문제를 해결하겠다고 설정하거나 기술적으로는 가능하나 경제적으로 불가능한 경우 등은 현실적이고 합리적인 목표라고 할 수 없다. 허망한 목표를 정하게 되면 오히려 구성원의 이탈을 촉진하는 계기가 될 수 있다. 현실성이란 제한된 시간, 예산 및 자원의 체계적인 운영을 의미한다. 이들 제약 조건들 간에는 상호 영향관계를 고려해야 한다. 다섯째, 목표달성 기간을 설정해야 한다. 기간 설정이 없는 목표는 결국 구성원을 지치게 만들어 조직을 이탈하는 촉진제 역할을 하게 된다. 설정된 기간 내에 목표달성을 위한 당근과 채찍을 가해야 한다. 기간이 종료되면 성과목표에 대한 평가가 이루어져야 한다. 성과평가 결과는 인센티브와 다음 목표에 대한 환류(Feed back)로 이어져야 한다. 이러한 일련의 과정을 통하여 이업종이 지속성장의 동력을 확보하는 것이다. 이것이 확립될 때 이업종이 영원한 미래산업으로 발전할 수 있는 것이다.

이업종은 정체성을 가지고 활동해야 한다. 지금까지 이야기한 이업종의 정체성을 종합해보면, 그 첫째가 네트워킹 경영이요, 둘째가 전략경영이며, 셋째가 시스템 경영이고, 넷째가 합목적성 경영이다. 이러한 이업종의 정체성이 하나하나 확립되어 나아갈 때 융합은 신성장동력으로서 그 빛을 발할 것이며, 하나의 산업으로 발전되어 갈 것이다.

이업종 교류활동
3대 원칙

① 신 비즈니스(협업) 창출을 위한 창조적 활동 : 목적주의 원칙

지금까지 이업종의 정체성에 대하여 살펴보았다. 이업종의 정체성을 네트워킹 경영, 전략경영, 시스템 경영, 합목적성 경영으로 정의했다. 이제부터는 이업종의 정체성을 확립하기 위하여 어떤 활동원칙에 의하여 행동해야 하는지를 알아보자. 우선적으로 지켜야 할 원칙은 창조적 활동을 해야 한다는 점이다. 그동안 우리는 이업종의 발전 단계를 5단계로 분류하여 왔다.

오거나이징(Organizing) 단계, 친목활동 단계, 학습조직화 단계, 프로젝트 개발 단계, 신 비즈니스 창출 단계 등으로 분류하여 이것이 순차적으로 발전하는 것으로 이해하여 왔다.

오거나이징 단계는 모임결성 단계로 교류회 창립단계를 말한다. 이 단계에서는 모임을 결성하기 위하여 회원을 모집하고 조직구조를 설계하여 조직화하는 활동을 하게 된다. 조직의 비전과 미션을 설정하고 비전체계에 의한 중장기 전략수립과 비전 달성을 위한 세부 달성목표에 의한 부문별, 연도별 사업계획을 수립하고, 조직설계에 의한 역할을 규정하는 활동 등을 하게 된다. 또한 1업종 1개사를 원칙으로 이업종 교류의 필요성을 확고히 인식한 중소기업 CEO를 중심으로 활동목표를 정하고 적정 참가인원을 고려하여 그룹을 결성한다.

친목활동 단계에서 교류가 원활히 진행되기 위해서는 우선 회원 간의 신뢰감 형성이 중요하므로 전 회원이 참석하는 모임을 자주 가져 상호친목을 도모하는 활동을 한다.

학습조직화 단계에서는 정례회를 개최하여 각 사가 보유하고 있는 경영·기술자원의 공개를 통한 상호이용을 도모하고 회원사의 공장견학, 외부강사 초청강연회 및 세미나 개최 등을 행하며, 분과회의 구성·운영 및 타 그룹과의 교류 등을 통하여 다양한 정보 및 노하우를 공유한다. 따라서 이 단계는 학습조직이 활성화되는 단계이다.

프로젝트 개발 단계에서는 학습조직 활동을 통하여 얻은 결과로 개발된 신기술, 신제품의 사업화를 추진하며 공동으로 수·발주도 실시한다. 따라서 이 단계는 프로젝트가 활성화되는 단계이다.

신 비즈니스 창출 단계에서는 사업화 모델이 활성화되는 단계이다. 시장화의 성공열쇠는 수요층의 요구에 얼마나 치밀하게 대응하고 있는가에 달려 있다. 이를 위하여 생산 및 판매체제의 강화 및 확보, 사업자금 확보, 적정판매가격 유지 등에 유념해야 한다.

지원내용을 살펴보면, 오거나이징(Organizing) 단계에서는 단위 교류 그룹 결성과 교류활동 활성화를 위한 경비를 지원한다. 친목활동 단계에서는 교류전문가 파견요청 시 중앙회가 보유하고 있는 이업종 교류 전문가 풀(Pool)에서 적임자를 파견해 준다. 특허, 세무, 기술개발 등 각 분야 전문가를 초청하여 세미나, 심포지엄, 이업종 프라자를 개최한다. 필요 시 지도와 연수를 실시하고, 이업종 교류와 관련한 최신정보를 제공한다. 또한 국내 및 해외 이업종 교류그룹과 교류를 알선하고 기타 각종 정보 등을 제공한다. 학습조직화 단계에서는 학습조직 개발상담, 융합전문가 지도, 기술융합 보조금 지원, 성공사례 안내, 소그룹 특성화 등의 활동을 지원한다. 프로젝트 개발 단계에서는 산산협력 프로젝트 개발, 융합전문가 지도, 융합 R&D 지원사업 연계지원, 성공사례 안내 등을 실시한다.

신 비즈니스 창출 단계에서는 협업사업을 통한 신 비즈니스모델 구축 활동을 전개한다. 이 단계가 이업종 교류활동의 꽃을 피우는 단계가 된다. 지금까지의 이업종 교류활동 전 과정을 통하여 최고의 선(善)을 수행하는 것이다. 그런데 문제는 지금까지 설명한 이업종 교류활동이 순차적인 단계로 발전하고 있지 않다는 것이다. 매슬로우(A. H. Maslow)는 인간 욕구 5단계설을 주장한 바 있다. 그는 행동주의 강화이론이 외적인 동기화만 강조하는 것에 반발하여 개인의 욕구나 내적 상태 등을 강조하였

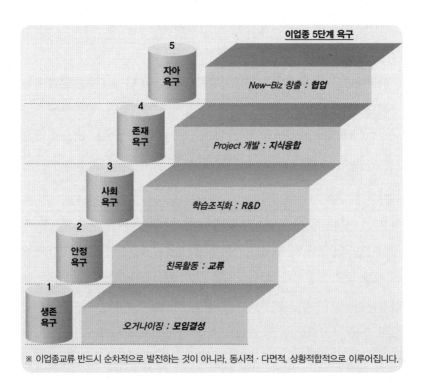

Maslow 5단계 욕구 & 이업종 5단계 욕구

이업종 5단계 욕구

5 자아 욕구 — New-Biz 창출 : 협업

4 존재 욕구 — Project 개발 : 지식융합

3 사회 욕구 — 학습조직화 : R&D

2 안정 욕구 — 친목활동 : 교류

1 생존 욕구 — 오거나이징 : 모임결성

※ 이업종교류 반드시 순차적으로 발전하는 것이 아니라, 동시적·다면적, 상황적합적으로 이루어집니다.

다. 즉, 생리적 욕구, 안전 욕구, 사회적 욕구, 존경 욕구, 자아실현 욕구가 위계적으로 발전된다고 보는 욕구위계이론을 제시하였다. 그러나 실제로는 하위의 욕구가 충족되어야 차상위의 욕구가 만족되는 것이 아니라는 이론적 비판을 받고 있다. 이업종 교류 단계에서도 이와 마찬가지이다.

이업종 교류의 성장단계가 위계적으로 발전하는 것이 아니라는 점을 명심해야 한다. 교류활동이 발전하기 위해 단계별로 끊임없는 노력을 해야 한다는 것이다. 전 주기적으로 창조적 활동을 해야 하는 것이 이업종 교류활동이다. 따라서 이업종 활동원칙은 창조적 활동이 전제되어야 한다. 창조적 활동을 통한 신 비즈니스(협업) 창출을 목적으로 해야 한다는 것이다.

② 매뉴얼 활동을 해야 한다 : 절차주의 원칙

이업종 활동원칙으로 두 번째 중요한 것은 매뉴얼 활동을 해야 한다는 점이다. 이업종은 단순한 친목을 목적으로 하는 계모임이 아니다. 이업종은 앞서 이야기한 바와 같이 정체성을 확립하는 활동이다. 즉, 네트워킹 경영, 전략경영, 시스템 경영, 합목적성 경영이 그것이다. 이러한 정체성을 확립하려면 조직의 단계별 활동원칙을 가지고 접근해야 한다. 활동원칙은 매뉴얼로 정립되어 있다. 그런 의미에서 이업종은 행동하는 실천철학이다. 실행하지 아니하는 이업종은 그 의미가 없다.

이업종 활동 중 매뉴얼 활동은 아무리 강조해도 지나치지 않다. 누누이 지적한 바 있지만 이업종 교류활동을 시작할 때는 이업종에 대한 기대가 충만해 있다. 그러나 이업종 활동원칙을 준수해야 한다고 하는 이는 별로 없다. 그나마 지혜로운 리더(회장이나 총무)를 만나면 교류전문가

단계		Process Map	Procedures
1 단계	오가나이징	교류전문가 → 회원모집 / 적격성 / 리더선출 / 창립총회 → 등록	1. 교류전문가 파견요청 2. 그룹의 활동목적을 결정 3. 리더선출(회장, 총무) 4. 회칙 또는 규정 제정 5. 창립총회개최 6. 각 시도연합회에 등록신청
2 단계	친목활동	교류전문가 → 친목활동 ← 정보교류	1. 공동 취미활동 2. 월례회개최/회원업체견학 3. 3분 스피치 4. 교류전문가 파견요청 5. 성공교류회 벤치마킹 6. 애로문제 공동해결
3 단계	학습조직	교류 · 융합전문가 → 학습활동 ← 소그룹 특성화	1. 외부인사 초청세미나 2. 교류 · 융합전문가 파견요청 3. 연합회 참가, 성공그룹 벤치마킹 조직력 강화 4. 기술융합/지식융합과제 도출 5. 연구테마별 학습 TFT 구성
4 단계	프로젝트	융합전문가 → Project 개발 ← TFT 구성	1. 프로젝트별 TFT 구성 2. 팀장/분과위원장 선출 3. 실행 사업계획서 작성 4. 융합전문가 파견요청
5 단계	뉴비즈	협업전문가 → New Biz 모델 창출 ← 중진공등 유관기관 지원협조	1. 프로젝트 개발완료보고, 품평회개최 2. 사업성평가 3. 신비즈니스(협업) 협약서 체결 4. 협업전문가 파견요청 5. 중기부 등 지원기관 사업승인신청 6. 성공사례 보급

를 초청해 특강을 받을 수 있는 기회를 만들어 조직을 추스르기도 한다. 그도 저도 없는 교류회는 일정한 시일이 지나면 매너리즘에 빠지기 시작하고 기대감에 충만했던 회원사는 하나둘 이탈하는 악순환을 반복하게 된다. 매뉴얼 활동은 이런 조직들의 정체성을 확립하고 교류활성화를 위

한 재충전 에너지를 공급하는 역할을 한다. 여기서 단계별로 실천해야 할 매뉴얼을 정리해 본다.

첫 번째 오거나이징(Organizing) 단계에서는 교류전문가 등의 오거나이저(Organizer)에 의거 회원모집을 하고, 회원의 자격여부를 심의해서 적격성 여부를 판단한다. 적격성에 통과된 회원들과 모임결성을 위한 사전 준비회의를 실시하고 리더를 선출하여 창립총회 준비를 하도록 한다. 창립총회가 종료되면 지역연합회를 거쳐 (사)중소기업융합중앙회에 회원등록을 하게 된다. 이러한 일련의 과정을 거치면서 이루어지는 구체적인 절차(Procedures)에서는 교류전문가 파견요청, 그룹의 활동목적 결정, 리더 선출(회장, 총무 등), 회칙 또는 규정 제정, 창립총회 개최, 각 시도연합회 등록신청 등이 이루어진다. 특히 이 단계에서 중요한 것은 그룹의 활동목적에 대한 결정이라 하겠다. 이는 당해 교류회의 방향성을 설정하는 것이기 때문이다. 여기서 우리가 주목해야 할 점이 있다. 오거나이징 단계는 창립 시에만 필요한 단계가 아니라는 점이다. 일정 기간이 경과된 교류회에서도 오거나이징은 필요하다. 조직이 발전되어 친목활동, 학습조직, 프로젝트 개발, 뉴비즈 단계에 있는 경우에도 그 단계에서 필요한 오거나이징 활동이 필요하다. 대부분 창립총회가 끝나면 오거나이징 단계를 거쳤기 때문에 더 이상의 오거나이징이 필요 없다고 생각하게 된다. 이는 위험한 생각이다. 오거나이징은 각 단계별로 지속적으로 필요하다. 예컨대, 친목활동 단계에서도 친목활성화를 위한 활동계획(Action Plan)의 성공적인 수행을 위해서 조직화가 필요한 것이다. 따라서 학습조직 활동, 프로젝트 개발, 뉴비즈(New Biz) 활동 단계에서도 전략적 접근을 위해서는 조직화가 필요하다는 점을 잊어서는 아니 되는 것이다.

두 번째로 친목활동 단계에서는 친목 촉진자로서 교류전문가의 활동과 정보 교류활동이 이루어진다. 구체적인 절차(Procedures)는 공동 취미 활동, 월례회 개최, 회원업체 견학, 3분 스피치, 교류전문가 파견요청, 성공교류회 벤치마킹, 애로문제 공동해결 등이 이루어진다. 이 단계에서 친목활동을 통하여 달성해야 할 궁극적인 목적은 회원 상호 간의 신뢰구축이다. 신뢰구축이 이루어지지 않은 상태에서는 어떠한 일도 이루어질 수 없다. 특히 이 단계에서 중요한 활동은 3분 스피치의 실천이다. 실제로 교류회 월례회에 참가해 보면 잘 이루어지지 않고 있는 경우가 허다하다. 3분 스피치는 지속적으로 실천하는 것이 중요하다. 경영환경이 수시로 변화하기 때문이다. 그리고 회원업체 견학 또한 중요하다. 이것 또한 아무리 강조해도 지나치지 않을 것이다. 식당에서 이루어지는 월례회의는 효과가 반감된다. 그러므로 특별한 사유가 없는 한 회원사를 순번으로 방문하면서 월례회의를 개최해야 한다. 식사는 월례회의가 끝난후 당해 회원사의 구내식당에서 하는 것이 바람직하다. 부득이 구내식당이 없는 경우에 한하여 인근식당으로 이동하여 속행한다. 방문을 받은회원사는 자사의 기업현황, 경영활동, 애로사항 등에 대하여 브리핑 자료를 준비하여 프레젠테이션을 준비하여 발표하고 참석 회원사의 조언을 구한다. 이업종 활동을 통하여 자사의 오픈 경영을 하는 시발점이 되는 것이다. 자사의 경영활동을 오픈함으로써 회원 상호 간의 신뢰구축을 이루게 되고, 이를 통하여 경영 개선활동이나 새로운 비즈니스 창출기회를 얻게 되는 것이다. 기업의 오픈 시스템적 경영활동(Opened system Management)이 필요한 대목이다. 이업종을 통하여 경영 시너지효과가 나타날 수 있는 것이며, 이업종이 필요한 이유가 여기에 있는 것이다. 자사의 경영활동을 오픈하지 않는 한 신 비즈니스 창출은 기대하기 어렵다. 따라서 이업종 리더(회장 또는 총무)는 의도적으로 이러한 매뉴얼 활동을 실천할 필요가 있다. 이업종은 행동하는 실천철학이지 계모임이 아니기 때문이다. 이러한 활동원칙을 준수했을 때 이업종이 하나의 산업으로 발전할 수 있는 것이다. 이업종은 기본원칙에 충실해야 한다. 이제는 이업종의 정체성과 활동원칙을 다시 생각해야 할 때가 왔다. 융합시대이기 때문이다. 융합산업정책 또한 강조되고 있다. 창조경제의 성공적인 수행을 위해서는 이업종이 중핵적 활동으로 자리매김해야 한다. 포장만 화려한 이업종 교류는 더 이상 희망이 없다.

세 번째, 학습조직 단계에서는 학습활동을 위한 소그룹 특성화 등의 활동을 전개하게 된다. 외부인사 초청세미나, 교류전문가와 융합전문가의 파견요청, 연합회 참가, 성공그룹 벤치마킹, 조직력 강화, 기술융합 또는 지식융합 과제 도출, 연구 테마별 학습 TFT 구성 등의 활동을 하게 된다. 여기서부터는 본격적인 창조활동을 하는 단계이므로 이업종 본래의 목적활동이 시작되는 지점이다. 따라서 여기서는 오거나이징 단계에서 경험했던 노하우의 역량을 재 접목하여 시너지를 창출해야 한다. 다시 말해 조직적이고 전략적으로 접근해야 한다는 의미이다.

네 번째, 프로젝트 단계는 프로젝트 개발 및 실행을 하는 단계이다. 즉 학습활동을 통하여 이루어진 융합과제로서 프로젝트가 추진된다. 이를 위한 활동으로는 프로젝트별 TFT 구성, 팀장 · 분과위원장 선출, 실행 사업계획서 작성, 융합전문가 파견요청 등이 이루어져야 한다. 지금까지의 이업종 활동은 전 단계인 학습조직 단계까지는 어느 정도 이루어지고 있다고 볼 수 있다. 그러나 대부분은 이후 단계에서 멈추어 버리고 만다. 이 단계에서는 좀 더 구체적이고 전문적으로 접근해야 한다. 여기서 이루어지는 프로젝트별 TFT 구성, 팀장 · 분과위원장 선출 등의 활동은 오거나이징 활동이다. 특히 주의해야 할 사항은 실행 사업계획서 작성활동이다. 이는 프로젝트의 성공을 위해서는 반드시 거쳐야 할 활동이다. 이것이 없는 프로젝트는 공허한 시간 낭비만 가져올 뿐이다. 프로젝트에 대한 사업타당성 분석과 그에 기초한 중장기 전략 사업계획서는 프로젝트 활동의 기본활동이다.

다섯 번째, 뉴-비즈 단계이다. 새로운 비즈니스모델이 만들어지는 단계이다. 이 단계에서 이루어지는 활동들은 프로젝트 개발 완료 보고, 품평회 개최, 이업종 프라자 개최, 사업성 평가, 신 비즈니스 협약체결, 협업전문가 파견요청, 중소벤처기업부 등 지원기관의 사업승인신청, 성공사례 보급 등이다. 사실상 이업종 교류활동의 꽃을 피우는 단계이다. 그동안 이업종은 기술융합화 사업이 전부인 것처럼 왜곡되어 왔다. 이업종 활동의 궁극적인 목적은 기업 간 융합을 통한 새로운 비즈니스모델의 창출이다. 친목과 융합활동을 통해 참여한 기업들에게 매출로 이어지는 사업화가 궁극적인 목적이다. 이것이 전제되지 아니한 이업종 활동은 소리만 요란한 빈 수레 활동인 것이다.

이와 같이 각 단계별로 이루어져야 하는 활동들에 대한 매뉴얼을 숙지하고 있어야 한다. 특히 융합 리더들과 융합전문가는 이점을 유의해야 한다. 이제는 전문가도 단계별로 맞춤형 지원을 해야 한다. 오거나이징 단계와 친목활동 단계에서는 교류전문가가 투입되어야 하고 학습활동 단계와 프로젝트 개발 단계에서는 융합전문가가 역할수행을 맡아야 한다. 좀 더 전문적이고 구체화되어야 한다는 의미이다. 또한 이업종 활성화를 위해서는 단위교류회가 융합전문가를 다양하게 선택할 수 있도록 해야 한다. 다른 지역 또는 다른 전문분야의 융합전문가를 단위교류회가 필요에 의해 선택할 수 있도록 해야 한다. 더욱 중요한 것은 융합전문가의 전문성이다. 융합시대에 걸맞게 융합전문가도 수없이 양산되고 있는 추세이다. ㈜중소기업융합중앙회가 양성교육을 하고 융합전문가를 배출한 바 있다. 양성교육 며칠 받는다고 전문성이 확보되는 것은 아니다. 융합전문가가 전문가로서의 역할을 수행하려면 본인 스스로도 부단한 노력을 경주해야 한다. 적어도 이업종의 정체성과 활동원칙에 대한 철학이 정립되어야 한다. 더불어 융합 R&D 기획서 정도는 직접 작성할 수 있어야 한다. 이제 이업종 활동을 다시 생각할 때이다. 그동안 정해진 틀 속에서 이벤트성 연례행사로 이어져 왔다. 양적인 성장을 통해 대 정부기관, 지자체 활동에 대한 세 과시용으로 활용되기도 했다. 물론 그런 활동들을 전면적으로 부정해서는 아니 된다. 기본적인 활동이기 때문이다. 그러나 기본적인 활동만 지속되어서는 발전이 없다. 이업종 활동에 대한 콘텐츠가 개발되어야 한다는 의미이다. 그 콘텐츠는 바로 중장기 전략 사업계획서로 나타나게 될 것이다. 전략적인 접근이 필요하다는 뜻이다.

③ 준칙적 활동을 해야 한다 : 요건주의 원칙

이업종 활동에는 지켜야 할 원칙이 있다. 대부분 이업종 활동은 의례적으로 실시하는 단위교류회 월례회와 지역연합회나 중앙회가 개최하는 이사회, 이업종프라자 등이 대부분이다. 이러한 이업종 활동이 회원사 간의 경쟁력 강화와 신 비즈니스 창출을 위한 합목적성 경영이라는 정체성을 확립하려면 다음과 같은 준칙적 활동을 해야 한다.

첫째, 1업종 1회원 원칙이 존중되어야 한다. 이는 당연한 원칙이다. 이업종 활동 자체가 서로 다른 업종의 CEO들이 모여서 네트워킹 경영을 하는 활동이기 때문이다. 만약 부득이한 경우 유사업종이 참여하게 될 경우 최소한 아이템이라도 달라야 한다. 서로 경쟁관계로 인하여 이업종 융합활동을 저해할 수 있기 때문이다.

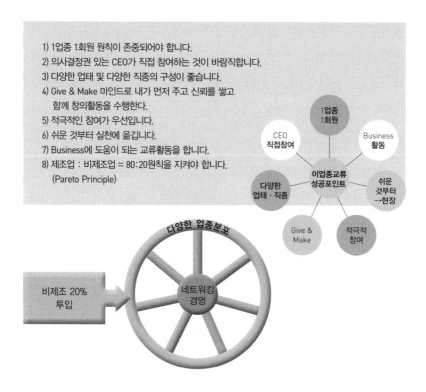

준칙적 활동

1) 1업종 1회원 원칙이 존중되어야 합니다.
2) 의사결정권 있는 CEO가 직접 참여하는 것이 바람직합니다.
3) 다양한 업태 및 다양한 직종의 구성이 좋습니다.
4) Give & Make 마인드로 내가 먼저 주고 신뢰를 쌓고
   함께 창의활동을 수행한다.
5) 적극적인 참여가 우선입니다.
6) 쉬운 것부터 실천에 옮깁니다.
7) Business에 도움이 되는 교류활동을 합니다.
8) 제조업 : 비제조업 = 80:20원칙을 지켜야 합니다.
   (Pareto Principle)

둘째, 의사결정권 있는 CEO가 직접 참여하는 것이 바람직하다. 이업종 교류활동의 대전제는 CEO의 활동이다. 간혹 회사의 대표이사가 업무상 바쁘다는 핑계로 직원을 참여시키는 경우가 있다. 이는 상도덕의 기본을 깨는 행위가 되는 것으로 아주 조심해야 한다. CEO 모임이기 때문에 모임에서 나누는 이야기의 수준도 CEO 급에서 소통해야 할 내용들이 대부분이다. 이런 경우에는 차라리 불참하는 것이 서로를 위해서 바람직하다.

셋째, 교류회 회원은 다양한 업태 및 다양한 직종으로 구성돼야 한다.

이는 이업종 융합활동의 속성상 당연한 원칙이다. 회원사들 간의 경쟁력 강화와 신 비즈니스 창출활동을 하려면 다양한 업태와 다양한 직종이 참여함으로써 다양한 경영정보와 자원을 공유할 수 있고, 참신한 아이디어 발굴과 새로운 영역의 비즈니스 발굴이 가능하기 때문이다.

넷째, Give & Make의 정신으로 참여해야 한다. 내가 먼저 주고 또 주다 보면 자연적으로 신뢰가 쌓이게 되고, 이를 바탕으로 창조활동을 함께 수행하게 되는 것이다. 과거 정부에서 이업종 교류 지원사업을 처음 시작했던 1990년대의 이업종 교류 교육 자료를 보면 Give&Take의 정신으로 참여해야 한다고 되어 있었다. 다년간 이업종 교류전문가로 활동해 온 경험에 비추어 필자가 2009년 발행한 『Network Business 알기 쉬운 이업종』을 집필하면서 바꾸어 놓은 원칙이다. Give&Take는 상대방으로부터 무언가를 받는 것을 조건으로 교류하는 격이 되어 교류활동을 오히려 저해한다. 이것을 Give&Give의 정신에서 다시 Give&Make의 정신으로 발전시킨 것이다. 이업종은 플랫폼(Platform)활동으로 접근해야 한다. 플랫폼의 사전적 의미는 승강장이나 연단을 의미한다. 다시 말해 여러 사람들이 공동으로 사용하는 그 무엇의 의미이다. 컴퓨터나 시스템의 기반 소프트웨어를 말하기도 한다. 개인용 PC의 구동체제 플랫폼에는 대표적으로 윈도우가 있다. 이제 윈도우에서 구글 크롬(Google chrome)으로 넘어가고 있다. 이들은 인터넷 운영체제를 공급함으로써 다른 제품에서 엄청난 부를 창출했다. 이처럼 플랫폼은 사전적으로 무언가를 하기 위한 매개물이면서 필수불가결한 기본이라는 의미이다. 이업종 활동은 플랫폼 활동으로 인식해야 한다.

다섯째, 적극적인 참여가 우선이다. 참여 없이는 성과 없다. 본인의 참여가 부실한데 성과가 있을 리가 만무하다. 또한 바라서도 아니 된다. 욕심이다. 중소기업의 현실은 대동소이하다. 대부분 비즈니스로 바쁘다. 서로가 바쁜 시간을 내어 활동하기 때문에 적극적으로 참여할 의사가 없으면 이업종 활동을 하지 않는 것이 바람직하다.

여섯째, 쉬운 것부터 실천에 옮긴다. 이업종 활동은 어려운 이론적 활동이 아니다. 행동하는 실천철학이다. 행동 그 자체가 이업종 활동이다. 회원사가 겪고 있는 경영활동에서 개선활동을 찾아가며 경쟁력을 강화시키고 새로운 비즈니스 영역을 찾아가는 활동이다. 따라서 회원사 간 교류를 통한 작은 개선활동의 실천이 곧 이업종 활동이다.

일곱째, Business에 도움이 되는 교류활동을 해야 한다. 이업종 교류활동의 궁극적인 목적은 새로운 비즈니스 창출이다. 그것이 전제되지 아니한 교류활동은 무의미하다. 그러기 때문에 이업종의 정체성 확립을 신 비즈니스모델 발굴이라는 합목적성 경영에서 찾아야 한다는 논리가 성립되는 것이다.

여덟째, 제조업 : 비제조업 = 80 : 20원칙을 지켜야 한다. 파레토 (Vilfredo Pareto)에 의하면 "전체 결과의 80%가 전체 원인의 20%에서 발생한다.(Pareto Principle)"고 한다. 이업종 활동원칙에 이를 원용한 것이다. 1990년대 초 정부가 이업종 교류 지원사업을 시작하면서 우리나라 제조업을 육성·발전시키기 위하여 제조업을 중심으로 이업종 교류활동을 전개하였다. 그러나 세월이 지나면서 서비스업 등 비제조업의 숫자가 이제는 제법 상당하다. 이업종 본래의 취지로 볼 때, 이업종 교류활동은 제조업이 중심이 되어야 한다. 비제조업이 다양하게 참여하되, 그 한계를 두는 것이 바람직하다. 비제조업 20% 정도면 제조업의 80%와 상호작용하여 신 비즈니스모델을 창출하는 데 충분하다는 논리이다. 다시 말해서 이업종은 제조업이 중심이 되어야 한다는 메시지이다. 그런 의미에서 적합한 기업인 단체는 이노비즈협회, 메인비즈협회, 벤처기업협회 등 혁신형기업 단체를 예로들 수 있다.

　이상에서 살펴본 바와 같이, 목적주의 활동, 절차주의 활동, 요건주의 활동은 이업종 교류활동에서 가장 핵심이 되는 3대 활동원칙이므로 유념해야 할 것이다. 원칙을 지키는 수고 없이 성과를 기대할 수 없는 것이다. NO PAINS, NO GAINS !

이업종 교류활동
무엇이 문제인가

참석률 저조 : 기대가치에 맞는 이업종 활동을 펼쳐라

이업종 활동을 하면서 겪는 가장 큰 문제는 참석률 저조이다. 70% 이상의 참석률은 양호한 편이다. 50%도 안 될 때가 드물지 않다. 이렇게 되면 참석한 사람들은 허탈감에 빠지기 쉽다. 바쁜 시간을 쪼개서 참석한 사장님들이다 보니 이업종 교류회 모임 자체에 대한 유용성에 의문을 가지게 된다. 무엇이 문제인가. ㈜중소기업융합중앙회(전 (사)전국이업종중앙회))가 실시한 설문분석 보고서에 의하면 이업종 교류활동을 처음 시작할 때의 기대가치는 ① 매출증대, ② 생산성 향상, ③ 신제품·신기술 개발, ④ 비용절감, ⑤ 정부정책 정보파악 및 지원, ⑥ 금융정보 파악 및 지원, ⑦ 인적 네트워크 형성, ⑧ 전시참가 및 시장정보 파악 등의 순으로 되어 있다. 그러나 활동 후의 성과가치는 ① 인적 네트워크 형성, ② 정부정책 정보파악 및 지원, ③ 금융정보 파악 및 지원, ④ 전시참가 및 시장정보 파악, ⑤ 신제품·신기술 개발, ⑥ 매출증대, ⑦ 생산성 향상, ⑧ 비용절감 등의 순으로 정반대로 나타나고 있다. 기대가치와 성과가치의 역전현상이다. 바로 이업종 교류 조직활동이 잘못 운영되고 있다는 결론에 도달하게 된다.

2004년 이업종 교류회 임원리더 합동 연찬회 분임토의(주제 : 이업종 교류회의 참석률 증대방안), 2005 전국합동 임원리더 연찬회 분임토의(주제 : 국제간, 지역 간, 그룹 간 연대 교류활성화 방안)에 대한 열띤 분임토의를 한

적이 있다. 그 결과를 종합하여 살펴보면 많은 시사점을 던져주고 있다. 결론부터 이야기하자면 당초의 기대가치에 맞게 조직을 운영해야 한다는 것이다. 토의결과 나타난 문제점은 "이업종인지 친목단체인지 구분이 없다, 이업종으로 인한 공동의 목표의식이 없다, 이업종으로 인한 회원 상호 간 이해 부족, 사업상 시간이 부족하다, 회원으로서 중소벤처기업진흥공단의 자금수혜가 없다, 실질적인 도움이 안 되어서 회의를 느낀다." 등으로 지적되었다. 그 원인으로는 "목표의식 결여, 리더십 부족, 친목 미흡, 참여이익 부재 인식, 프로그램의 단순성, 이업종 본래 취지 인식 부족, 비효율적 회의진행, 리더십 문제" 등으로 요약되었다. 이러한 문제점은 수없이 지적되어 왔다. 새삼스러운 이야기는 아니다. 십수 년 전의 이야기가 계속 되풀이되고 있다.

2004년 이업종 교류회 임원리더 합동 연찬회에서 '이업종 교류회의 참석률 증대방안'이라는 주제로 분임토의를 한 결과 3등을 수상함. 중소기업이업종충북연합회 임원들과 기념촬영하고 있는 모습(앞줄 왼쪽 첫 번째가 필자, 2004.10.16.)

2005 전국합동 임원리더 연찬회에서 중소기업이업종충북연합회 임원들과 '국제간, 지역 간, 그룹 간 연대 교류활성화 방안'을 주제로 분임토의함(왼쪽 첫 번째가 필자, 2005.11.11.)

2005 전국합동 임원리더 연찬회에서 '국제간, 지역 간, 그룹 간 연대 교류활성화 방안'을 주제로 분임토의한 결과 최우수상을 수상함. 중소기업이업종충북연합회 임원들과 기념촬영하고 있는 필자(앞줄 왼쪽 두 번째, 2005.11.12.)

이를 조직단위별로 원인분석과 개선방안을 정리해보자. 먼저 단위 교류회 수준에서 살펴보자. 첫째, "Take&Give/Closed Mind, 수준별 지도 부재"로 인한 "이업종 교류 이해부족"이다. 이업종 교류활동은 Give&Give의 정신과 열린 마음(Opened Mind)가 선행되어야 한다. 그런데 현실은 정반대로 "Take&Give 정신과 닫힌 마음(Closed Mind)"으로 진행되고 있다. 또한 단위교류회의 역사와 역량도 다양하다. 일률적으로 정의하기 어렵다. 중요한 것은 이업종 본래의 취지에 맞게 운영해야 한다는 점이다. 둘째, "과도한 친목 중심의 교류, Biz학습조직화 미흡, 리더의 희생정신 결여"로 인한 "리더십과 봉사정신 결여"이다. 이업종의 본래적 목적인 신 비즈니스 창출은 뒷전으로 하고 과도한 친목 중심으로 운영되고 있는 것이 현실이다. 신 비즈니스 창출을 위한 학습조직화 활동도 사례를 찾아보기가 어렵다. 그러다 보니 순번제 리더로 운영하게 되고, 이는 봉사정신의 결여로 이어진다. 셋째, "리더의 의지 미흡, 지원기관 실무자 미활용"으로 인한 "기관/단체 간 연계활동 미흡" 등으로 정리될 수 있다. 순번제 리더가 탄생하다 보니 목표의식과 책임의식의 결여로 이어진다. 그리고 유관기관의 실무자 또는 책임자가 회의에 참석하게 되면 회의 분위기는 좀 더 진지해지기 마련이다. 그러나 대부분 자체 모임으로 진행되고 있는 것이 일반적이다.

이를 위한 개선방안으로는 첫째, 리더십 개발 및 전문가에 의한 눈높이 지도가 선행되어야 한다. 본래의 취지에 적합·한 이업종 교류활동을 하려면 이업종 리더는 조직의 장기비전을 제시하고 일체감을 조성할 수 있도록 하는 리더십을 겸비한 사람이 이끌어 가는 것이 맞다. 회원사 모두가 CEO이다 보니 겸양의 덕을 발휘하여 순번제로 운영하는 사례가 많다. 그렇게 운영하는 어쩔 수 없는 이유를 감안하더라도 운영의 묘를 기하여 리더십의 공백이 생기게 하는 것은 경계해야 한다. 따라서 전문가에 의하여 당해 교류회의 수준에 맞는 맞춤형 운영지도가 필요한 것이다. 둘째, 신 비즈니스 창출을 위한 학습조직 활성화이다. 이업종 교류활동의 최고의 덕목은 신 비즈니스 창출이다. 이것이 전제되지 아니한 이업종 활동은 의미가 없다. 이를 위해서는 학습조직이 활성화되어야 한다. 학습조직은 조직의 비전을 달성하기 위하여 기획되고 조직화될 필요가 있다. 셋째, 유관기관 참여를 유도해야 한다. 자체 회원사들만의 회의체 운영은 자칫 매너리즘에 빠질 공산이 크다. 유관기관의 참석으로 적당한 수준에서의 긴장관계 조성은 조직의 활성화에 도움이 될 것이다. 또한 이들로부터 유익한 각종 경영정보를 공유하도록 유도하면 조직 활성화에 큰 도움이 될 것이다. 미꾸라지들만 있는 곳에 메기를 몇 마리 넣으면 미꾸라지들이 메기에게 잡아먹히지 않기 위해 긴장하기 때문에 더욱 생동감 있게 움직인다는 메기효과(catfish effect)를[1] 상기해 보자.

---

1 미꾸라지의 천적인 메기를 같은 수조에 함께 넣어 키우면 메기로부터 살아남기 위해 미꾸라지가 더욱 강해지는 현상을 메기효과(catfish effect)라고 하는데 이를 경영에 도입하는 것.

융합교류 리더는
일일신 우일신(日日新 又日新)해야

이업종 회의 참석률 저조 문제에 대하여 지역연합회 차원에서 살펴보자. 지역연합회는 단위교류회 회원으로 구성된 융합 리더 조직이다. 개별 회원사를 대상으로 하는 조직이 아니다. 먼저 지역연합회 차원의 회의 참석률 저조의 원인으로는 첫째, 프로그램 전문성 미흡을 꼽는다. 프로그램의 전문성은 지역 전담 교류전문가 부재, 정책개발 기능 미흡, 연합회 재정 빈약 등에서 비롯된다. 지역을 전담하여 책임지고 지도할 융합 교류전문가가 부재한 실정이다. 대부분 지역연합회 사무총장이 전문가 역할을 수행하게 된다. 이들에게 프로그램의 전문성을 기대하기란 현실적으로 쉽지 않다. 사무총장 역시 단위교류회 회원사에서 겸하고 있기 때문에 자칫 사리사욕에 연루되어 연합회 고유 업무와의 사리분별을 흐트러뜨리는 결과로 이어질 개연성이 높다. 지역연합회별 전담 교류전문가가 필요하다는 이야기이다. 전문성이 부재하다 보니 정책개발 기능은 발휘되기 어려운 실정이다. 정책개발 기능은 대단히 중요하다. 단위교류회 회원사와 지역연합회 발전에 직·간접적인 영향을 미치기 때문이다. 사무총장은 매년 되풀이되는 통상적 연례행사를 수행하기도 바쁘다. 사무총장에게 집중되어 있는 조직구조도 커다란 문제이다. 견제기능이 없다는 말이다. 이들에게 전문적인 프로그램 개발을 기대하기란 현실적으로 불가능하다. 전문성 문제와 정책개발 문제 못지않게 중요한 것이 재정문제이다. 재정의 빈약 문제 역시 해결하기 쉽지 않다. 지역연합회의 재정을 단위교류회 회원사로부터 징수하는 회비와 단위교류회 회장, 총무와 지역연합회 임원 리더들이 내는 분담금으로 충당한다. 이것만으로는 액수가 상당히 부족하다. 실상이 이렇다 보니 지자체나 유관기관들로부터 협찬성(?) 행사 지원금으로 지역연합회를 꾸려나가게 된다. 요즈음은 정부와 지자체별로 협단체들에게 공모하여 지원사는 사업들이 많다 보니 사업을 수주해서 동 사업비 내에서 인력을 충원하여 운영하고 있는 실정이다. 둘째, 단위교류회 리더의 의지 부족 문제이다. 이는 임원리더의 희생정신 결여와 교류이익 프로그램 부재에서 비롯된다. 이업종 교류회는 정체성과 방향성이 전제된 조직이다. 단순한 계모임이 아니라는 이야기는 강조한 바 있다. 이업종 활성화를 위해서는 이업종 교류 정신에 입각한 임원리더의 사명감과 충만한 희생정신을 필요로 한다. 단위교류회의 윤번제 회장제도는 이업종 리더의 희생정신 결여로 이어지고, 이는 교류이익 프로그램 부재로 연결된다. 사명감과 충만한 희생정신이 없이는 진정한 이업종의 정체성에 입각한 교류활동을 전개할 수 없다. 적당히 임기가 되기를 기다리는 리더에게 교류이익에 적합한 프로그램이 존재할 리 만무하다. 셋째, 기관·단체 간의 연계활동 미흡이다. 이는 기관전문가 미활용 및 부재에서 기인한다. 지역연합회별로 기관·단체 간의 연계활동이 활발한 듯하다. 그러나 속내를 들여다보자. 무엇을 위한 연계활동인가. 요즈음 융합시대에 맞게 기관·단체 간의 업무협정(MOU ; Memorandum of understanding)은 많이 체결한다. 물론 기관·단체 간의 교류활동은 필요하다. 실리적인 활동으로 가야 한다는 말이다. 심지어는 타 시·도의 지역 대학과 업무협정을 체결하여 무차별적으로 대학의 가족기업(Family Company) 회원가입을 강요한다. 대학들의 회원기업 확보 전쟁에 이용당하는 느낌이 들어 씁쓰름하고 답답하다. 타 지역과의 교류도 필요하고 외국과의 교류도 필요하다. 그러나 생색내기 활동보다는 하나를 하더라도 교류 이익의 내실을 기하는 활동이 필요하다는 이야기이다.

지역연합회 차원에서의 참석률 확대 방안은 첫째, RIS(Regional Innovation System) 프로젝트를 개발하는 것이다. 지역연합회 차원의 광역 프로젝트를 개발하여 사업을 추진해감으로써 회원사의 동기부여와 참여의식을 고취시킬 수 있다는 것이다. 융합교류회는 이업종 회원사가 전제된 그룹 활동이기 때문에 1 · 2 · 3차 산업이 어우러진 4차원의 융합 산업 프로젝트 개발이 가능하다. 둘째, 임원리더의 교육 강화이다. CEO의 그릇만큼 조직이 성장한다는 말이 있다. 그만큼 리더의 역할이 중요하다는 이야기이다. 리더가 알지 못하면 조직을 이끄는 데 한계가 있다. 지역연합회 임원 · 리더에게는 이업종의 정체성과 방향성에 관한 확고한 의지를 심어주는 교육이 필요하다. 셋째, 유관기관의 전문인력 활용이다. 메기효과에서도 알 수 있듯이 외부의 신선한 충격은 조직을 생동감 있게 발전하게 한다. 리더의 장기집권은 매너리즘에 빠지게 한다. 고여 있는 물은 썩기 마련이다. 유관기관 및 단체에 있는 전문가를 이업종 조직에서 활동하도록 조직화하는 노력이 필요하다. 이들을 통하여 유관기관에서 시행되고 있는 각종 지원제도와 연계 프로그램을 발굴하는 것이 실리적이라는 말이다. 구일신 일일신 우일신(苟日新 日日新 又日新 ; 진실로 하루가 새로워지려면, 나날이 새롭게 하고, 또 날로 새롭게 하라.)[1] 3600여년 전 은나라 탕왕의 말씀이 새롭게 다가온다.

---

[1] 古代中國 은(殷)나라(B. C. 1600~B. C. 1046)를 세운 탕왕이 자신의 세숫대야에 "苟日新 日日新 又日新"이라는 글을 새겨놓고 매일 자신을 반성하는 삶을 살았다고 한 데서 유래함.

융합산업의 대붕적(大鵬的) 지위를 견지해야

이업종 회의 참석률 저조 문제와 관련하여 중앙회 차원에서 이야기해
보자. 중앙조직단위에서의 고려할 것으로 첫째, 지원기관의 연계성, 둘
째, 눈높이 지원제도, 셋째, 국제교류의 정체성(停滯性), 넷째, 융합 비즈
니스 지원 법률체계 등을 꼽을 수 있다.

우선 지원기관의 연계성 문제는 회원사들의 다양성에 비추어 고민해
보아야 할 것이다. 이업종 회원사들은 1차 산업에서부터 2차 산업, 3차
산업 등 다양하다. 따라서 지원기관과 다양한 접촉 채널을 확보해 놓아
야 한다. 물론 이업종의 정체성(正體性)을 해하지 않는 범위 내에서 다각
화해야 한다. 중소벤처기업부와의 긴밀한 협조 속에서(중소기업진흥에 관
한 법률 제5조의 규정에 의거) 활동하되 타 부처 지원기관과의 유기적인 협
조를 통하여 중소기업 회원사들의 경쟁력을 강화할 수 있는 방안을 찾아
야 한다. 지원기관 간의 경쟁의식이 작용하기 때문에 오히려 이업종 활
동을 저해할 수 있다. 지원기관 간의 칸막이식 행정제도와 부딪쳐야 하
는 문제점을 안고 있다.

둘째, 눈높이 지원제도의 개발이 시급하다. 단위교류회와 지역연합회
에서의 조직활동의 눈높이가 제각각 다르다. 추진단계별 지원 프로그램
이 부재한 실정이다. 중앙회는 조직단위별로 수시로 순회지도·점검하
여 조직의 문제점을 분석하고 대응방안을 마련해야 한다. 그러기 위해
서는 중앙회에 융합 교류전문가 풀(Pool)의 운영체계를 확보해야 가능
하다.

셋째, 국제교류의 정체성(停滯性) 문제 또한 개선해야 할 과제이다. 현재 매년 진행하고 국제심포지엄 행사를 보면 한중일 3국으로 정체돼 있다. 그나마 일본의 경제침체로 국제행사가 축소되면서 그 향방도 불투명하다. 중소기업들은 이미 오래전부터 글로벌을 향해 뛰고 있다. 한중일 3국의 행사개최는 회원사들의 관심도를 떨어트리는 결과를 가져온다. 또한 국제 심포지엄 행사도 단위교류회와 기업들의 Needs 파악이 미흡하다. 정확한 니즈 파악에 의한 국제행사의 추진이 필요하다. 현재는 중소기업융합중앙회가 각국에 퍼져있는 세계 한인회와 연계한 비즈니스 행사를 추진하고 있어 그 귀추가 주목된다. 자칫 이벤트성 행사로 전락하기 쉽다는 점을 상기해야 한다.

넷째, 융합 비즈니스에 관한 현행 법률구조로는 융합 R&D와 협업사업이 활성화되는 데 한계가 있다. 1994. 12. 12 법률 제4825호 (중소기업진흥 및 제품구매촉진에 관한 법률 제6조 이업종 교류 지원사업)와 2000. 6. 10 중소기업청 고시 제2000-7호(중소기업구조고도화 지원시책고시 제7장)에 의거 이업종 교류 지원사업이 추진되어 오다가 중소기업진흥 및 제품구매촉진에 관한 법률이 2007. 4. 11. 법률 제8367호(중소기업진흥에 관한 법률)에 통폐합되면서 이업종 교류 지원사업이 동법 제5조의 규정에 이관되었고, 2007. 12. 27. 동법 제2조 제9호에 "협업"이란 용어의 정의 규정과 동법 제39조의 규정에 의거 협업 지원사업이 명시되면서 중소기업에 대한 협업 지원사업이 본격적으로 개시되었다. 그 후 2015.5.18. 동법 제39조(협업 지원사업) 내지 제40조의 규정에 의거, 그동안 협업사업 승인제도가 규제개혁 완화 차원에서 협업사업 선정제도로 바뀌어 시행되고 있다. 결론적으로 1994년부터 이업종 교류 지원사업이 법률규정에 의거해 본격화되었고, 협업사업은 2007년부터 본격화된 셈이다. 이에 따라 중소벤처기업부로부터 승인받아 추진된 건수는 2007년 5건, 2008년 48건, 2009년 31건, 2010년 12건, 2011년 15건, 2012년 33건, 2013년 24건, 2014년 28건 등이었다.[1] 협업컨설팅이 지원된 2008년도를 정점으로 겨우 명맥을 유지하고 있었다. 이처럼 협업사업은 컨설팅 지원 등의 적극적인 지원이 없으면 활성화될 수 없는 특성을 지니고 있다. 중소기업진흥에 관한 법률 제2조 제9호의 규정에 의하면 "협업이란 여러 개의 기업이 제품개발, 원자재 구매, 생산, 판매 등에서 각각의 전문적인 역할을 분담하여 상호보완적으로 제품을 개발·생산·판매하거나 서비스를 제공하는 것을 말한다."라고 정의하고 있다. 동법 제39조에서는 정부가 중소기업자의 원활한 협업 수행을 위하여 ① 협업자금 지원, ② 인력 양성, ③ 기술 개발자금 출연, ④ 수출 및 판로개척 지원, ⑤ 공동법인 설립 등에 관한 자문, ⑥ 그 밖에 중소기업자의 협업 지원을 위하여 중소벤처기업부 장관이 필요하다고 인정하는 사항에 관한 지원사업을 할수 있도록 하고, 중소기업의 신청을 받아 해당 중소기업자를 협업 지원사업의 대상자로 선정하여 지원할 수 있도록 규정하고 있다. 이러한 정도의 소극적인 규정으로는 협업이 활성화될 수 없는 구조로 분석된다.

중앙회 차원의 회의 참석률 제고방안을 정리해 보면,

첫째, 중앙조직의 역량강화와 지원정책의 개발이다. 전국의 단위교류회와 지역연합회를 통하여 회원사들이 적극적으로 참여할 수 있도록 하기 위해서는 중앙조직의 역량강화가 무엇보다 선행되어야 한다. 이제는 단순사무 처리나 회원관리 차원의 중앙회가 되어서는 아니 된다. 이업종

---

[1] 자료 : 2015년 중소기업CEO NCS기반 융합 및 협업 세미나(2015.08.21.)

의 정체성과 방향성을 정립하고 이를 달성하기 위한 중장기적인 전략을 내놓아야 한다. 전략적인 차원의 지원정책개발이 이루어져야 한다. 이를 위해서는 지원기관 협의회를 구성하여 기관 간 충돌되는 문제를 조정·협의할 수 있도록 하는 노력도 필요하다.

둘째, 눈높이 맞춤형 지원 프로그램 개발이 필요하다. 중소벤처기업부로부터 융합지원센터 지원사업을 위탁받아 수행하고 있는 내용만 가지고는 회원사들에게 맞는 맞춤형 지원 프로그램의 수요를 충족할 수 없다. 융합지원센터 지원예산으로 충원한 인적자원으로 새로운 맞춤형 지원 프로그램을 개발해야 하는 한계가 있다. 그러나 과거의 자체 회원수입으로 충당할 때와는 조직의 규모가 증대되었으므로 이를 극복해야 할 것이다.

셋째, 국제교류는 참여국가의 확대, 전문인력의 양성, 국제 교류 지원제도의 개발 등에서 찾아야 한다. 과거 이어졌던 한·중·일 3국의 국제심포지엄 틀에서 벗어나야 한다. 이미 중소기업들도 한·중·일 3국의 틀에서 벗어난 지 오래다. 국제행사의 내용도 다양화시켜야 한다. 국제교류 지원제도도 중소기업의 니즈에 맞는 프로그램을 개발해야 한다. 그러기 위해서는 사무국의 직원도 국제행사에 역량 있는 인력으로 전문화시켜야 한다. 2014년 2월 제10대 강승구 회장 취임 이후 전 세계적으로 퍼져있는 한인회를 중심으로 한 국제교류행사는 다양화되고 있어 발전적으로 평가되고 있다.

넷째, 협업지원에 관한 특별법 제정이 긴요하다. 협업사업의 특성상 중소기업들이 자체적으로 추진하기에는 한계가 있다. 따라서 정부의 적극적인 지원정책으로 중소기업을 협업 비즈니스 현장으로 끌어내는 유인정책이 필요하다. 이미 지적한 바 있듯이 중소기업의 경영환경은 열악할 수밖에 없다. 그렇기 때문에 각자가 가지고 있는 자원과 역량을 공유함으로써 경영자원의 낭비를 막을 수 있고 성공비즈니스의 효율을 기할 수 있다. 따라서 협업은 국가경제적으로 볼 때도 바람직하다. 중소기업에 대한 이중지원을 막아 예산절감을 할 수 있고, 성공기업의 창출은 세수확보를 통한 국가재정의 건전과 건전소비 창출로 이어지는 선순환 구조가 될 것이다. 따라서 정부가 협업 지원사업을 적극적으로 펼칠 수 있도록 협업지원에 관한 특별법 제정이 긴요한 것이다. 특별법에서 담겨지는 내용은 현재 중소기업융합중앙회를 중심으로 운영되고 있는 이업종 교류사업을 동 단체에 한정시킬 필요가 없다. 모든 중소기업이 참여할 수 있는 구조로 개편되어야 한다. 이렇게 되면 이업종 교류 지원사업과 협업 지원사업이 탄력을 받게 될 것이고, 이는 이업종 융합 교류활성화로 이어져 회의참석률은 높아질 수밖에 없다.

혁신형기업 협단체장들은 융합산업의 선두 리더이다. 중앙정부의 융합 R&D 지원사업을 중소기업에게 배달하는 단순 택배기능을 수행하는 조직이 되어서는 아니 될 것이다. 융합산업의 대상도 초월적 지위에서 폭넓게 생각해야 한다. 융합산업을 지원하는 기관들도 다양하게 교섭해야 한다. 우리나라 융합산업의 중핵적인 위치에서 중소기업 상호 간, 중견기업·대기업 등과의 위치에서 교두보 역할을 수행해야 한다. 따라서 혁신형기업 협단체는 융합산업의 중심에서 회원사들을 위하여 항공기의 조종석 역할을 수행해야 하는 책임과 의무가 부여된 조직이다. 메추라기 안목을 초월하는 대붕적(大鵬的) 지위를[2] 견지해야 할 것이다.

---

2 대붕(大鵬)은 『장자』 「소요유」 편에 등장하는 거대한 새이다. 본래 북해에 곤(鯤)이라는 거대한 물고기였는데, 어느 날 대붕으로 변하였다. 대붕의 등은 몇천 리인지를 알 수 없을 정도로 크고 날개를 펴면 하늘에 걸린 구름과 같다. 대붕은 태풍이 올 때 날개를 펴고 9만 리 상공을 날아올라 남쪽 바다로 날아간다고 한다.

이업종 활동 추진방향

① 융합활동의 방향성, 콘텐츠, 지속성이 확립돼야

이제부터는 이업종 융합활동의 추진방향에 대하여 논의해 보겠다. 이업종 융합의 역사가 25년~30년을 넘어서고 있는 역사성에 비추어 볼 때에도 그 발전의 속도는 기대수준에 미치지 못하고 있다. 아직도 교류활동 단계에서 맴돌고 있는 부분이 많다. 이업종 활동의 궁극적인 목적은 중소기업 간 융합활동을 통한 신 비즈니스 창출활동이다. 이를 위해서는 단위교류회와 지역연합회, 중앙회가 각각의 위치에서 실천적이고 구체적인 노력을 기울여야 한다.

먼저 중앙회 차원의 이업종 융합활동 추진방향을 살펴보자. 이업종 교류활동은 인적교류를 통한 네트워크 형성단계, 정보교환을 통한 자원의 상호이용, 공동사업, 공동 R&D, 신사업추진 등 5단계로 설정하여 활동해 왔다. 2010년 10월 27일 중소기업융합중앙회가 발표한 활동방향은 이업종 교류 고유사업으로 광역융합활동을 전개하겠다고 선언한 바 있다. 그동안의 융합활동이 성과창출 없이 교류단계에서 맴돌고 있다는 것이 여러 연구보고서를 통하여 지적되었기 때문이었다. 당시 중소기업청 영역에서는 기술융복합지원센터 사업을 추진하고, 국가 차원에서는 산업융합촉진법이 추진되고 있었다. 늦었지만 발 빠른 행보를 하고 있었다. 회원기업들은 이제부터 무언가 달라지겠구나 하는 막연한 기대감이 팽배해 있었다. 이후 지역별로 12개의 융합지원센터 설치와 산업융합촉진법의 발효로 융합산업의 대전환기를 맞이하고 있었다. 문제는 융합산업의 중심에 서 있는 이업종 회원사들에게는 융합산업정책이 낯설기만 하다는 데 있다. 정부의 산업정책이 융합을 중심으로 활발하게 제도적 발전을 기하고 있음에도 불구하고 이업종 회원사들의 참여율이 10%를 밑도는 것으로 나타나 체감지수가 낮은 수준이다. 이업종 회원사들의 참여율 저조 문제는 이미 살펴본 바와 같다.

이러한 현실을 감안할 때 중앙회가 조직 차원에서 추진할 방향은 무엇인가. 가장 먼저 해야 할 일이 비전 체계 정립이다. 조직의 리더들이 비전과 미션의 개념을 제대로 이해하고 있는 사람들이 많지 않다. 비전은 곧 조직의 방향성을 나타내기 때문에 조직 전체 구성원의 일체감을 이끌어 내는 역할을 한다. 비전과 함께 반드시 고려해야 할 사항이 미션이다. 미션은 조직의 존재 이유를 나타내는 것으로서 조직과 이해관계자들과의 관련성을 설명해 주며 반영구적인 성격을 가지고 있다. 비전은 5년 후 또는 10년 후 등 미래의 모습을 나타내는 것으로 미래지향성, 가치지향성, 목표지향성을 핵심요소로 한다. 전술한 바 있듯이, 일반적으로 목표지향성 측면에서 볼 때 SMART해야 한다. 즉, ① Specific(구체적), ② Measurable(측정 가능), ③ 조직의 일체감 조성(Aligned), ④ Realistic(실현 가능성), ⑤ Time-bound(기간 설정) 등의 요건에 부합하는지를 검토해야 한다. 현재 중앙회 홈페이지에 공시된 비전 체계는 위의 요건에 비추어 볼 때 재정립의 필요성이 있다. 비전 체계가 수립되면 비전 달성을 위한 중장기 전략과 사업계획이 수립되어야 한다. 중앙회의 비전 체계에 맞추어 지역연합회와 단위교류회의 비전 체계가 수립되어야 한다. 이러한 것이 성립되었을 때 체계적인 이업종 활동이 가능하다는 이야기이다.

두 번째로 추진되어야 할 사항은 이업종 활동의 콘텐츠 개발이다. 비전 체계가 없다 보니 이업종 활동의 콘텐츠도 수시로 바뀌고 있다. 이제는 조직의 규모가 성장하다 보니 웬만한 정부지원사업을 수주하는 데는 별 무리가 없다. 지원사업을 수주하기 위한 아이디어를 다양하게 창발하여 정책사업을 유치하는 일은 수월할 수 있다. 그러나 융합산업의 방향을 리드하는 것이 아니고 따라가기 바쁘다. 비전 체계에 의한 방향성이 정립되면 비전 달성을 위한 전략에 의거 이업종 활동에 대한 콘텐츠 개발이 수월해진다. 현실적으로 중소기업융합지원센터 사업과 연계한 콘텐츠 개발을 생각해 볼 수 있다. 융합센터의 주요사업은 융합 R&D 기획 멘토링 그룹 사업, 융합 과제 발굴연구회 사업, 이공계 기술개발 서포터즈 사업 등 3가지로 지원된 바 있다. 그것도 정책의 지속성을 갖지 못하고 수시로 바뀌고 있다. 중소기업들은 무슨 사업이 어떻게 돌아가는지 알 수가 없다. 이들 사업에 이업종 회원사가 적극적으로 활동할 수 있도록 연계·유도하는 내용이 그 첫 번째가 될 것이다. 또한 빛을 발하지도 못하고 없어진 광역융합 그룹 조직화도 활성화할 필요가 있다. 이업종 융합은 단위교류회나 지역연합회 내에서만 추진될 필요는 없다. 광역단위 또는 글로벌 단위로 융합활동을 전개해야 한다. FTA 협정체결이 확대되고 있는 글로벌 시대에서는 더욱 그렇다.

세 번째 중요한 것이 정책의 지속성이다. 정책을 개발하여 확정되면 끝까지 밀고 나가는 추진력이 필요하다. 중앙회장이 지역연합회장과 사무총장들에 의하여 선출되는 자리이다 보니 그들의 눈치를 볼 수밖에 없다. 그렇다고 결정된 정책을 내려놓는 우를 범해서는 아니 될 것이다. 중앙회는 융합산업의 중심에서 이를 극복해야 하는 어려움이 있다. 이업종 활성화를 위하여 필요하다고 판단되면 지속적으로 추진해야 한다. 이업종 교류활성화를 통한 신 비즈니스 창출에서 그 정체성을 찾아야 함도 잊어서는 아니 될 것이다.

② 융합비전과 일치된 실행사업계획이 제시돼야

이번에는 지역연합회 수준의 이업종 활동 추진방향에 대하여 논의해 보자. 지역연합회는 단위교류회와 중앙회의 중간적 위치에서 융합 리더 역할을 수행하는 중요한 조직이다. 지역연합회의 활동 목적을 한마디로 요약하면 개별 기업 간의 신 비즈니스 창출을 촉진하는 내용으로 이루어져야 한다. 개별 기업 간의 신 비즈니스 창출을 통한 단위교류회의 협업 비즈니스모델과 이를 조직화해서 광역권 협업 비즈니스모델로 발전시켜 나아가야 한다. 이러한 활동목적을 달성하기 위해서 가장 먼저 해야 할 일은 지역연합회의 비전 체계를 확립하는 것이다. 모든 조직활동은 비전을 확립하는 것에서부터 시작된다. 꿈(비전)이 없는 조직은 죽은 조직이기 때문이다. 이미 소개한 충북연합회의 사례를 다시 보자. 충북연합회의 비전은 "2015 NETBIZ KOREA HUB"이다.[1] 이는 2015년도에 충북연합회가 대한민국에서 협업 비즈니스모델의 중심 역할수행과 융합의 리더가 되겠다는 꿈으로 풀이된다. 이는 조직의 방향성을 잘 나타내주고 있다. 조직의 정체성을 나타내는 미션을 "네트워킹 경영의 동반자"로 설정하고 있다. 이업종의 정체성과 조화를 이루면서 지역연합회의 존재 이유를 잘 설명하고 있다. 지역연합회의 이해 당사자 및 관계자와 네트워킹 경영의 동반자로서 역할을 수행하겠다는 지극히 당연한 미션을 잘 표현하고 있다. 이러한 비전과 미션을 달성하기 위하여 첫째 조직 강화, 둘째 NetBiz 창출, 셋째 RIS(지역혁신체계) 프로젝트 개발 등을 3대 전략으로 설정하고 있다. 이를 뒷받침하기 위하여 정보공유, 학습조직, 기

---

[1] 현재는 비전 체계를 찾을 수 없다. 비전의 목표연도가 되면 그동안의 성과를 분석해서 보고하고 이를 피드백하여 다음 기의 비전 체계에 이를 반영하여 비전관리를 해야 한다.

술·지식융합, 네트워크, 사회적 책임 등 5대 핵심역량을 구축하겠다고 선언했었다. 어느 지역연합회보다 훌륭한 비전 체계를 정립해 놓고 있었다. 그러나 문제는 이에 걸맞는 실행계획이 없었다는 점이다. 그동안 수없이 지적된 이야기이지만 이벤트성 계획이 사업계획서의 대부분을 메우고 있었다. 이러한 사업이 과연 연합회의 비전 달성을 위하여 어떤 기능과 역할을 하고 어떤 성과를 내고 있는지 반성해 보아야 한다. 이러한 자성이 없는 한 조직은 더욱 정체되고 병들어갈 것이다. 이를 위하여 발빠르게 대응해야 한다. 그 중심에 집행부가 있다. 이제는 과거처럼 적당히 자리만 채우고 허울만 좋은 집행임원이 되어서는 아니 된다. 한번 임원이 되면 자신의 영달을 위해 계속 늘어 붙어 있는 경우를 종종 본다. 공인으로서 물러날 때를 알아야 한다. 그렇게 운영해서도 아니 된다. 공인(公人)으로서 공정성과 신뢰성을 갖추는 등 자질함양을 위한 노력도 필요하다. 자신의 위치에서 역할수행에 필요한 학습을 하고 노력을 경주하여 희생과 봉사의 질을 높여야 한다는 의미이다. 지역연합회 차원에서 실행계획에 포함되어야 할 이업종 활동방향을 몇 가지만 짚어보자.

첫째, 교류체계 확립을 위한 미래산업 포럼(가칭)의 정례화이다. 단위교류회는 회원사들이 수시로 바뀌고 있다. 따라서 이업종이 살아있는 조직으로 존재하려면 지속적인 교류체계 확립을 위한 포럼활동이 필요한 것이다. 예산이 수반되는 활동이므로 단위교류회 월례회의와 병행하거나 지역 융합센터와의 연계사업으로 진행하는 방안을 모색해야 한다.

둘째, 1교류 1융합과제 발굴 활동이다. 융합과제는 협업 비즈니스모델이 전제되어야 한다. 이업종 활동의 궁극적인 목적은 신 비즈니스 창출에 있기 때문이다. 이를 위하여 가장 먼저 해야 할 일이 융합과제 발굴이다. 따라서 단위교류회마다 최소한 하나의 융합과제를 발굴하여 성공사례가 나와 주어야 한다. 충북의 경우 단위교류회별로 융합위원이 선임되어 있으나 활성화되지 못하고 있다. 융합특별위원회 구성을 통하여 활성화하는 노력이 필요하다.

셋째, 광역지역 협업 비즈니스모델 구축이다. 단위교류회별로 발굴한 협업 비즈니스모델은 연합회 차원에서 광역지역 협업 프로젝트와 연결되어야 한다. 이렇게 함으로써 "2015 NETBIZ KOREA HUB"의 비전을 달성할 수 있을 것이다. 나아가 조직화된 실행사업계획이 매년 업그레이드(Upgrade)되어야 한다. 분과별로 이러한 연합회의 융합비전 체계와 일치하는 실행사업계획의 내용이 제시되어야 한다. 성립된 사업계획의 실행은 공정성과 신뢰성이 담보되어 집행되어야 할 것이다. 이를 위해서는 기획(Planning), 실행(Doing), 통제(Seeing)가 균형을 이루어야 할 것이다. 이를 위한 조직의 구조 개편(Restructuring)이 필요하다는 이야기이다. 집행임원들은 회원사 하나하나의 목소리를 귀담아듣고 실행사업계획서에 반영하는 노력을 게을리하지 말아야 할 것이다.

③ 비전 설정 운동을 전개하자

여기서 비전 체계 확립이 얼마나 중요한 일인가를 잠시 살펴보자. 로크(E. A. Locke)에 의하면 목표가 행위나 성과를 결정하는 요인으로 작용한다고 한다(Goal setting theory). 실험 상황과 실제 상황 모두에서 목표 수립 시의 구성원 참여는 과업의 성취도와 긍정적 관계가 있음을 규명하였다. 목표란 실현하기를 기대하는 상태로서 장래의 어떤 시점에서 도달하고자 하는 상태를 말한다. 목표는 동기유발의 기초이며, 특정한 방향으로 행동을 이끈다. 또한 개인이 일에 얼마나 많은 노력을 기울여야 하는지를 결정하기 위한 지침을 제공한다. 목표는 의도적인 행동이며 과업 수행에 영향을 미치며 또한 평가기준을 제시한다. 따라서 목표를 설정한 집단과 그렇지 않은 집단은 그 성과 면에서 엄청난 차이를 가져온다는 것이 일반적인 주장이다.

2013년 10월 31일 (사)중소기업융합중앙회가 실시하는 전국 융합 리더 워크숍이 있었다. 전국에서 온 단위교류회와 지역연합회, 중앙회 임원 및 리더들이 모였다. 우리나라 융합산업을 이끌어갈 핵심 리더들이다. 매년 치러지는 터라 연례적인 행사가 대부분이고, 특별히 융합 및 협력활동 활성화 포럼과 활동방향 정립을 위한 토론회가 기획되어 있었다. 융합 및 협력활동 활성화 포럼은 다른 시간에 밀려 예정된 시간보다 반 정도의 시간 동안 쫓기듯 진행되었다. 그러나 왠지 그 시간 리더들의 눈빛이 강렬했다. 포럼 발제와 네 명의 패널 발표가 끝나자 객석에서는 질문들이 쏟아졌고 제한 시간을 훨씬 넘겼다. 그 정도로 이에 대한 관심이 높다는 사실을 보여준다. 일부 단위교류회와 지역연합회를 제외하고는 대부분 매너리즘에 빠져있거나 정체성과 방향성을 잡지 못한 채 20여 년의 세월이 흘러갔다. 조직단위별로 목표의식이 없었기 때문이다. 목표의식은 비전 체계 설정에서부터 시작된다. 비전이 없는 조직은 죽은 조직이나 다름없다. 비전(Vision)은 조직의 방향성을 정의해준다. 5년 후 또는 10년 후 미래에 조직이 실현하고자 하는 모습을 말한다. 이업종 교류 지원사업은 중소기업진흥에 관한 법률 제5조의 규정에 의거 중소기업부 장관이 실시해야 하는 당연한 규정으로 명시하고 있다. 이렇게 법적 근거가 있는 이업종 활동은 오늘날까지 비전 체계 없이 20여 년간 이어져왔다. 미션(Mission)은 조직의 정체성을 정의해 주며 조직의 존재 이유를 나타내는 기준이 된다. 또한 조직의 이해관계자와의 관계를 설정해준다. 이와 같이 조직의 비전과 미션을 설정하는 일은 살아 있는 조직활동의 기초 골격을 형성하는 일이다. 따라서 이제부터라도 비전 설정 운동을 전개해야 한다. ㈜중소기업융합중앙회부터 비전 체계를 잡고, 지역연합회는 그와 연계된 비전 체계를, 단위교류회는 지역연합회의 그것과 연계된 비전 체계를 수립하는 운동을 전개해야 한다. 이것이 확립된 후에는 비전 달성을 위한 중장기 사업계획을 수립해야 한다. 중장기 사업계획에 의한 이업종 융합활동을 할 때 비로소 살아있는 조직활동과 지속가능한 융합활동으로서의 의미가 있는 것이다. 즉, 전략적 융합활동을 해야 한다는 의미이다.

전략적 융합활동을 위하여 고려할 사항을 몇 가지 짚어본다. 첫째, 협단체 중앙회 사무조직 강화이다. 중앙 사무조직에서 가장 중요한 역할을 수행하는 조직이 상근부회장이다. 그는 우리나라 이업종 융합활동의 조타수(操舵手) 역할을 수행하는 사람이다. 정부의 정책지원 자금을 확보하는 일도 중요하지만 이업종 융합활동에 대한 철학이 있어야 한다. 이것이 없는 이업종 융합활동은 자칫 동상이몽(同床異夢)의 사무조직을 육성하는 꼴이 된다. 둘째, 전략적 융합활동에 대한 회원교육 강화이다. 현재 매너리즘(Mannerism)에 빠져있는 교류회가 상당수 있음이 여러 곳에서 감지되고 있다. 이업종 융합활동을 이대로는 더 이상 방치할 수 없다는 것이 대부분의 인식이고 보면 비전 설정 운동은 피할 수 없다. 목표가 정해진 교류활동을 해야 한다. 이에 대한 기본적인 소양을 갖추어야 한다. 이를 위해서 중앙회는 여기에 교육예산을 집중 편성하고, 지역연합회는 이에 대한 공감대를 조성해 나아가야 한다. 셋째, 비전 체계의 공유이다. 비전은 조직의 리더 몇 사람이 만들어 보급하는 것이 아니다. 비전 설정에서부터 전체 구성원이 공동으로 참여하여 설정하고, 설정된 비전 체계는 전체 구성원들이 공감하고 성취할 수 있도록 지속적인 동기부여가 필요하다. 이를 통하여 이업종 융합활동의 활성화를 이끌어 내야 한다. 홈페이지나 각종 이업종 융합활동 자료에 공시 및 게시함으로써 전체 구성원들의 참여의식을 유도해야 한다.

목표 없는 이업종 융합활동은 배가 목적지 없이 항해하는 격이 된다. 이제 이업종 30년사를 써야 하는 교류회들이 속속 나타난다. 그동안 양적으로는 많은 성장을 기해왔다. 그러나 역사성에 비해 질적인 발전의 속도가 느리다. 다음 날 벌어진 활동방향 정립 토론회에서는 그동안의 이업종 융합활동에 대한 반성과, 이제부터라도 새롭게 출발해야 한다는 자성의 목소리가 높았다. 로크의 목표설정이론은 목표가 실제 행위 또는 성과를 결정하는 주요 요인임을 강조하고 있으나 목표의 속성에는 체계적인 해답을 제시하지 못하는 한계점이 있다. 그러므로 목표의 속성 (Steers, 1984)을 고려해야 할 것이다. 첫째, 목표는 구체적이어야 한다. 구체적인 목표는 행동방향을 명확하게 제시해 주기 때문이다. 둘째, 목표는 난이도가 있어야 한다. 쉬운 목표보다는 다소 어려운 목표가 동기를 유발시키고, 도전감이 문제해결의 자극제로 작용하기 때문이다. 셋째, 목표설정에는 전 구성원이 참여해야 한다. 구성원들이 목표설정 과정에 참여함으로써 성과가 향상될 수 있기 때문이다. 넷째, 노력에 대한 피드백이 있어야 한다. 노력에 대하여 피드백이 주어질 때 성과가 향상될 수 있기 때문이다. 다섯째, 경쟁심을 유발시켜야 한다. 집단 간 또는 동료 간의 경쟁이 성과를 높일 수 있기 때문이다. 여섯째, 목표에 대한 수용성이 있어야 한다. 일방적으로 강요된 목표보다는 구성원이 자발적으로 수용한 목표가 더 큰 동기를 유발시킬 수 있기 때문이다. 이업종 융합의 활성화는 비전 설정 운동으로 시작해야 한다는 점을 명심해야 할 것이다.

④ 5대 핵심역량 강화와 1교류 1융합 성과지향

이업종 활동 추진방향을 살펴보는 마지막 단계로 단위교류회 추진방향에 대하여 알아보자. 지금까지의 중앙회와 지역연합회의 추진 활동을 최일선에서 공고히 하는 방법은 이업종 활동의 근간을 이루는 단위교류회 활동이다. 그동안 이업종 조직은 외형적으로 대단한 성장을 이루어왔다. 그러나 내적인 질적 성장 없이 단위교류회가 바로 서지 않은 이업종은 사상누각에 불과하다. 언제 무너질지 모르는 상황이 될 수 있다. 단위교류회는 중앙회와 지역연합회의 비전 체계와 맞물려 돌아가야 한다. 충북연합회의 비전 체계에서 살펴본 바와 같이 비전 달성을 위한 핵심역량은 정보공유, 학습조직, 기술과 지식 융합, 네트워크, 사회적 책임 등이다. 단위교류회의 활동방향은 바로 여기서 찾아야 한다. 단위교류회 활동자체가 이업종의 핵심역량이기 때문이다.

먼저 정보공유의 활성화이다. 구체적으로 살펴보면, 회원 상호 간의 실시간 뉴스를 전할 수 있는 방법을 생각해 볼 수 있다. 요즘 유행하는 소셜 네트워크 방법(SNS)을 활용하면 더욱 좋을 것이다. 페이스북이나 카페, 밴드, 카카오톡 등 다양한 방법으로 회원사의 소식과 아이디어를 공유한다면 아주 좋은 반응을 얻을 수 있을 것이다. 월례회의 진행 시에는 3분 스피치 방법을 정립해야 한다. 3분 스피치는 참석회원 모두에게 발언의 기회를 주어 민주적으로 운영한다는 의미 외에도 발언을 통한 기업의 경영노하우의 공유와 융합아이디어를 구할 수 있는 기회를 제공하게 된다.

둘째 학습조직의 활성화이다. 이는 단위교류회 회원사들이 학습조직의 전문가가 아니기 때문에 정부 및 유관기관의 학습조직화 지원사업과 연계하는 방법에서 찾아야 한다. 또한 기업지원기관 등의 산학연관 프로젝트에 참여함으로써 학습조직화의 자연스러운 접근을 도모할 수가 있다.

셋째 기술과 지식 융합의 활성화이다. 이는 이업종 교류활동 중에서 가장 핵심적인 역량이다. 이업종의 성패가 달려 있는 중심역량이다. 여타의 역량들은 이 역량을 보조하는 기능이 되어야 한다. 이를 위해서는 월례회의 개최 시 반드시 회원사를 순회 방문하는 원칙이 정립되어야 한다. 각 회원사가 가지고 있는 기술과 지식의 융합은 바로 기업의 현장에 있기 때문이다. 여기서 아이디어를 구하고, 그 아이디어가 기술융합과제로 연결되어 결국 신 비즈니스로 창출되는 것이다. 그리고 반드시 단위교류회마다 하나 이상의 융합과제를 발굴하여 신 비즈니스모델을 만들어가는 목표지향적인 활동을 전개해야 한다.

네 번째 핵심역량은 네트워크이다. 이업종 활동의 기본은 교류를 통한 신뢰구축이다. 회원사 간의 교류가 가장 기본이 되겠지만 단위교류회 간의 교류활동을 위한 합동 월례회의도 필요하다. 다른 지역연합회 소속 단위교류회와도 자매결연을 통하여 교류를 활성화할 필요가 있다. 나아가 해외의 기업인 단체나 외국정부와도 자매결연 등을 적극적으로 추진하는 것이 좋다. 그러나 여기서 주의할 점은 교류를 위한 교류가 되어서는 아니 된다는 점을 명심해야 한다. 자칫 이벤트성 행사로 흘러 시간만 낭비하는 결과를 초래할 수도 있기 때문이다. 전문가의 매칭이 필요한 대목이다. 이는 지역연합회별로 전문가 집단과 연계하여 단위교류회에 배정하고 연결시켜 줌으로써 단위교류회 활동의 질을 높일 수 있다. 전국적으로 100여 명의 융합전문가가 배출된 바 있다. 이들을 단위교류회에 1명씩 배정하여 월례회의 시 반드시 참석토록 하여 기술과 지식의 융합과제를 발굴하는 노력을 게을리하지 말아야 한다. 이 밖에도 법률전문가, 세무회계 전문가 등과도 적절한 교류활동을 펼쳐야 한다. 아예 회원으로 영입하거나 명예회원으로 가입시키는 방법도 강구해야 한다.

마지막으로 사회적 책임이다. 이는 이업종 교류활동을 더욱 값지게 하는 활동으로 이어져야 한다. 자칫 사회적 책임이 우선하는 활동으로 비쳐서는 아니 된다. 이업종은 사회봉사 단체가 아니다. 융합활동에서 부수적으로 파생되는 사회적 책임활동을 찾아서 전개해야 한다. 이업종이기에 가능한 활동을 찾아야 한다. 서로 다른 업종의 CEO 모임답게 사회봉사 활동의 방법을 찾아야 한다. 예컨대, 서해상에서 기름유출 사고가 났을 때 많은 사회봉사 단체에서 봉사활동을 펼쳤다. 이때 필요한 것들이 장갑, 장화, 라면, 1회용 컵 등 오염된 기름을 제거하는 데 필요한 장비와 물품 및 식사류 등이었다. 우리 이업종 회원사에서 찾는다면 이러한 제품을 만드는 회사들을 얼마든지 찾을 수 있을 것이다. 이렇게 구성된 봉사활동이 이루어진다면 이업종 활동의 위상이 높아졌을 것이다. 단위교류회의 사업계획서는 바로 이 핵심역량을 강화하는 내용으로 채워져야 한다. 그냥 흘러가는 대로 예전에 했던 것을 그대로 답습하는 것은 발전이 없다. 벤치마킹은 분명히 필요조건이 될 수 있을지언정 충분조건은 아니다. 단위교류회가 바로 서야 이업종 융합이 바로 선다.

⑤ 융합 비즈니스 접근법 : 팝콘(POB Con.) 모델로 접근하라

이번엔 융합 비즈니스 접근법에 대하여 알아보자. 이업종 활동의 궁극적인 목적이 신 비즈니스 창출에 있음은 누누이 지적한 바 있다. 따라서 이업종 활동은 융합 비즈니스 지향적으로 접근해야 한다. 이에 대한 구체적인 방법은 세 가지가 있다.

첫째, 프로젝트(Project) 참여이다. 산학연 공동 기술개발과 같은 공

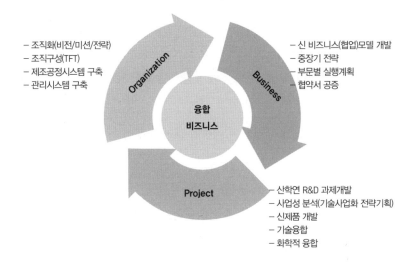

POB Con. Model

Organization
- 조직화(비전/미션/전략)
- 조직구성(TFT)
- 제조공정시스템 구축
- 관리시스템 구축

Business
- 신 비즈니스(협업)모델 개발
- 중장기 전략
- 부문별 실행계획
- 협약서 공증

융합
비즈니스

Project
- 산학연 R&D 과제개발
- 사업성 분석(기술사업화 전략기획)
- 신제품 개발
- 기술융합
- 화학적 융합

동 프로젝트에 참여함으로써 개별 기업 단독으로 처리할 수 없는 기술 개발이나 신제품 개발이 가능하게 된다. 개별 기업 독자적으로는 기술역량이나 자금역량 등 여러 가지 면에서 열악성을 면치 못하는 것이 중소기업의 현실이다. 중소벤처기업부 등 정부지원기관에서 시행하는 R&D(Research & Development) 지원사업에 참여하는 방식으로 추진하는 것이 바람직하다. 정부의 R&D 지원사업에 참여하려면 제일 먼저 접하게 되는 것이 사업신청서이다. 간단히 말해서 사업신청서이지 상당한 수준의 기술사업화 전략기획서를 요구하게 된다. 이를 위해서는 기술시장 분석에서부터 사업성 분석까지 이루어져야 한다. 사업화를 위하여 정부로부터 국고를 지원받아 R&D를 수행하는 것이기 때문에 당연한 것이다. 단순히 기술개발이나 신제품 개발에서 멈추게 되면 정부 차원에서는 국고금 낭비요, 기업차원에서는 시간 낭비, 사업선정에서 탈락된 다른 기업 차원에서는 기회박탈의 손실을 가져오는 결과를 초래하기 때문이다. 프로젝트의 결과는 기술과 기술이 융합하여 신기술이 창출되고, 신제품 개발로 이어져야 한다. 여기서의 기술융합은 물리적인 융합과 화학적인 융합으로 구분된다. 물리적 융합은 단순 기능의 융합으로서 복합으로 정의되기도 한다. 기술과 기술의 융합으로 새로운 또 다른 기술의 창출을 가져오는 화학적 융합이 진정한 의미의 기술융합이다. 어쨌든 프로젝트를 통하여 사업화가 전제된 기술융합과 신제품 개발이 이루어져야 한다.

둘째, 조직화(Organization)이다. 공동 프로젝트에 참여하여 기술개발과 신제품 개발에 성공하면 이를 사업화하기 위한 조치가 필요하다. 조직화는 구조적 측면과 관리적 측면, 인간적 측면을 모두 고려해야 한다. 조직이란 그 목표달성을 위하여 구조, 관리, 인간이라고 하는 하위 시스템들이 유기적인 관련을 맺으면서 외부 환경과 끊임없이 상호작용하는 실체이기 때문이다.[2] 따라서 하나의 프로젝트를 하더라도 사업화에 성공하려면 조직적으로 접근해야 한다. 구조적인 측면에서는 프로젝트의 지배구조와 분배구조를 어떻게 해야 할지를 규정해야 한다. 이것이 사전에 정의되지 아니 하면 설령 기술개발 공동 프로젝트에 성공했다 하더라도 사업화는 요원하게 된다. 따라서 조직화를 위한 태스크 포스 팀(Task Force Team)을 구성하여 운영하는 것이 바람직하다. 공동 프로젝트 수행 시 구성한 위원회를 그대로 발전시키는 것도 방법이다. 관리적인 측면에서 보면 제조공정관리, 생산관리, 재무관리 등 사업화 성공을 위한 관리

---

2 신유근, 앞의 책, p. 31.

체계를 설계해야 한다. 관리체계가 서지 아니하면 조직의 효율성을 떨어트리게 된다. 인간적 측면에서는 무엇보다 참여인력 상호 간의 신뢰관계 구축이다. 이를 위해서는 단위교류회의 활동이 필요하다.

셋째, 비즈니스모델(Business Model) 구축이다. 공동 프로젝트는 사업화가 전제되어야 하기 때문에 신 비즈니스모델은 필수적인 요청사항이다. 개별 기업의 경영주체는 그대로 유지하면서 비즈니스모델만 새롭게 가지고 가는 것이다. 따라서 이는 두 개 기업 이상이 모여 새로운 비즈니스를 이루는 협업 모델이 되는 것이다. 비즈니스모델 구축에서 무엇보다 중요한 것이 중장기 사업계획서 작성이다. 비즈니스의 성공은 철저한 사업계획서 작성에서부터 시작한다. 주먹구구식의 사업은 실패 확률이 높기 때문이다. 중장기 사업계획의 내용은 사업 비전에서부터 시작한다. 사업의 비전이 설정되면 비전에 따른 사업화 전략을 확정하고 전략에 의한 부문별 실행계획을 수립해야 한다. R&D 계획, 생산계획, 마케팅 계획, 재무계획, 인사계획 등을 사업계획에 하나하나 담아야 한다. 여기서 반드시 고려해야 할 사항이 협업내용에 대한 공증이다. 공동 프로젝트이므로 둘 이상의 이해 당사자가 신 비즈니스모델에 참여하게 된다. 이러한 사업화 과정에서 반드시 갈등 문제가 발생하게 된다. 따라서 사전에 갈등해결의 기준이 될 내용을 예상하여 협약을 체결하고 동 내용을 공증까지 해 두면 더욱 좋다. 또한 참여기업은 각자의 경영주체로 참여하는 컨소시엄(Consortium) 형태가 바람직하다. 이렇게 해서 공동 프로젝트는 신 비즈니스모델로 성공하게 되는 것이다.

따라서 이 세 가지의 접근방법은 상호 유기적인 관계를 유지하면서 추진하면 된다. 다만 그 순서는 어느 것이 먼저일 필요는 없다. 프로젝트의 성격에 따라 채용하면 될 것이다. 이것이 POB Con. 모델이다.

⑥ 융합 R&D과제에 적극적으로 참여하라

- 기술융복합 사업계획서를 철저히 준비하라

앞서 수차례에 걸쳐 지적한 바와 같이 이제 이업종 활동은 친목의 범위를 넘어서야 한다. 따라서 단위교류회별로 기술융복합 사업계획서를 작성하고 동 사업계획에 따라 교류활동을 전개해야 한다. 따라서 이업종은 이제 목적활동을 개시해야 한다. 그동안의 교류 관행상 친목 중심으로 운영해 온 결과, 만약 교류회원사 전체가 참여할 수 없는 상황이면 기술융·복합을 통한 신 비즈니스 창출을 희망하는 회원사를 중심으로 별도의 기술 융·복합분과를 조직하여 목적활동을 전개해야 한다.

이러한 회원사들의 합의(合意) 과정을 거치면 동 기술융복합(분과)의 사업계획서를 작성해야 한다. 참여의 방식도 구두로 하는 것이 아니라 일정한 참여 신청서를 받고 추진하도록 한다. 왜냐하면 모든 활동에 있어서 형식이 중요하기 때문이다. 이업종 교류활동은 50:50원칙을 지켜야 한다. 이업종 융합교류회의 운영은 공식조직에서 요구되는 형식적인 요건과 비공식조직에 적합한 활동의 비율이 균형을 맞추어야 한다는 점이다. 정부 지원사업에 참여하지 않더라도 교류회 자체의 목적사업계획서를 작성하여 활동을 전개하는 것이 바람직하다. 이러한 활동들을 통하여 단계적인 교류회 발전을 기할 수 있기 때문이다. 이 때 개별 회원사들로부터 Chapter Ⅶ에 제시된 〈서식#1〉[신사업/신기술 발굴 참여신청서]와 〈서식#2〉[융합 비즈니스(협업) 모델 개요서]를 받도록 하는 것이 바람직하다. 여기서 유의해야 할 사항이 있다. 교류회 운영에 따른 운영협약을 체결하는 일이다. 지금까지의 관행은 서로 구두 합의에 의하여 기술융합활동을 전개해 왔다. 그러다 보니 기술융합과제 성공 후 비즈니스로 연결하는 과정에서 문제가 발생된다. 과제개발이나 기술개발, 신제품 개발은 성공을 하고도 구체적인 비즈니스에 실패하는 사례가 종종 있었다. 그러므로 교류회 운영 단계에서부터 이런 사항을 염두에 두고 교류회 활동을 전개해야 한다. 융합교류회 운영은 자율적으로 정하는 것이 바람직하나 교류회를 대표하는 기업이 책임을 지고 끌고 갈 수 있도록 권한을 부여하는 편이 좋을 것이다. 예를 들어, 협약에 기재하지 않은 사항에 대하여는 당해 교류전문가의 조정 권고안에 따르고, 이에 불복하는 경우 당해 교류회 소속 연합회 세부지침과 중앙 조직의 해석에 따르도록 한다. 협약서는 4부를 작성하여 "갑", "을"이 각각 1부씩 보관하고, 나머지 2부는 교류전문가와 지역연합회가 각각 보관함으로써 활동의 공정성을 담보해야 한다.[3] 또한 제품단가 등에 관한 기준과 발생한 수익에 대한 분배규정도 고려해서 정함으로써 차후에 생길 분쟁에 대비하는 것이 바람직하다.

– 추진체계는 교류전문가와 산학연관계자로 구성해야

다음으로 고려해야 할 사항은 융복합교류회 운영 추진체계이다. 융복합교류회가 구성되면 이를 책임지고 끌고 나갈 추진체계를 구성하는 것이 중요하다. 대표기관과 과제책임자(프로젝트 매니저)를 선정하고 필요한 경우 분과를 구성한다. 이를 성공적으로 추진하기 위하여 주변의 대학이나 연구기관의 관계자를 참여시키는 것이 바람직하다. 이러한 추진은 단위교류회 독자적으로 추진하기가 어렵기 때문에 외부전문가(교류전문가)를 자문위원으로 위촉하여 추진하도록 하여야 한다.

---

3 서식은 Chapter Ⅷ(융합 및 협업과제 발굴 WS 프로그램)의 "〈서식#3〉협업체 구성 협약서(안)"을 참고하면 될 것이다.

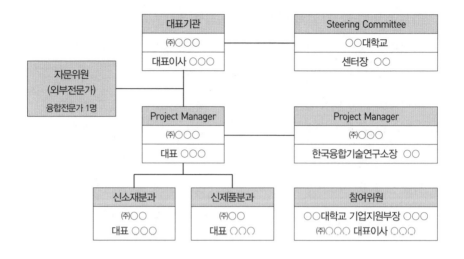

대표기관		Steering Committee
㈜○○○		○○대학교
대표이사 ○○○		센터장 ○○

자문위원 (외부전문가)
융합전문가 1명

Project Manager		Project Manager
㈜○○○		㈜○○○
대표 ○○○		한국융합기술연구소장 ○○

신소재분과	신제품분과	참여위원
㈜○○	㈜○○	○○대학교 기업지원부장 ○○○
대표 ○○○	대표 ○○○	㈜○○○ 대표이사 ○○○

– 추진일정은 연간 10회로 마무리

융합교류회가 결성되면 다음 단계는 추진일정을 수립하고 진행하면 된다. 추진일정은 10회 정도로 설정하는 것이 바람직하다. 기간은 6개월 ~1년 정도로 설정하여 충분한 시간을 확보하고 참여기업 간의 충분한 정보교환과 아이디어 창출 및 협의하는 과정을 거치는 것이 좋다. 교류 회의 추진경과에 따라 기간은 적절히 조정하여 시행하면 될 것이다. 정부의 지원사업을 빨리 수혜 받고자 하는 욕심이 앞서면 일을 그르칠 수 있다. 설령 지원사업에 선정되어 R&D 자금을 받았다 하더라도 신 비즈니스모델 개발에 실패하면 아무 소용이 없다. R&D 사업을 하는 동안의 시간 낭비와 다른 기업에게 돌아갈 혜택이 그만큼 소진되는 결과를 가져오기 때문에 서로가 손해를 보는 결과를 초래한다. 따라서 아래와 같은 일정과 내용으로 추진하면 된다.

- 1일차 : Kick off 미팅, 교류회 분석

- 2일차 : 융합과제 발굴기법 연구 및 특강

- 3일차 : 융합교류회 TFT 구성, 융합과제 도출

- 4일차 : 융합과제 선정

- 5일차 : 협업체 구성 및 역할 분담

- 6~8일차 : 융합과제 제안서 및 신 비즈니스 사업계획서 작성

- 9일차 : 융합과제 제안서, 신 비즈니스 사업계획 완성 및 협업사업 선정 신청

- 10일차 : 중장기 종합 사업계획서, 종합보고서 작성 완성

- 융복합 기술개발 과제 제안서 작성지도

융복합교류회가 결성되어 활동이 개시되면 이제는 참여기업 간의 개별적인 융복합 기술개발 과제 제안서 작성에 들어가야 한다. 제안서는 중소기업 지원기관이 제공하는 서식에 의거하여 작성하면 된다.

여기서 특히 주의해야 할 몇 가지 사항만을 기술하고자 한다. ① 기술성, 사업성, 융복합 지수의 산정이 필수요소이다. 과제 제안서의 핵심내용이므로 확실하게 정량적인 표를 작성하여 설명하는 것이 효과적이다. ② 기술성에서는 객관적 입증이 중요하다. 3P(Product, Patent, Paper)의 분석 제시 및 그 객관적 증거 제시, 선행연구 등의 근거 제시, 기존 시장 또는 경쟁사 제품과의 기술적 차별성 제시, 기존 시장 진입자들과의 기술적 유사성과 차별성을 확실하게 제시하는 것이 좋다. 이를 표로 작성하여 설명하는 것은 더욱 효과적이다. ③ 사업의 목표와 정성적 및 정량적 목표 그리고 사업예산을 긴밀히 연결하는 것이 바람직하다. ④ 사업

성의 경우 해당 품목에 대한 사업의 타당성 검토(Feasibility study)를 미리 전문가의 도움 받아서 철저히 준비하는 것이 바람직하다. 예를 들면, 국가에서 총 4억을 지원받았을 경우 사업화 후 예상 연간 매출액 또는 5년간의 누적매출액 등을 제시하는 것이 좋을 것이다. ⑤ 기술개발 목표 및 내용을 구체적이고 핵심적인 사항만 표기하는 것이 좋다. 선정되기 위해 과장되게 나열하는 것은 신뢰성 부족으로 평가받기 쉽다. ⑥ 산-산의 경우 해당 기업들 간의 역할분담, 예산분배, 기관의 역할 등이 명확하고 참여연구원 등의 학력, 경력, 이력 등이 본 과제수행의 역할과 연관되어야 한다. ⑦ 융합지수의 산정 근거를 자세히 제시해야 한다. ⑧ 시장성 자료는 너무 주관적으로 판단하는 것은 금물이다. 명확하고 구체적으로 시장 및 근거를 제시해야 한다. ⑨ 제조원가 경쟁력을 제시할 때에는 그 구체적인 수치를 제시하는 것이 좋다(원료비, 수율, 노무비 등). ⑩ 사업주제 선정 후 반드시 중복성 여부를 확인하도록 한다. 기존 시장에 나와 있는 제품은 아닌가? 타 부처 등에서 이미 지원받은 과제가 아닌가? ⑪ 해당기업의 자격 적격성 여부를 자체적으로 점검할 필요가 있다. 업력으로 볼 때 창업성장에 맞는지? 또는 기술성이 준비되어 있는가 여부 등을 검토하도록 한다.

이처럼 여러 가지 측면을 고려하여 작성해야 하기 때문에 전문가의 도움이 필요한 것이다. 구체적인 과제제안서의 작성은 융합전문가의 지도와 자문을 받는 것이 좋다. 기술융합과제의 경우 기술융합지수를 반드시 검토해야 한다. 산출사례를 제시하니 참고하기 바란다.

| 기술융합지수 산출사례

대분류	중분류		소분류		H_소분류			H_중분류		H_대분류	
					기술기여도	기술기여도 (A)	A*A	기술기여도 (B)	B*B	기술기여도 (C)	C*C
H	기계	H07	에너지/ 환경 기계 시스템	H0701	공기조화 /냉동기계	0.1	0.1	0.01	0.3	0.09	0.4	0.16
				H0704	수처리 설비	0.1	0.1	0.01				
				H0705	대기오염 방지설비	0.1	0.1	0.01				
		H08	산업/ 일반 기계	H0804	일반가공 기계	0.05	0.05	0.0025	0.1	0.01		
M	에너지/ 자원	M02	자원탐사 /개발/활용	M0204	자원 활용	0.1	0.1	0.01	0.1	0.01	0.1	0.01
O	환경	O02	물 관리	O0201	수질오염 방지기술	0.1	0.1	0.01	0.3	0.09	0.6	0.36
				O0203	관망최적 관리기술	0.1	0.1	0.01				
				O0206	친환경 방류수 처리/ 관리기술	0.1	0.1	0.01				
		O03	토양/지하수 복원/관리	O0301	사전예방 기술	0.05	0.05	0.0025	0.2	0.04		
				O0303	오염정화 기술	0.1	0.1	0.01				
				O0304	사후관리 기술	0.05	0.05	0.0025				
		O11	친환경소재 /제품	O1102	오염물질 제거효율 향상소재/ 제품	0.05	0.05	0.0025	0.1	0.01		
합계 Herfindahl					1.0	1.0	0.09	1.0	0.25	1.0	0.53
Berry-Hefindahl							0.91		0.75		0.47
융합지수					2.13(0.91+0.75+0.47)						

_____ 자료 : ㈜중소기업융합중앙회 융 · 복합과제 평가모형 지침에 의거하여 작성한 사례

융합 비즈니스
접근법

① 역방향 모델로 접근하라

기술입국은 대한민국이 살길이고 경제강국으로 가는 유일한 길이다. 이는 박정희 정권에서부터 강조되어 오늘날의 대한민국으로 발전되어 왔다. 이를 위하여 역대 정권은 기술개발을 위한 R&D(Rearch&Development) 예산을 연간 수조 원씩 산업계에 지원해 왔다. 여기서 늘 지적받아 온 것이 효율성(效率性) 문제이다. 효율성(efficiency)은 조직의 목적달성을 나타내는 효과성(effectiveness)에 능률성을 합친 개념이다. 즉, 행정의 투입에 대한 산출의 비율인 능률성, 투입과 산출의 비율을 따지지 않고 목표의 성취도만을 고려한 효과성을 동시에 포괄하는 것이 효율성이다. 다시 말해서 질·량·시·비(質·量·時·費)의 관점에서 종합적으로 판단하는 것이 효율성이다. 그동안 기술입국의 합목적적인 효과성에 치중하여 산업정책을 펴온 것이 사실이라 하겠다. 그 결과 대한민국의 기술이 세계적인 수준으로 도약했다. 일본의 기업들도 이제 한국의 기업들을 후진 기업으로 보지 않는다. 대등한 관계의 파트너로 인정하고 협업을 원하고 있다. 그동안 고성장 기조에서 기술개발 정책이 적중했다고 판단된다. 그러나 이제는 저성장 경제정책 기조에서의 기술개발 정책을 펴야 할 것이다. 이를 위해서 고려해야 할 점이 효율성의 문제이다. 동일한 예산을 투입(In put)하여 나타나는 산출물(Out put)은 성과의 극대화를 가져와야 하는 것이다. 그동안 기술사업화의 문제점으로 지적받은 것이 사업화 성공률의 저조함이다. 기술개발에서부터 시작하여 동 제품이 시장에 출시되어 사업화에 성공하는 정도가 9% 수준에 머물고 있다는 것이 연구계의 보고이다(ETRI, 2007).

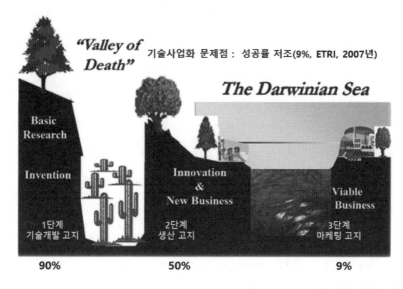

_____ ETRI(2007) 자료 일부 수정

기술사업화에 있어서는 "죽음의 계곡(Death valley)과 다윈의 바다 (Darwinian sea)를 건너야 살아남을 수 있다."는 말이 있다. '죽음의 계곡'은 생명체를 거의 찾아볼 수 없는 미국 네바다주의 황량한 땅으로 아이디어에서 기술개발, 제품양산까지의 험난한 길을 일컫는 말이다. '다윈의 바다'는 악어·해파리 떼가 가득해 일반인 접근이 어려운 호주 북부 해변으로 신제품 양산에 성공하더라도 시장에서 다른 제품과 경쟁하며 이익을 내기가 매우 어려운 상황을 이르는 말이다. '죽음의 계곡', '다윈의 바다' 두 장벽을 넘지 못한 채 좌절하는 벤처기업이 상당수에 달한다. 일반적으로 기초연구와 연구개발 투자를 받아 제1단계 기술개발 고

Part 2 이업종 네트워크은 불멸의 산업도구

지(Basic Reach&Invention)를 넘을 수 있는 성공확률은 90%, 기술개발 고지를 넘어 제2단계 생산 고지로 가려면 죽음의 계곡을 통과해야 한다. 생산 고지를 넘는 성공확률은 50%, 그만큼 생산 고지(Innovation&New Business)로 가는 것이 어렵다는 이야기이다. 생산 고지를 넘어 제3단계인 마케팅 고지(Viable Business)에 도달하려면 다윈의 바다를 통과해야 한다. 마케팅 고지를 정복할 수 있는 성공확률은 9% 이내라는 것이다. 저성장 시대의 정부 R&D 예산정책의 효율성을 재검토해야 한다는 시사점을 웅변하는 대목이다. 사업화 성공률을 높이기 위한 대안으로 역방향의 사업화 모델을 제시한다. 역방향의 사업화 모델로 적합한 것이 협업 비즈니스모델이다. 그동안 정부가 지원한 R&D 산업정책 모델은 기술개발 고지, 생산 고지, 마케팅 고지로 넘어가는 순방향으로 추진해 왔고, 기업들도 이에 익숙해져 있다. 그러나 이제는 역방향의 산업정책 모델을 고려해 볼 필요가 있다. 즉 역발상의 기술사업화 모델을 발굴하여 추진하자는 이야기이다. 역발상은 전통적으로 형성되어 있던 상식, 통념, 관행, 관습, 고정관념, 편견, 선입견 등의 질서에서 벗어나 과감히 발상을 전환해 차별화되고 창의적인 아이디어를 내놓는 것이다. 기술사업화에 있어서도 역방향으로 사업화 모델을 설정하고 시장수요에 맞는 협업 신 비즈니스모델을 먼저 기획하고 제품 콘셉트를 정의하고 여기에 필요한 대상 기술을 탐색하고 기술개발이 이루어진다면 사업화 성공률은 정반대의 결과(90%)를 가져올 것이다.

기업은 기업대로 역방향의 비즈니스모델을 발굴하여 접근하고, 정부는 정부대로 역방향의 기술사업화 산업정책 모델을 정립해 나아가야 할 것이다.

해마다 정부 연구개발(R&D) 예산은 수조 원을 지원한다. 노먼 빈센트

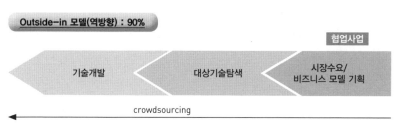

필(Norman Vincent Peale)은 "NO를 거꾸로 쓰면 전진을 의미하는 ON 이 된다. 모든 문제에는 반드시 문제를 푸는 열쇠가 있다. 끊임없이 생각 하고 찾아내라."고 했다. 역방향의 기술사업화 모델로 90%의 사업화 성 공률을 기대해 본다.

② BAN(Business, Academy, Networking) 채널을 구축하라

이업종 교류활동에 있어서 최고의 선은 신 비즈니스 창출이다. 이는 아무리 강조해도 지나치지 않다. 이것이 곧 이업종의 정체성을 의미하기 도 한다. 따라서 이업종 융합활동은 신 비즈니스 창출활동에 초점을 맞 추어야 한다. 그러나 이업종 교류활동을 추진하다 보면 최고의 선만을

추구하는 것 자체가 어려운 것이 현실이다. 신 비즈니스 창출을 위해서
는 과제 발굴을 위한 학습활동과 신뢰구축을 위한 교류활동도 필요하다.
현실적으로 이업종 교류활동을 하는 CEO들 일부는 신 비즈니스 활동이
나 융합과제 발굴 같은 것에는 관심이 없는 사람도 있게 마련이다. 그러
므로 이들과 함께 융화하는 활동도 적절히 필요하다. 융합 리더는 회원
사들의 니즈를 잘 파악해서 맞춤형 융합활동 전개에 소홀함이 없어야 한
다. 그러므로 융합 리더는 일정 부분 희생을 감수해야 하는 측면이 있다.

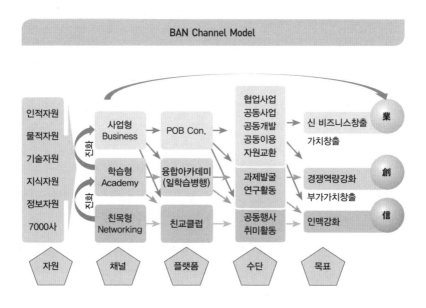

여기서 그 방법론을 살펴보자. 이업종 교류활동은 다섯 가지 측면에
서 고려해야 한다. 첫째, 자원 활용 측면이다. 이업종 교류 자원에는 인
적자원, 물적자원, 기술자원, 지식자원, 정보자원 등 여러 가지 자원들
이 있다. 이들을 최대한 연계 · 활용하여야 한다. 둘째, 교류 채널 측면
이다. 앞에 기술한 이업종 교류자원을 통하여 세 가지 채널을 활용하는

방법이 있다. 즉 사업형 채널(Business Channel)과 학습형 채널(Academy Channel), 친목형 채널(Networking Channel)로 구분하여 활동할 수 있다. 셋째, 플랫폼 형태는 POB Con., 융합 아카데미, 친교클럽 등 세 가지 형태를 제안한다. 이는 채널 유형에 맞춘 플랫폼이다. 넷째, 교류활동 수단으로는 플랫폼 유형에 따라 POB Con.형 플랫폼은 협업사업, 공동사업, 공동개발, 공동이용, 자원교환 등이 있다. 융합 아카데미형 플랫폼은 융합과제 발굴, 연구활동 등이 있다. 친교클럽형 플랫폼은 합동월례회 개최 등의 공동행사와 골프클럽, 등산클럽, 독서클럽 등의 취미활동 등이 있다. 다섯째, 이업종 교류활동 목표는 신 비즈니스 창출, 경쟁역량 강화, 인맥강화 등 세 가지로 요약할 수 있다.

이들 자원, 채널, 플랫폼, 수단, 목표의 5대 관점을 연결하여 살펴보자. 이업종 교류자원을 활용한 세 가지 채널 중 사업형(Business) 채널은 POB Con.형 플랫폼이 주력이 된다. 여기서는 융합 아카데미형 플랫폼, 친교클럽형 플랫폼을 제2, 제3의 플랫폼으로 활동할 수 있다. 또한 교류활동 수단을 활용하여 신 비즈니스를 창출하는 것이 제1의 목표이며, 경쟁역량 강화와 인맥강화가 제2, 제3의 목표가 될 수 있다. 두 번째, 학습형(Academy) 채널은 융합 아카데미형 플랫폼이 주력이 된다. 친교클럽형 플랫폼은 제2의 플랫폼으로 활동할 수 있다. 또한 교류활동 수단을 활용한 경쟁역량 강화가 제1의 목표이며, 인맥강화는 제2의 목표활동이 될 수 있다. 여기서 주의할 사항은 학습활동 경과에 따라 사업형으로 진화할 수 있다는 점이다. 세 번째, 친목형(Networking) 채널은 친교클럽 플랫폼이 주력이다. 여기서는 공동행사와 취미활동 등의 수단을 통하여 오로지 인맥강화를 목표로 한다. 그러나 융합 리더는 친목형 채널을 희망하는 회원사라 하더라도 학습형 채널과 사업형 채널로 진화할 수 있도록 문호를 개방하여 이업종 교류의 틀 속에서 자유롭게 신 비즈니스모델 창출과 경쟁역량 강화, 인맥강화의 목표를 달성할 수 있도록 리더십을 발휘해야 한다.

결론적으로 이업종 교류활동은 가치 창출과 부가가치 창출의 방향에서 이루어져야 하고, 그 결과는 신 비즈니스 창출, 경쟁역량 강화, 인맥 강화로 이어져야 한다. 이업종 교류활동이 융합산업으로 발전하려면 이러한 이론적인 정립이 필요하다. 30년여의 이업종 역사는 이제 새로운 융합산업으로 자리매김하고 있다. 여러 가지 측면에서 융합산업을 지원하려는 정부의 노력이 나타나고 있다. 이러한 노력은 특정 부서에 한정되지 않고 범부처적으로 지원되고 있다. 따라서 단위교류회와 지역연합회, 중앙회는 그 조직 단위별로 지원사업과 연계하려는 노력을 경주해야 할 것이다. 예컨대, 노동부의 일학습병행제 지원제도가 있다. 이는 산업현장의 실무형 인재 양성을 위해 기업이 취업을 원하는 청년 등을 학습근로자로 채용하여, 교육기관과 함께 일터에서 체계적인 교육훈련을 제공하고, 일학습병행제 프로그램을 마친 자의 역량을 국가 또는 해당 산업분야에서 자격 또는 학력 등으로 인정하는 제도이다. 여기에 융합 R&D기획 전문가 과정을 개발하여 참여하는 방안을 가정할 수 있다. 이렇게 정부의 지원사업들과 연계하면 얼마든지 융합활동을 가치 창출활동과 부가가치 창출활동으로 발전시켜 나아갈 수 있을 것이다. 『후한서(後漢書)』의 「경엄전」에 "유지자 사경성(有志者 事竟成)"이라는 말이 나온다. 뜻이 있으면 일은 마침내 이루어지는 것이다.

③ 산업정책의 순풍을 타라

이업종 융합활동에 참여하는 대부분의 중소기업이나 소상공인들은 경영환경이 열악하다. 그러므로 이들 스스로가 힘을 합쳐서 융합활동을 전개한다 하더라도 여러 가지 면에서 경영자원이 부족하므로 어려울 수밖에 없다. 이들에게는 도움이 필요하다는 이야기이다. 문제는 기업들의 구미에 맞는 지원제도가 흔치 않다는 것이다. 대부분의 기업지원 서비스가 공급자 중심으로 되어 있어 모처럼의 융합활동으로 발굴한 융합 비즈니스모델이 사장되기 십상이다. 그러나 이제는 기업지원기관들이 맞춤형 기업지원 서비스를 펼치고 있어서 다행한 일이다. 다시 말해서 지원이 필요한 사항에 대하여 사업계획서를 작성하여 제출하면 기업들에게 지원해 준다는 방식의 기업지원 서비스 방식이다. 기업들이 부지런하게 움직이면 얼마든지 정부의 산업지원정책을 활용하여 사업을 효율적으로 경영할 수 있도록 인프라가 구축되어 있는 것이다. '중소기업기본법상' 및 '소기업 및 소상공인 지원을 위한 특별조치법'에 의해 소상공인이나 중소기업들은 쉽게 접근할 수 있다. 제조업의 경우 중소벤처기업부나 각 지역 테크노파크, 중소기업지원센터 등의 기업지원기관을 활용하면 된다. 농림·축산·식품 분야는 농림축산수신식품부 및 산하 유관기관의 지원제도를 활용하면 될 것이다. 지원제도의 내용을 창업·벤처, 소상공인, 판로·수출, R&D, 금융·세제, 인력 등의 부문에서 다양하게 설정하여 지원하고 있다. 정부는 이를 실시간으로 파악할 수 있도록 비즈인포(http://www.bizinfo.go.kr)사이트를 개설하여 운영하고 있다. 사업 아이템도 다양하다. 국가경제 발전에 중요한 전 분야에 걸쳐 육성정책을 펼치고 있다. 산업육성정책은 국가의 핵심전략에 따라 지원하기 때문에 기업인들은 그 전략산업을 유심히 살펴야 한다. 지역별 전략산업은 한번 설정되면 그 틀 속에서 추진되는 것이 원칙이지만 정권이 바뀌면 정책결정에 따라 국가의 산업정책 지도가 바뀌기도 한다. 산업통상자원부가 발표한 지역특화산업은 지역별로 선정된 특화산업 분야의 기술개발, 기술 지원, 사업화 지원, 인력 양성 등을 집중 지원하여 지역 일자리 창출확대 및 지역 내 기업의 매출신장 등 지역경제 활성화에 기여할 목적으로 하고 있으며, 지원 내용은 지역 내 신규인력 채용을 조건으로 기술개발 과제(고용창출형 R&D)와 지역기업의 매출증대를 위한 기술지원, 사업화 지원, 인력 양성 등의 기업지원서비스 과제를 지원하도록 하고 있다.

2022년도 지역별 주력산업 현황[1]을 보면 아래와 같다.

▌ 부산지역 주력산업군

산업명	정의	중점 지원방향
라이프케어 산업	▶ 의료 및 정보통신 산업을 융복합한 첨단의료기기, 바이오기술과 연계한 고령 친화기기, 헬스케어제품, 항노화, 건강 기능식품 등을 포함하는 제조 및 이를 활용한 서비스 산업	▶ 고령화 및 건강수명 수요 증가에 따른 스마트 라이프케어 육성에 따른 국민의 삶의 질 향상 ▶ 고령친화산업, 의료산업, 바이오산업 등 기존 지역산업과 4차 산업혁명 기술을 연계를 통한 산업의 고도화와 다각화
지능정보 서비스 산업	▶ 빅데이터 처리 및 분석, AI 지능 데이터 기술(ICBM)에 기반한 정보 결합 기술을 활용하여 산업의 제조 및 생산활동으로 생성되는 데이터를 처리·분석함으로써 스마트 제품생산 및 기술주도형 서비스를 창출하는 산업	▶ 블록체인산업 저변 확대를 위한 전후방 산업의 핵심기업 지원 ▶ 지능정보 핵심·응용기술개발과 선도 기업 육성을 위한 성장 지원 ▶ 산업 적용 확대를 위한 지능정보기술 분야 개방형 혁신 체계 강화
첨단융합 기계부품 산업	▶ 전통적인 기존 기계부품산업에 특수기능 수행을 위한 ICT기술의 융합, 내재화로 신기능을 창출하고 산업 고도화에 따른 고부가가치를 창출하는 전후방 광범위한 파급효과를 발생시키는 산업	▶ 지역전통산업(기계부품산업)에 지속적인 R&D지원을 통한 디지털화 전환 ▶ 지능형 기계 분야 시장 선점과 경쟁력 확보를 위한 원천기술 개발과 설비의 고효율화 추진
친환경 미래에너지 산업	▶ 탈탄소화 및 ESG 경영 확산 등 에너지산업 패러다임 변화에 따른 저탄소 친환경 에너지 전환을 위해 에너지 절약형 고효율 에너지 부품 개발과 친환경 에너지원 확대 창출을 위한 산업	▶ 에너지 빅데이터 플랫폼 구축 등 에너지 전환을 위한 기반 조성 ▶ 에너지산업 선도지역으로 도약하기 위한 기업의 기술경쟁력 강화

---

1 중소벤처기업부 공고 제2022-72호(2022년도 지역특화산업육성+(R&D),지역주력산업육성 지원계획 공고, 2022.01.21.)

대구지역 주력산업군

산업명	정의	중점 지원방향
디지털 의료 헬스케어 산업	▶ 보건의료 및 건강관리와 관련된 산업으로 질병예방, 진단, 치료 및 건강유지를 위한 의료 · 헬스케어기기 및 제품, 비대면 의료 · 헬스케어 제품 · 서비스를 통칭한 미래형 고부가가치 산업	▶ 질병의 예방 · 진단 · 치료를 통해 건강한 삶을 유지하기 위한 의료 · 헬스케어기기, 헬스케어 기능성 제품 및 비대면 의료 · 헬스케어 제품 · 서비스 개발 및 육성 지원 ▶ 유망품목: 진단 및 치료기기, 헬스케어 및 생체신호 계측 · 분석기기 · 시스템, 스마트웰니스 제품
고효율 에너지 시스템 산업	▶ 정부의 그린뉴딜정책에 대응하여 건물, 공장, 도시 정주환경 등을 대상으로 신재생에너지 확산 및 에너지소비 절감을 통한 녹색생태계 조성에 필요한 에너지효율화 관련 소재/부품/시스템 산업	▶ 기존의 신재생에너지 보급 중심 정책에서 에너지서비스 등 사용자 중심의 에너지산업 확산에 필요한 에너지효율화관련 시스템산업 육성 ▶ IT, 기계 등 지역 산업역량을 기반으로 중소형전원시스템, FEMS, 전기차충전기 등 에너지효율화 시스템 분야 사업모델 창출을 통한 지역 미래 고부가가치형 산업으로 성장 유도 ▶ 유망품목: 이차전지 소재/부품/장비, 중소형 에너지 효율화 시스템
수송기기 · 기계소재 부품산업	▶ 수송기기 · 기계소재부품산업은 전방 수요산업의 패러다임 변화에 대응하는 경량화, 고기능화, 고효율화를 구현하는 소재와 제조혁신 공정을 융합한 첨단 제조기반 소재 · 부품 고품위화 산업	▶ 수송기기용 소재 · 부품의 경량 및 신기능 복합화 및 첨단 기계 · 장비 성능 향상을 위한 소재 · 부품의 고도화 ▶ 에너지저감 및 친환경산업 육성을 위한 그린 산업용 소재 · 부품 육성 및 첨단 제조환경 대응을 위한 생산 공정 · 부품 기술의 스마트화 전환 ▶ 유망품목: 수송기기 소재 · 부품, 기계장비 소재 · 부품, 고효율 그린산업용 소재 · 부품, 스마트 뿌리공정 부품

대전지역 주력산업군

산업명	정의	중점 지원방향
차세대 무선통신융합 산업	▶ 차세대 무선통신 기술기반 부품, 기기, 플랫폼, 네트워크, 서비스 융합의 고부가가치 산업	▶ 디지털 뉴딜 주도, 차세대 무선통신융합 메카 조성 ▶ 기존 주력산업 분야와 더불어 디지털 뉴딜의 5G · IoT기반 무선통신 융합산업 육성과 연계 가능 ▶ 무선통신 분야 미래육성 의지에 따라 5G 규제자유특구 추진으로 5G 기반 무선기기 및 서비스 등을 주력산업과 디지털 뉴딜과 전후방 연계육성 ▶ (유망품목) ① 스마트부품 및 기기, ② 무선네트워크, ③ 무선플랫폼서비스, ④ 빅데이터서비스, ■ 비대면 융복합서비스

바이오메디컬 산업	▶ 동물, 식물, 미생물, 인체유 래자원 및 관련 정보를 이 용하여 개발, 생산된 건강 유지와 질병의 진단, 치료 에 활용되는 제품 및 서비 스 산업	▶ 과학기술기반 대전형 바이오메디컬산업 육성 ▶ 주력산업 소재 분야는 밸류체인 상 후방산업 해당 하며, 규제자유특구 체외진단기기 등의 실증은 전 방산업으로 사업 간 역할분담 ▶ 주력산업의 진단 및 융복합 바이오 시스템 유망품 목은 규제자유특구 사업과 연계육성 ▶ (유망품목) ① 의약 바이오 소재, ② 기능성 향장 및 식품, ③ 산업바이오 및 생활건강 소재, ④ 진단 및 융복합 바이오 시스템
지능형로봇 산업	▶ 로봇 및 AI에 연관된 플랫 폼, 부품, 모듈, 시스템을 바탕으로 제조, 물류, 교 육, 휴먼 케어, 엔터테인먼 트 등 다양한 응용 서비스 를 지능화하고 효율성 높 은 고부가가치 제품을 생 산, 제공하는 산업	▶ 디지털 혁신 선도 및 로봇지능화 지역전략수요, 뉴딜산업 육성 ▶ 주력산업의 로봇 및 AI 연관 플랫폼과 서비스 등 의 육성과 연계한 디지털 지역뉴딜 AI 솔루션과 드론 분야 전후방 연계육성 ▶ (유망품목) ① AI/로봇SW, ② 자동화HW, ③ 지능 형이동시스템, ④ 로봇/데이터융합서비스

▌광주지역 주력산업군

산업명	정의	중점 지원방향
지능형가전 산업	▶ 생활환경 변화(비대면, 1인 가구, 청정 등)에 대응하고 인간중심 편의성 증진 을 위해 인공지능(AI), 빅데이터, 사물인 터넷(IoT), 로봇 자동화 등의 지능화 기 술이 융복합된 생활가전 관련 산업	▶ 비대면 · 디지털 新시장 대응 AI 중소형 가전 및 청정가전 특화로 「한국형 뉴 딜」, 「광주형 뉴딜」 후방지원 확대 ▶ 매출과 고용 기여가 높은 단기 상용화 중점 지원
광융합 산업	▶ 빛을 제어하고 활용하는 광기술과 전 자 · 기계 · 통신 등 다른 분야 기술을 융합하여 새로운 부가가치를 창출하는 산업	▶ 광인지센서 및 라이다 등 이업종 광융 합제품 개발 촉진 ▶ 매출과 고용 기여가 높은 단기 상용화 중점 지원
스마트금형 산업	▶ 설계 · 가공 · 양산 공정에 빅데이터, 사 물인터넷(IoT), 자동화 등 첨단 지능화 및 디지털 전환 기술이 적용된 차세대 금형산업	▶ 공정의 지능화 및 디지털 전환 촉진 ▶ 지역 내 완성차 · 가전완제품 산업과의 연대 · 협력 강화 ▶ 매출과 고용 기여가 높은 단기 상용화 중점 지원
디지털생체 의료산업	▶ 생체에 접촉하여 사용되는 소재 · 부품 을 첨단 디지털 기술을 융합 · 활용하 여 생산하고 사용자에 대한 맞춤형 서 비스를 제공하는 산업 ▶ 기존 정형외과 · 치과 중심→안과 · 피 부과로 확대	▶ 디지털 기술(3D스캔–3D프린팅을 활용 한 의료서비스, 로봇기능을 활용한 재 활보조기 등) 융합 의료헬스케어산업 육성 ▶ 매출과 고용 · 기여가 높은 단기 상용 화 중점 지원

울산지역 주력산업군

산업명	정의	중점 지원방향
그린모빌리티 산업	▶ 탄소중립을 위한 수소·전기 등 무탄소 동력장치와 운전자 및 보행자의 안전·편의를 목적으로 자율주행, 편의 시스템 등을 활용하는 모빌리티와 이를 구성하는 부품, 모듈을 개발·생산하는 산업	▶ 탄소배출 제로화, 자율주행 고도화, 미래차 전환 가속화를 통하여 내연기관차에서 그린모빌리티 생태계로의 신속한 전환
스마트조선 산업	▶ 환경규제 강화 대응을 위해 LNG, 수소, 암모니아 등의 저·무탄소 가스추진 동력체계와 환경오염 저감장치를 탑재하고, 4차산업 기술 기반 자율운항이 가능한 선박 및 기자재를 개발·생산하는 산업	▶ 탄소·환경규제 대응 강화, 4차산업 기술 적용 확대, 친환경 선박 수주 호황 등의 기회 활용 조선업 재도약 기반 마련
미래화학 신소재산업	▶ 탄소중립 사회선도 및 전방산업 부가가치 증대를 위한 수요맞춤형 친환경(바이오 플라스틱 등), 고기능성(탄소, 3D프린팅, 유전자분석진단 등) 화학융합소재를 개발·생산하는 산업	▶ 탄소중립(ESG 경영 포함)에 따른 저탄소 공정전환과 원료대체 및 화이트 바이오 산업 육성을 추진하고, 감염병 대응을 위한 유전자분석진단 시장 선점 추진
저탄소 에너지산업	▶ 탄소중립을 위하여 에너지 생산·운송·저장·변환·재자원화 및 온실가스 포집·자원화를 위한 플랜트와 이를 구성하는 설비, 부품을 개발·생산하는 산업	▶ 탄소중립 선도를 위해 수소, 풍력, 태양광, 이차전지 등 신재생에너지 생태계를 강화하고, 온실가스 포집·자원화를 위한 기업생태계 구축, 활성화

강원지역 주력산업군

산업명	정의	중점 지원방향
천연물바이오 소재산업	▶ 최적의 건강상태 유지를 위해 청정지역의 동·식물 추출물과 생물자원 유래 물질을 활용한 기능성 식·의약, 화장품 소재 및 제품 등의 개발을 통해 고부가가치를 창출하는 산업	▶ (품목지정) 중앙 및 강원도 정책에 부합하는 유망품목·수요에 대한 핵심기술 및 소재 개발을 위한 R&D 지원 ▶ (자율공모) 주력산업 부합성, 기업성장과 직접적 연계가 가능한 기술개발 지원
세라믹복합 신소재산업	▶ 광물원료·소재를 사용하여 각 물질의 특성을 활용한 고기능성 완제품 및 부품으로 사용되는 첨단소재·부품 개발과 지역의 에너지·자원을 활용한 친환경에너지 전후방 산업	▶ (품목지정) 탄소중립 달성을 위한 부품 모듈·기술개발을 위한 R&D 지원 ▶ (자유공모) 원천기술을 바탕으로 신속한 상용화 R&D 추진 및 수요 맞춤형 R&D추진으로 기업성장단계의 연계성 확보
ICT융합 헬스산업	▶ ICT 중심으로 헬스케어 산업과 융합되어 개인건강 증진, 맞춤형 의료서비스 고도화를 위한 데이터 기반의 건강관리 제품·서비스를 제공하는 산업	▶ (자유공모) 규제자유특구 연계 및 미래 수요 대응을 위한 핵심기술, 융복합 원천기술 분야 내 수요자 맞춤 R&D 지원 ※ 품목지정 과제는 미지정

충북지역 주력산업군

산업명	정의	중점 지원방향
지능형IT부품 산업	▶ 스마트화(지능화, 연결성, 융합성) 실현에 필요한 부품 및 소프트웨어, 서브시스템 및 기존 제품(공정 · 장비 포함)과 서비스에 IT기술을 내재화하여 새로운 부가가치를 창출하는 산업	▶ 지능정보사회 구현을 위해 필요한 시스템반도체, 전자부품, 안전제어부품, 소프트웨어, 핵심장비 등의 품목 다양화 및 제품 고부가가치화 지원
바이오헬스 산업	▶ 생체 또는 생물학적 시스템을 활용하는 바이오 기술을 기반으로 사람이나 동물의 질병예방, 진단, 치료, 건강증진에 필요한 제품과 부가가치를 창출하는 산업	▶ 뉴딜정책 및 타산업 기술(ICT, 빅데이터 등)과 연계되는 바이오헬스 분야 소재 · 제품의 기술개발 지원
수송기계소재 부품산업	▶ 친환경 수송기계소재, 부품모듈 및 자율주행 센서부품 등 미래형 수송의 성능 및 효율성 강화를 위한 핵심부품 제조 · 개발 관련 산업	▶ 전기차, 수소차, 자율주행차 등 미래차 관련 소재부품, 이차전지 분야 기술개발 및 그린수소산업과 연계를 통한 융복합 제품 개발 지원

충남지역 주력산업군

산업명	정의	중점 지원방향
친환경 모빌리티산업	▶ 친환경 모빌리티의 성능 · 내구성 · 안정성 향상과 고부가가치화를 위한 소재 · 부품 및 모듈을 제조하는 산업	▶ 친환경 모빌리티 성능 · 내구성 · 안정성 향상 및 고감성/고기능 핵심부품 기술개발 지원
스마트 휴먼바이오 산업	▶ 건강증진, 질병예방, 항노화 목적의 기능성 원료 · 소재 발굴 및 관련제품 생산과 이를 활용한 맞춤형 서비스를 제공할 수 있는 ICT기반 기기 및 서비스를 포함하는 산업	▶ 건강기능식품, 뷰티케어 소재 · 제품, 헬스 · 뷰티케어 기기 · 시스템, 친환경 농축산 관련 소재 · 제품과 관련된 수요 맞춤형 제품 개발 지원
차세대 디스플레이 산업	▶ 차세대 플렉서블 및 IoT기반 디바이스의 각종 정보를 시각적으로 표시하는 장치와 이를 생산하는데 필요한 소재 · 부품, 장비, 모듈, 융복합 응용제품을 포함하는 산업	▶ 제품 응용영역 확대를 위한 융복합 · 차세대형 디스플레이 핵심 기술 개발 지원

산업명	정의	중점 지원방향
스마트농생명 · 식품산업	▸ 농생명 특화자원(작물, 동물, 곤충, 미생물)의 스마트 생산시스템과 바이오기술을 융합하여 개발한 인체/동식물용 기능성 소재 및 제품 (종자, 작물 보호제, 사료, 식품, 화장품, 의약품)을 포함하는 산업	
미래지능형 기계산업	▸ ICT 기술을 융합한 기계 및 자동차부품, 농기계, 건설기계 관련 소재부품(뿌리기술 등), SW 기술을 응용한 디지털 제품 등을 포함하는 산업	▸ 지역기업의 부족한 역량 보완을 위해 지역 내 대학, 연구기관 등과의 협력 R&D 우선 지원
탄소 · 복합 소재산업	▸ 탄소소재 및 천연유래소재와 첨단기술을 융합하여 수송기기/토목 · 건축/환경 · 안전 분야 경량화, 고효율화, 안전성 향상을 위한 소재 · 부품을 제공하고, 기술적 파급효과 및 부가가치가 높은 소재를 미래기술과의 융합을 통해 연관 산업에서 필요로 하는 첨단소재와 제품 등을 개발하는 기술산업 분야	
조선해양 · 에너지산업	▸ 해양에너지기자재, 해양플랜트 등 해양설비 산업과 대형 · 중소형/특수선 선박 및 기자재 산업을 포함한 조선해양 관련 산업 및 재생 가능한 친환경 에너지(태양광, 풍력, 수소 등) 자원을 변환시켜 이용하는 에너지 관련 전 · 후방 산업 및 관련 융복합 산업	

| 전남지역 주력산업군

산업명	정의	중점 지원방향 (핵심품목)
저탄소 · 지능형 소재부품산업	▸ 금속 · 화학 · 세라믹 분야의 소재산업으로 원료 및 공정, 이를 적용한 제품이 탄소 저감 등 친환경적, 생산효율화(자동화) 등을 고려한 소재 · 부품 관련 산업	① 화학 소재 · 부품 ② 금속 소재 · 부품 ③ 세라믹 소재 · 부품
그린에너지 산업	▸ 재생에너지(해상풍력, 태양광 등)를 연계한 에너지 생산, 저장 · 이송, 활용과 연계된 전후방 연관산업	① 육해상 적응형 전력변환 설비, ② IoT 접목 지능형 전력시스템, ③ 실시간 전력거래 플랫폼, ④ ICT 인프라 및 보안관리 시스템, ⑤ 에너지저장, 관리 장치, ⑥ 재생에너지설비

첨단운송기기부품산업	▶ 첨단운송기기(항공 · 드론, 전기차) 산업의 부품 · 장비제작, 운항 · 관제, AS · MRO, 서비스 제공 등 제조업과 서비스업이 긴밀히 연동되는 융합산업(4차 산업혁명과 연계)	① 공공 및 산업용 무인이동체 제작 및 정비 ② 무인이동체 탑재용 임무장비 개발 및 활용 서비스(인증) ③ xEV 시스템 및 6대 핵심부품(FC, 모터&변속기, 인버터, 배터리&엔진, 프로펠러, 광 융합기술) ④ 보안, 딥러닝, 데이터처리기술 등 시스템 ⑤ IoT기반 지능형 센서 및 제어시스템
바이오 헬스케어산업	▶ 천연물에 기반한 기능성 식품, 헬스 · 뷰티케어제조 · 판매 · 서비스 하는 산업, ▶ 생명공학 및 보건의료 빅데이터 기반한 생명 의약품(예방, 진단, 치료, 사후관리 등) 등을 제조 · 판매 · 서비스하는 산업	① 건강기능성 식품 소재 ② 천연물기반 의약품 · 소재 ③ 천연 유기농 항노화 화장품 · 소재 ④ 의료용 생체적합성 소재

▌ 경북지역 주력산업군

산업명	정의	중점 지원방향
지능형 디지털기기 산업	▶ 인공지능, 사물 인터넷 기술이 융합된 전자정보기기로서 다양한 콘텐츠와 연계, 실감형 정보제공, 체험 및 상호작용이 가능한 기기 및 부품과 관련한 산업	▶ 지역뉴딜(그린모빌리티,에너지효율화) 활성화를 위해 AI, IoT기반 스마트기기에 모빌리티 전장, 지능형에너지 관련 R&D 우선지원 ① 지역뉴딜 · 비대면산업 연계 유망품목 ② 모빌리티전장시스템 관련 유망품목
첨단신소재 부품가공 산업	▶ 금속 · 비금속 소재 및 복합소재 기반 산업용 부품의 고성능, 다기능 등 부가가치 극대화를 위한 성형 및 가공 관련 융복합 산업	▶ 지역뉴딜(스마트제조) 촉진을 위한 첨단신소재부품가공 및 이차전지, 미래차 중심 소재 · 부품 등 관련 유망품목 R&D 우선지원 ① AI기반 공정 및 첨단소재 응용기술 ② 고기능, 친환경, 이차전지소재 관련 품목 ③ 미래차중심 소재 · 부품 유망 품목
친환경융합 섬유소재 산업	▶ 저탄소 녹색성장을 견인할 수 있는 친환경 및 기능성 섬유소재로 의류, 생활용 뿐만 아니라 현재와 미래에 자동차, 우주항공, 전기전자, 의료등 전방산업의 소재에 필요한 초경량, 고강도, 고기능성의 섬유소재 관련산업	▶ 타 산업과의 연계 및 친환경 융복합화, 섬유소재기반 고부가가치화 R&D 우선 지원 ① 친환경 섬유소재, 보건안전 섬유소재 분야 ② 모빌리티 관련 기능성 섬유소재 품목
라이프 케어뷰티 산업	▶ 높은 삶의 질 추구를 위해 식품, 화장품, 의약품 등에 新기술을 융합하여 제품 · 서비스 등을 생산 및 유통하여 부가가치를 창출하는 산업	▶ 라이프케어뷰티산업 유망품목(의약품, 화장품, 식품) 및 규제특구(HEMP) 전후방 연계가 가능한 · R&D 품목 중점 지원 ① 바이오의약, 웰빙식품, 기능성화장품 분야 ② 규제특구 연계 HEMP 관련 유망 품목

경남지역 주력산업군

산업명	정의	중점 지원방향
스마트기계 산업	▸ ① 생산기계, ② 이송장치, ③ 특수목적 기계, ④ 로봇시스템, ⑤ 원격제어, ⑥ 스마트제조 등 ICT를 접목한 기계 및 부품을 생산, 제조, 제어하는 산업	▸ 지능기계·로봇(제조엔지니어링·스마트기계·스마트로봇), 규제자유특구(선박무인화, 스마트제조(5G), 지역뉴딜(미래자동차) 등과 연계 가능한 R&D 우선 지원
첨단항공 산업	▸ 경남 차세대 성장 동력으로 항공기 및 항공기 관련 부속기기 및 소재의 제작·가공·조립·개조·수리·엔지니어링이 결합된 ① 완제기 제작 및 MRO 분야, ② 항전, ③ 엔진, ④ 신소재 등의 분야로 구성된 고부가가치 산업	▸ ICT 융·복합을 통한 무인기 체계 개발과 항공 MRO 수요 확대 등의 중장기 항공수요를 반영한 핵심부품의 국산화 중심 R&D 우선 지원
나노융합 스마트부품 산업	▸ 나노기술을 기존 기술에 접목하여 기존 부품을 개선 및 혁신하여 나노기술에 의존하는 스마트부품을 제조하는 산업	▸ 나노패터닝 기술 기반의 스마트 필름형 소재·소자·부품 등의 개발과 응용을 위한 R&D 우선 지원
항노화메디컬 산업	▸ 삶의 질 향상을 위해 노화예방·지연과 질환의 진단, 예방, 치료, 개선을 목적으로 하는 의약품, 기능성식품, 화장품 및 의료기기 등의 개발·생산·서비스 분야가 결합된 고부가가치 산업	▸ 고부가가치 의료기기 개발 및 업종전환을 위한 R&D 우선 지원 ▸ 건강기능식품, 천연물 소재 의약품, 감염병 대응 의약품 분야 R&D 우선 지원

제주지역 주력산업군

산업명	정의	중점 지원방향
스마트관광 산업	▸ D.N.A.(Data·Network·AI) 등 디지털 기술이 지역산업(관광·MICE·문화, 1차산업 등)에 융합되어 제품, 서비스의 혁신 또는 부가가치를 창출할 수 있는 산업	▸ 디지털 뉴딜기반 D.N.A. 분야 및 디지털 기술을 활용한 기존산업(문화, 공연, 1차산업) 간 융합 및 기술경쟁력 확보 중점 지원
청정바이오 산업	▸ 제주 청정바이오 소재를 활용하여 건강·뷰티 제품 등 다양한 부가가치를 창출할 수 있는 산업	▸ 제주 특화소재 기술융합 기능성 제품 개발 및 제조—서비스 연계를 통한 비즈니스모델 창출과 산업 확장 중점 지원
그린에너지 산업	▸ 지능형 전력서비스, 전기차 충전인프라, 풍력·태양광 MRO, ESS연계 시스템 등 제주 카본프리 아일랜드 계획(CFI 2030)에 대응하고 에너지 수급 자족화 및 효율화를 위한 지역 대체에너지 육성산업	▸ 그린뉴딜 및 규제특구 정책에 부합하는 새로운 사업 모델 발굴 및 전후방 산업 연계 강화 지원

산업명	정의	중점 지원방향
스마트그린 융합부품·소재 산업	▶ 자동차 및 바이오 분야에 활용되는 금속·화학·천연물 등의 소재 개발과 이들을 활용하여 고부가가치 부품을 제조·생산하는 산업	▶ 규제자유특구와의 연계를 위한 지역 내 친환경 경량화소재 및 전장부품 관련 R&D 우선 지원 ▶ 바이오 소재 관련 R&D 이후의 장비를 활용한 시제품 개발과 사업화 지원으로 연계 가능한 R&D 우선 지원
스마트시티 산업	▶ 스마트시티 내 교통, 방범, 의료, 문화 콘텐츠 등의 서비스 구현을 위해 IoT 제품·시스템과, 데이터 분석 기술 등을 활용하여 서비스 솔루션을 개발, 제공하는 산업	▶ 지역균형 뉴딜정책 연계를 위해 스마트시티 교통, 헬스케어 분야 육성을 위한 빅데이터 관련 R&D 우선 지원

따라서 기업인들은 정부의 산업육성정책을 잘 파악하여 정부가 지향하는 방향에서 순풍을 함께 타고 가는 지혜를 발휘해야 할 것이다. 반대로 정부의 육성산업이 아닌 방향에서 사업을 한다면 불모지를 개척하는 격이 되어 경영상의 곤란을 겪을 확률이 높다. 한편 융합 비즈니스 창출 활동과 관련해서는 범부처적으로 지원제도를 설정하고 있어 자사의 아이템과 관련이 있는 지원사업을 선택적으로 활용하면 될 것이다. 특히 제조기반의 중소기업들은 중소벤처기업부가 지원하고 있는 제도를 활용하면 더욱 유리하다. 수시로 제도의 명칭이 바뀌고 있어 혼란스럽기는 융합과 관련된 사업으로는 융합 R&D 기획 멘토링 지원사업, 융합과제 발굴 연구회 지원사업, 이공계 기술개발 서포터즈 지원사업 등이 있었고, 최근 네트워크형 기술개발지원사업 등이 있는데, 수시로 지원사업의 명칭이 지원기관의 담당자가 바뀌면 그들의 실적을 나타내기 위하여 수시로 바뀌고 있는 점을 감안해야 한다. 이러한 점들이 기업인들을 올

리고 있다는 점도 제도권에서는 깊이 반성해야 한다. 어쨌든 융합활동은 이러한 제도들과 연계되어 이루어지고 그 결과는 융합 비즈니스로 이어져야 한다. 산에 가야 범을 잡고, 물에 가야 고기를 잡는 법이다. 산업정책 있는 곳에 융합 비즈니스도 존재한다.

Part 3

신 비즈니스모델, 협업

융합의 본질은
협업이다

"견지망월(見指忘月)"의 교훈 새겨야

『능엄경(楞嚴經)』에 "견지망월(見指忘月)"이란 말이 나온다. 어리석은 사람은 달을 가리키는 손가락에만 눈이 쏠려 정녕 보아야 할 달을 보지 못한다는 뜻이다. 중요한 본질로서의 달은 보지 못하고, 중요하지 않은 본질을 가리키는 수단(손가락)에만 집착하는 어리석음을 일컫는 말이다. 이말은 원래 선종에서 유래된 말이다. 마조(馬祖) 문하의 대매법상(大梅法常)의 법과 천룡(天龍)선사의 법을 전수한 구지선사 이후부터 법(法)을 물어온 사람을 향해 손가락을 세워 보이는 것에서부터 비롯됐다. 손가락을 세워 보인 것은 깨침을 열어 보이는 몸짓에 불과하다. 그러므로 손가락에 집착할 필요는 없다. 깨침이란 스스로 체험함으로써 얻어지는 것이다.

해마다 지역별로 중소기업융합연합회가 주최하는 행사에 도지사와 중소기업 유관기관장들이 참석한 가운데 성황리에 치러진다. 융합 교류활동은 90년대 초 이업종 교류활동에서부터 시작되었다. 이업종 교류는 업종이 다른 중소기업인들의 교류활동을 통해 중소기업의 새로운 가치를 창출하는 플랫폼이다. 중소기업의 신성장동력 창출을 위하여 네트워킹 경영의 동반자로서의 사명을 다하는 중소기업융합연합회가 창립 30주년을 맞이하면서 융합의 꽃을 피워가고 있다. 충북의 경우 2015년까지 융합 비즈니스의 중심 달성(2015 NetBiz Korea Hub)이라는 비전을 마무리하고, 융합과 협업을 통하여 융합경제를 완성해 가고 있다. 그동안 중소기업융합충북연합회는 이업종 간 학습조직, 공동사업, 기술융합활동에 역점을 두고 중소기업 간 상생의 비즈니스모델로 충북 경제발전에 견인차 역할을 해 온 것을 부정할 수 없다. 1994년 창립 당시, 76개 회원사, 7개 교류회에 불과했던 충북연합회는 350여 회원사의 21개 단위교류회로 양적인 성장을 기하였고, 융합과 협업이라는 질적인 발전을 거듭해왔다. 융합 교류활동 내용으로는 정기월례회, 벤치마킹을 위한 회원기업 탐방, 이업종 융합 프라자 개최, 한·중·일 이업종 국제 심포지엄 참가 및 해외산업시찰단을 파견하여 글로벌 경쟁력을 강화하고 있으며, 지역혁신 주체로서 산·학·관 협력네트워크를 구축하여 지역경제발전을 주도적으로 전개해 나아가고 있다.

각 지역의 융합연합회장은 본질적인 활동을 펼쳐 나아가겠다는 강한 의지를 보이고 있다. 그동안 중소기업들의 융합 교류활동은 기술융합에 초점이 맞추어져 있었다. 그러나 그 성과창출이 미미했던 것이 사실이다. 이 점이 융합 30년을 맞이하는 현실에서 냉정히 반성해야 할 대목이다. 따라서 이제부터라도 수단적인 활동에 해당하는 기술융합과 본질적인 활동인 신 비즈니스모델 구축을 동시에 달성해야 한다. 다시 말해서 손가락(수단)을 통해서 달(본질)에 이르는 일을 동시에 수행해야 한다. 신 비즈니스모델은 융합 R&D와 협업을 통하여 구체화될 수 있다. 그런 의미에서 지역연합회의 비전 설정은 중요한 의미를 갖는다. 융합 교류활동은 그 취지와 목적(본질)이 왜곡되어서는 아니 된다. 그 정체성을 유지해가야 한다는 말이다. 융합을 빙자한 세 결집으로 단순한 압력단체로 군림하려는 행태가 연출되어서는 중소기업융합교류회로서의 존재가치를 잃게 되는 것이다. 정체성 확립과 본질적 활동이 전제되지 아니한 융합 교류조직의 세력 확산은 사상누각이 되어 한순간에 와해될 수도 있다. 이미 여러 교류회에서 와해되었거나 그런 조짐을 보이고 있는 곳이 많다. 융합교류회에 대한 신 비즈니스 창출에 대한 기대를 하고 가입하여 활동했는데, 아무런 성과가 없어서 탈퇴한단다. 연합회의 역할이 무의미하다고 연합회를 탈퇴하고 독자적인 활동에 들어간 교류회도 있다. 이러한 결과는 여러 가지 측면에서 원인을 찾아볼 수 있다. 어쨌건 융합 리더의 역할이 크다고 할 수 있다. 그동안 교류활동을 통하여 크고 작은 융합사례들이 발굴되어 추진되어 왔다. 특히 충북의 경우, 2014년에 실시한 융합 및 협업 세미나와 워크숍을 통하여 3개 교류회 3개 사가 발굴한 '숨 쉬는 힐링 가구'를 협업사업으로 추진했던 사례는 융합시대에 걸맞은 기술융합과 협업 비즈니스모델 개발이라 할 수 있다. 그동안 기술융합에는 성공한 모델들이 많다. 그러나 신 비즈니스모델 구축에는 아직도 해결해야 할 문제들이 산재해 있다. 본질적인 활동을 못하고 있다는 이야기이다.

따라서 이제부터는 신 비즈니스모델 구축활동에 동참해야 한다. 이것이 융합 교류활동에 참여하는 모든 기업인들이 풀어야 할 숙제인 것이다. 융합 교류활동을 할 때에도 견지망월의 교훈을 새겨야 할 것이다. 직접 협업 비즈니스에 참여해야 한다는 말이다. 덧붙인다면, 중소기업융합교류회가 30대라는 비록 덩치 큰 성년이 되긴 했어도 아직도 여러 가지 면에서 역량이 부족한 면이 많다. 개별 기업 혼자의 힘으로는 대응하기 힘든 것이 현실이다. 이업종 교류활동은 신 비즈니스를 발굴하여 기업 가치를 창출해 나아가는 창조경제 활동이다. 따라서 이러한 활동이 제대로 뿌리내릴 수 있도록 아낌없는 융합 인프라 구축과 제도적 지원이 있어야 한다. 제도권에서는 이러한 점을 직시한 제도창출이 있어야 함을 강조하고 싶다.

신 비즈니스모델 :
협업

협업 지원제도를 알고 추진하자(중소벤처기업부)

이업종 활동을 통하여 얻어지는 최고의 선은 신 비즈니스 창출이다. 신 비즈니스 창출은 바로 협업의 형태로 나타난다. 협업은 이업종 회원사가 개별적으로 추진해 온 경영주체를 그대로 유지하면서 기업의 경쟁력을 강화하기 위하여 만들어지는 상생의 새로운 비즈니스모델이다. 따라서 이는 각 사의 경영권은 그대로 유지하면서 비즈니스모델만 새롭게 가지고 가는 수평적 관계이다. 경영환경이 열악한 중소기업들에게 지속 성장이 가능하고 적합한 모델이 아닐 수 없다. 이를 위해 정부는 법제화를 마련하고 중소기업들이 활용하도록 유도하고 있다. 중소기업진흥에 관한 법률 제2조 제9호의 규정에 의하면 "협업이란 여러 개의 기업이 제품개발, 원자재 구매, 생산, 판매 등에서 각각의 전문적인 역할을 분담하여 상호보완적으로 제품을 개발·생산·판매하거나 서비스를 제공하는 것을 말한다."라고 정의하고 있다. 동법 제39조에서는 정부가 중소기업자의 원활한 협업 수행을 위하여 ① 협업자금 지원, ② 인력 양성, ③ 기술 개발자금 출연, ④ 수출 및 판로개척 지원, ⑤ 공동법인 설립 등에 관한 자문, ⑥ 그밖에 중소기업자의 협업 지원을 위하여 중소벤처기업부장관이 필요하다고 인정하는 사항에 관한 지원사업을 할 수 있도록 하고, 중소기업의 신청을 받아 해당 중소기업자를 협업 지원사업의 대상자로 선정하여 지원할 수 있도록 규정하고 있다.

따라서 이업종 간에 신 비즈니스모델을 창출하여 개별적으로 추진할 수도 있겠으나 동 규정에 의거 중소벤처기업부로부터 협업 지원사업의 대상자로 선정을 받아 추진하면 여러 가지 정부의 지원을 받아 추진할 수 있기 때문에 효율적이고 성공적인 사업을 영위할 수 있다. 그리고 동 법 제5조에서 중소벤처기업부장관은 서로 다른 업종을 영위하고 있는 중소기업자 간 정보 및 기술 교류를 촉진하기 위하여 이업종교류지원사업(異業種交流支援事業)을 실시하여야 한다는 의무규정을 두고, 중소벤처기업장관은 이업종 교류 지원사업으로 첫째 정보 및 기술 교류의 활성화를 위한 전문가의 파견, 둘째 정보 및 기술 교류에 필요한 자금 지원, 셋째 그밖에 정보 및 기술 교류를 촉진하기 위하여 필요한 사항에 관한 지원사업을 추진할 수 있도록 규정하고 있어 협업사업 인프라 구축 단계에서부터 지원 근거를 마련해 놓고 있다. 한편, 중소기업제품 구매촉진 및 판로지원에 관한 법률 시행령 제2조의 2의 규정에 의거 중소기업인과의 우선 조달계약 근거 규정을 마련하여 중소기업을 보호하고 있다. 즉 3인 이상의 제조 소기업 또는 소상공인(물품을 직접 제조하거나 용역을 직접 제공하는 소기업 또는 소상공인을 말함)이 「중소기업협동조합법」 제3조에 따른 중소기업협동조합과 함께 중소벤처기업부령으로 정하는 공동사업을 통하여 제품화한 물품 또는 용역을 조달하려는 경우에는 해당 제조 소기업 또는 소상공인을 대상으로 제한경쟁입찰에 따라 조달계약을 체결할 수 있도록 하고 있다. 다만, 공공기관의 장이 해당 조합에 요청하여 공동사업의 주체인 3인 이상의 제조 소기업 또는 소상공인을 추천받은 경우에는 추천받은 제조 소기업 또는 소상공인 중에서 지명경쟁입찰에 따라 조달계약을 체결하도록 명시하여 협업사업으로 인한 제품 및 용역의 판로를 지원하고 있다.

여기서 소기업이란 중소기업기본법 시행령 제8조의 규정에 의거 다음 표**1**와 같다. 그리고 중기업(中企業)은 중소기업 중 소기업을 제외한 기업을 말한다. 따라서 우리가 활동하고 있는 대다수의 이업종 회원사들은 소기업 및 소상공인에 해당된다고 볼 수 있다.

이와 같이 정부는 이업종 교류활동을 통한 신 비즈니스 창출을 기할 수 있도록 법제화를 해 놓고 있다. 이업종 활동단계를 과거의 5단계에서 3단계로 단순화하고 교류단계에서 신뢰를 구축하고, 융합단계에서 융합 R&D과제를 창발하여, 신 비즈니스 창출 단계에서 협업으로 완성해야 한다. 이제 이업종 교류활동은 30년의 역사를 써가고 있다. 그런데 이업종 활동의 궁극적인 목적사업인 협업은 아직 미미한 수준에 머물고 있다. 신뢰구축 수준에서 맴돌고 있다. 지금이야말로 이업종의 역사를 새로 쓸 때이다. 신 비즈니스모델로서의 협업사업 지원제도를 적극적으로 활용하여야 할 것이다. 정부가 아무리 좋은 제도를 마련하고 기다리고 있어도 이를 활용하는 기업이 없다면 무용지물이다. 구슬이 서 말이라도 꿰어야 보배인 것이다.

---

1   중소기업기본법 시행령 [별표 3] 〈개정 2017. 10. 17.〉.

Part 3 신 비즈니스모델, 협업

중소기업기본법 시행령 [별표 3]

〈 주된 업종별 평균매출액등의 소기업 규모 기준(제8조제1항 관련) 〉

해당 기업의 주된 업종	분류기호	규모 기준
1. 식료품 제조업	C10	
2. 음료 제조업	C11	
3. 의복, 의복액세서리 및 모피제품 제조업	C14	
4. 가죽, 가방 및 신발 제조업	C15	
5. 코크스, 연탄 및 석유정제품 제조업	C19	
6. 화학물질 및 화학제품 제조업(의약품 제조업은 제외한다)	C20	
7. 의료용 물질 및 의약품 제조업	C21	
8. 비금속 광물제품 제조업	C23	
9. 1차 금속 제조업	C24	평균매출액등 120억원 이하
10. 금속가공제품 제조업(기계 및 가구 제조업은 제외한다)	C25	
11. 전자부품, 컴퓨터, 영상, 음향 및 통신장비 제조업	C26	
12. 전기장비 제조업	C28	
13. 그 밖의 기계 및 장비 제조업	C29	
14. 자동차 및 트레일러 제조업	C30	
15. 가구 제조업	C32	
16. 전기, 가스, 증기 및 공기조절 공급업	D	
17. 수도업	E36	
18. 농업,임업 및 어업	A	
19. 광업	B	
20. 담배 제조업	C12	
21. 섬유제품 제조업(의복 제조업은 제외한다)	C13	
22. 목재 및 나무제품 제조업(가구 제조업은 제외한다)	C16	
23. 펄프, 종이 및 종이제품 제조업	C17	
24. 인쇄 및 기록매체 복제업	C18	평균매출액 등 80억원 이하
25. 고무제품, 및 플라스틱제품 제조업	C22	
26. 의료, 정밀, 광학기기 및 시계 제조업	C27	
27. 그 밖의 운송장비 제조업	C31	
28. 그 밖의 제품 제조업	C33	
29. 건설업	F	
30. 운수 및 창고업	H	
31. 금융 및 보험업	K	

32. 도매 및 소매업	G	평균매출액등 50억원 이하
33. 정보통신업	J	
34. 수도, 하수 및 폐기물 처리, 원료재생업(수도업은 제외한다)	E(E36 제외)	평균매출액등 30억원 이하
35. 부동산업	L	
36. 전문 · 과학 및 기술 서비스업	M	
37. 사업시설관리, 사업지원 및 임대 서비스업	N	
38. 예술, 스포츠 및 여가 관련 서비스업	R	
39. 산업용 기계 및 장비 수리업	C34	평균매출액등 10억원 이하
40. 숙박 및 음식점업	I	
41. 교육 서비스업	P	
42. 보건업 및 사회복지 서비스업	Q	
43. 수리(修理) 및 기타 개인 서비스업	S	

※ 비고
1. 해당 기업의 주된 업종의 분류 및 분류기호는 「통계법」 제22조에 따라 통계청장이 고시한 한국표준산업
   분류에 따른다.
2. 위 표 제27호에도 불구하고 철도 차량 부품 및 관련 장치물 제조업(C31202) 중 철도 차량용 의자 제조업,
   항공기용 부품 제조업(C31322) 중 항공기용 의자 제조업의 규모 기준은 평균매출액등 120억원 이하로
   한다.

협업의 유형

협업은 순수 비즈니스모델로, 기업이 원하는 모델로

전술한 바와 같이 협업 지원사업은 2007년도부터 정부 지원사업으로 도입됐다. 협업 지원사업은 중소기업 진흥에 관한 법률 제2조의 규정에 의거하여 여러 기업이 제품개발, 원자재 구매, 생산, 판매 등에서 각각의 전문적인 역할을 분담하여 상호보완적으로 제품을 개발 · 생산 · 판매하거나 서비스를 제공하는 것에 대하여 지원하는 사업을 말한다. 협업사업은 기술개발비를 지원한 2008년도를 정점으로 연간 20~30건으로 활성화 수준이 미미하다. 그 원인은 여러 가지를 꼽을 수 있지만 가장 큰 것은 협업사업 승인업체(2015. 5. 18. 이전은 승인제도에 의함)에 대한 정부의 지원과 정비례함을 알 수 있다. 그러나 협업사업은 다른 정부의 지원사업과는 접근방법과 목적에 있어서 차원이 다르다. 협업사업은 정부의 지원을 목적으로 해서는 성공할 수 없다는 사실이 내재되어 있다. 다시 말해서 협업사업 승인의 목적은 정부의 지원이 아니라 신 비즈니스 창출에 의한 순수 비즈니스모델로 접근해야 한다는 점이 다른 정부지원사업과 다르다. 기업들은 이점을 유의해야 한다. 정부도 이러한 점을 감안하여 협업 지원사업 대상자로 선정해야 할 것이다. 정책자금이나 기술 개발자금 등이 협업사업 승인의 목적이라면 당초부터 접근하지 말아야 한다. 협업은 기업들이 새로운 부가가치를 창출하고 이를 계기로 지속성장의 기틀을 다지는 목적으로 성립되어야 하는 것이다. 한편 이업종 간에 이루어지는 신 비즈니스모델로서의 협업의 형태는 여러 가지가 있다.

첫째, R&D 중심형 협업이다. 핵심 기술력을 보유한 R&D 전문업체가 R&D, 생산, 마케팅 업체 등과 협업체를 구성하여 공동 R&D, 위탁생산, 위탁 마케팅의 방식으로 협업을 추진하는 것이다. R&D 기술의 사업화 판로확대 등의 장점이 있다.

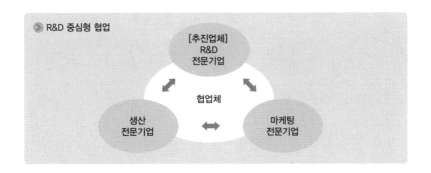

둘째, 생산중심형 협업이다. 생산시설 및 생산능력을 보유한 생산전문 업체가 R&D, 생산, 마케팅 업체 등과 협업체를 구성하여 위탁 연구개발, 공동생산, 위탁 마케팅의 방식으로 협업을 추진하는 방식이다. 여기서는 생산시설의 활용도 제고, 신기술 확보, 사업화 등의 장점이 있다.

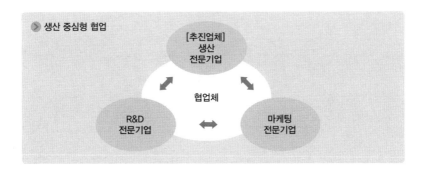

셋째, 마케팅 중심형 협업이다. 특정 업종·분야의 국내외 판매 네트워크를 가진 마케팅 전문업체가 R&D, 생산업체 등과 협업체를 구성하여 위탁 연구개발, 위탁 생산방식으로 협업을 추진하는 방식이다. 여기서는 R&D 및 생산기업의 판로확대 등의 장점이 있다.

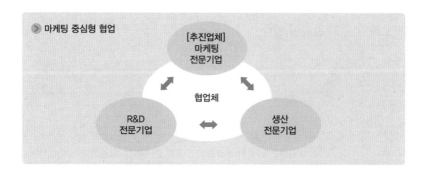

넷째, 지식서비스 중심형 협업이다. 엔지니어링, 디자인, 컨설팅 등 서비스 전문업체가 사업주체가 되어 또 다른 서비스기업 또는 제조업체들과 협업체를 구성하여 협업을 추진하는 방식이다. 장점으로는 지식기반 비즈니스모델 창출, 고부가가치 사업, 제조업과 서비스업의 협업 모델 창출을 통한 동반성장의 장점이 있다. 이상은 기능 중심으로 유형을 분류해 본 것이다. 현재 중소벤처기업부가 지원하는 협업유형의 모델이다.

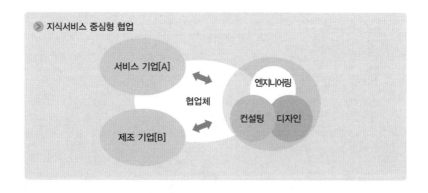

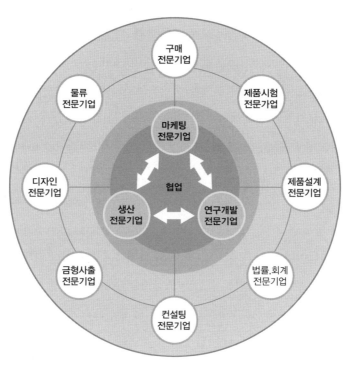

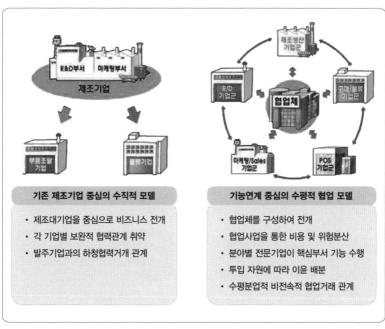

기존 제조기업 중심의 수직적 모델	기능연계 중심의 수평적 협업 모델
• 제조대기업을 중심으로 비즈니스 전개 • 각 기업별 보완적 협력관계 취약 • 발주기업과의 하청협력거개 관계	• 협업체를 구성하여 전개 • 협업사업을 통한 비용 및 위험분산 • 분야별 전문기업이 핵심부서 기능 수행 • 투입 자원에 따라 이윤 배분 • 수평분업적 비전속적 협업거래 관계

이를 다시 목적중심형 협업으로 분류해 볼 수 있다.[1] 첫째, 역량혁신형 (Capability Innovation Type) 협업이다. BM(Business Model) 구성요소 중 공급역량 즉, 고부가가치의 제품/서비스를 생산할 수 있는 신기술이나 개별 기업/기업군 차원에서 확보 가능한 새로운 자원/활동을 기반으로 추진되는 융합 비즈니스를 말한다. 둘째, 상품혁신형(Product Innovation Type) 협업이다. BM 구성요소 중 과거와는 다른 새로운 형태, 구조, 재질, 속성, 가격 등을 갖는 가치제안을 만들어서 시장에서 높은 성과를 내려는 융합 비즈니스를 말한다. 셋째, 시장혁신형(Market Innovation Type) 협업이다. BM 구성요소 중 시장 자체를 통합하거나 재편성함으로써 경쟁우위를 얻으려는 융합 비즈니스를 말한다. 넷째, 운영혁신형 (Operation Innovation Type) 협업이다. BM 구성요소 중 운영방식을 변경하거나 새롭게 정의해서 기업 내부의 효율과 효과를 높이고, 외부 파트너와의 협업 성과와 고객 만족도를 높이려는 융합 비즈니스를 말한다. 다섯째, 가치혁신형(Value Innovation Type) 협업이다. BM 구성요소 중 국가/사회 및 인류 발전에 기여할 것을 목적으로 공공(public) 또는 미래지향적 가치(why) 창출에 중점을 둔 융합 비즈니스를 말한다. 따라서 협업의 유형은 기업이 원하는 모델을 지원해야 하는 것이다.

---

1 중견기업연합회(박광봉, 정진섭), 중견기업 기술융합 인프라 구축 연구보고서(2013) 자료 인용

① **역량혁신형(Capability Innovation Type)**

BM 구성요소 중 공급역량 즉, 고부가가치의 제품/서비스를 생산할 수 있는
신기술이나 개별기업/기업군 차원에서 확보 가능한 새로운 자원/활동을 기반으로
추진되는 융합 비즈니스

② **상품혁신형(Product Innovation Type)**

BM 구성요소 중 과거와는 다른 새로운 형태, 구조, 재질, 속성, 가격 등을 갖는
가치제안을 만들어서 시장에서 높은 성과를 내려는 융합 비즈니스

**융합
비즈니스
모델의
유형**

③ **시장혁신형(Market Innovation Type)**

BM 구성요소 중 시장 자체를 통합하거나 재편성함으로써 경쟁우위를
얻으려는 융합 비즈니스

④ **운영혁신형(Operation Innovation Type)**

BM 구성요소 중 운영방식을 변경하거나 새롭게 정의해서 기업 내부의 효율과
효과를 높이고, 외부 파트너와의 협업 성과와 고객 만족도를 높이려는 융합
비즈니스

⑤ **가치혁신형(Value Innovation Type)**

BM 구성요소 중 국가/사회 및 인류 발전에 기여할 것을 목적으로 공공(public) 또는
미래 지향적 가치(why) 창출에 중점을 둔 융합 비즈니스

_____ 자료 : 중견기업연합회(박광봉, 정진섭), 중견기업 기술융합 인프라 구축 연구보고서, 2013.

협업은 이업종 간의 교류활동을 통하여 새로운 비즈니스를 창출하는
것을 최고의 선으로 설정한 융합교류회의 목적사업이 되어야 한다. 단위
융합교류회와 지역연합회, 중소기업 관련 중앙회 조직에서 적극적으로
참여해야 할 사업이다. 그러나 현실은 너무나 동떨어져 있는 느낌이다.
이를 목적사업으로 중장기 사업계획을 수립한 조직이 없기 때문이다. 이
제 지역연합회와 중앙회 조직은 융합 비즈니스의 성공스토리를 써야 한
다. 그 해법이 곧 협업이다.

협업사업 지원 내용

융합 R&D와 연계지원 모델, 협업 컨설팅 전문기관에 맡겨야

협업 지원사업은 전술한 바와 같이 2007년부터 시작하여 중소벤처기업부가 2009년 1월 12일부터 '중소기업 간 협업사업 지원 운영 요령'을 제정고시하면서부터 본격적으로 시행하고 있다. 정부가 융합산업정책을 적극적으로 펼치고 있는 궁극적인 목적은 국민경제 발전과 우리 인간의 삶의 질을 향상시키기 위해서이다. 협업 지원사업도 융합산업정책의 한 유형이다. "협업"이란 여러 개의 기업이 제품개발, 원자재 구매, 생산, 판매 등에서 각각의 전문적인 역할을 분담하여 상호보완적으로 제품을 개발·생산·판매하거나 서비스를 제공하는 것을 말한다. 다만, "농공상 융합형 협업"은 국내 농림수산물을 생산하는 중소기업이 참여업체가 되는 것을 말한다. "협업체"란 협업사업을 수행하기 위하여 2개 이상의 중소기업이 협업사업계획을 수립하고 협업계약을 통해 결성한 기업군을 말한다. 이렇게 성립한 협업은 경영환경이 열악한 중소기업들에게 신 비즈니스 창출과 기업의 경쟁력을 강화할 수 있는 기회를 가져다준다. 따라서 협업은 국가의 산업지원정책 차원과 개별 중소기업의 경쟁력 강화 차원에서 대단히 중요한 의미를 지니고 있다고 볼 수 있다. 2014년 말 현재 협업사업계획 승인 건수가 196건으로 활성화되지 못하고 있음을 알 수 있다.

구 분	'07년	'08년	'09년	'10년	'11년	'12년	'13년	'14년	합계
협업 승인 건수	5	48	31	12	15	33	24	28	196
참여기업 수	15	112	76	30	34	72	77	65	481

_____ 2015년 중소기업 CEO NCS기반 융합 및 협업 세미나(2015.08.21.) 자료 인용

그러나 중소기업융합중앙회가 네트워크형 기술개발지원사업을 시행하면서 그 활기를 되찾고 있는 모습이었다. 정부가 협업사업의 정체성을 못 찾고 있다는 반증이다. 정부가 적극적으로 펼치고 있는 수조 원 대의 융합 R&D 지원사업 예산규모에 비하면 미미한 수준에 머물러 있다. 협업사업지원의 관리 및 협업사업계획의 평가·심의·점검 등의 업무 등을 수행하는 기관으로 지방중소기업청 및 제주특별자치도가 관리기관이다. 관리기관의 장은 승인 사업계획의 참여업체에 대하여 첫째 보증 지원사업, 둘째 자금(시설·운영) 지원사업, 셋째 컨설팅 지원사업, 넷째 정보화촉진 지원사업, 다섯째 기술개발 지원사업, 여섯째 투자유치 지원사업, 일곱째 판로 및 수출 지원사업, 여덟째 그밖에 사업계획 추진에 필요한 사업 등을 우대하여 지원하거나 해당 지원기관의 장에게 우대지원을 요청할 수 있도록 규정하고 있다. 그러나 현실적으로 연계 지원사업이 활성화되지 않고 있다. 보증 지원사업의 경우 기술신용보증기금이나 신용보증기금 등의 연계지원은 아직 제도의 발굴도 못하고 있는 실정이다. 자금(시설·운영) 지원사업의 경우 협업사업 승인업체에 대하여 지원하고 있는 협업자금도 중소벤처기업진흥공단의 협동화 자금과 통합하여 운영하다 보니 실제로 협업사업 승인을 받고도 협업자금으로 지원하는 것이 아니라 협동화 자금으로 지원하거나 심지어는 신성장 기반자금

등으로 유도하여 다른 자금으로 지원하는 실정이다. 그러므로 협업체 대부분이 협업사업 승인에 대한 실효성을 느끼지 못하고 있다. 컨설팅 지원사업의 경우 컨설팅 지원사업이 시행되었던 2008년에는 협업 지원사업 제도 도입 이후 한 해 최대의 승인 건수인 48건의 승인 기록을 나타냈다. 이는 컨설팅 지원이 있는 경우 협업이 활성화된다는 것을 시사한다. 이러한 지적에 대하여 중소벤처기업부가 제도를 도입하여 2019년 이후 '협업 선도기업 발굴 및 육성사업', 「협업과제발굴 소그룹 지원사업(산·학·연 10개 이상)이 참여)」, '협업 비즈니스모델 개발지원 사업(3개 이상의 중소기업:네트워크구성)', '지역혁신형 협업체결성 지원사업(추진기업+참여기업 등 5개 이상 중소·중견기업 참여)', '지역혁신형 협업(사업화)계획 추진 지원사업(추진기업+참여기업 3개 이상 중소기업 참여)'등의 지원사업을 거쳐 2021년부터는 『중소기업 네트워크형기술개발사업(혁신형 중소기업 중심의 3개 이상 중소기업의 네트워크 구성)』으로 발전하여 협업 활성화를 위하여 노력하고 있다. 그동안 제도의 문제점을 살펴보면, 활성화될 수 없는 구조였다. 중소기업이 협업체를 구성하기란 대단히 어렵다. 그런데 동 사업들은 모두가 3개 이상의 협업체 구성을 조건으로 내세웠다. 심지어는 5개 이상을 요구하였다. 실제로 중소기업이 파트너 기업을 찾기란 쉽지 않다. 이는 현실을 도외시한 제도였다. 따라서 2개 이상이면 쉽게 접근할 수 있도록 문호를 열어야 한다. 이러한 점을 감안하면 『중소기업 네트워크형기술개발사업』의 경우 바람직한 제도의 시행으로 평가된다. 그리고 운영기관을 별도로 지정하여 운영하는 것으로 추진하고 있어 진일보한 것으로 평가된다. 그러나 운영기관 지정에 있어서 당해 협단체인 중소기업융합중앙회가 되어서는 아니 된다. 협업 컨설팅 전문기관이 아니기 때문이다. 중소기업융합중앙회는 협업체 홍보·모집·관리에 그쳐야 한다. 협업 컨설팅은 협업 컨설팅 전문기관에 맡겨야 그 전문성이 확보될 수 있다. 기존에 양성해 두었던 협업전문가도 배제하고 새로운 협업전문가로 운영하고 있다. 진입조차 못하게 막고 있다. 기존 협업전문가를 양성하기 위해서 얼마나 많은 예산을 쏟아부었는가. 그들을 활용하지 않는다면 그에 매몰된 비용은 어디서 회수할 것인가. 예산이 낭비되었다는 얘기가 된다. 기술개발 지원사업의 경우에도 컨설팅 지원사업과 기술료 예산으로 기술개발 지원을 한 2008년도에 협업사업 승인 건수가 가장 많은 기록을 나타내고 있다. 투자유치 지원사업 역시 제도 도입이 안 되고 있는 실정이다. 판로 및 수출 지원사업의 경우 2010년, 2012년, 2013~2015년도에 일부 시장화 지원사업을 하여 협업사업의 활성화에 기여한 바 있다. 그밖에 사업계획 추진에 필요한 사업을 연계하여 지원할 수 있는 근거 규정은 마련해 놓고 있으나 활성화되지 못하고 있다. 그동안 지원되었던 프로그램을 정리해 보면, 첫째 협업 사업계획의 안정적 추진을 위한 판로개척, 기술 및 제품개발, 원자재 구매, 상표개발 등에 소요되는 시설 및 운전자금의 융자지원, 둘째 협업 시장화에 소요되는 시제품 제작, 브랜드 개발, 마케팅 소요경비를 지원하는 사업화 도우미 프로그램과, 셋째 선정 협업체에 대하여 17개 정부 지원사업 참여 시 가점 및 우대사항 등이다(가점 제도는 기관에 따라 수시로 변하고 있음). 동 운영요령 제18조에 규정된 연계지원 내용만이라도 좀 더 충실하게 운영된다면 협업사업은 활성화될 것이다. 이에 못지않게 중요한 것이 협업문화의 확산이다. 전국 단위의 협업체 협의회를 구성하여 중소 · 중견기업에 협업문화가 확산될 수 있도록 교류회, 설명회, 세미나 등을 지원하고 위에서 지적한 바와 같이, 협업 컨설팅 운영기관을 지정하는 방안도 적극적으로 검토되어야 할 것이다. 이미 지적한 바 있듯이 융합 R&D 결과는 기술융합을 통한 기술개발이나 신제품 개발에 머물러서는 아니 된다. 융합 R&D의 궁극적인 목적은 신 비즈니스모델 구축을 통한 협업사업으로 이어져야 한다. 협업사업이 전제되지 아니한 융합 R&D는 자칫 국고 낭비와 시간 낭비의 결과를 초래하여 오히려 중소기업의 경쟁력을 약화시키는 결과가 될 수 있다. 즉, 융합과 협업은 둘이 아니다. 융협불이(融協不二)를 명심해야 할 것이다.

협업사업 추진단계

단계별 프로세스에 충실하라

협업사업을 추진하려면 독자적으로 추진하는 비즈니스모델보다 복잡한 것이 사실이다. 둘 이상의 업체가 상생하는 모델을 만들어야 하기 때문이다. 그만큼 사전준비와 진행과정에서의 협조가 필요하다. 협업사업의 추진단계는 일반적으로 준비단계, 협업체 구성단계, 계획수립단계, 사업화 단계로 구분할 수 있다.

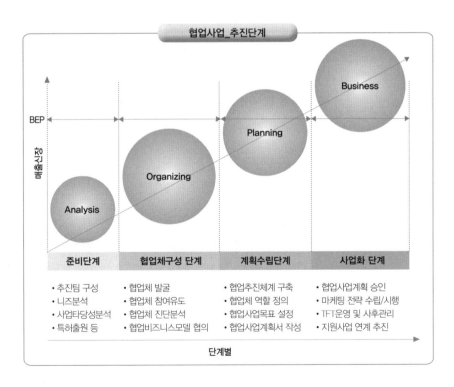

협업사업_추진단계

준비단계	협업체구성 단계	계획수립단계	사업화 단계
• 추진팀 구성 • 니즈분석 • 사업타당성분석 • 특허출원 등	• 협업체 발굴 • 협업체 참여유도 • 협업체 진단분석 • 협업비즈니스모델 협의	• 협업추진체계 구축 • 협업체 역할 정의 • 협업사업목표 설정 • 협업사업계획서 작성	• 협업사업계획 승인 • 마케팅 전략 수립/시행 • TFT운영 및 사후관리 • 지원사업 연계 추진

첫째 준비단계에서는 추진팀 구성, 니즈분석(Needs Analysis), 사업타당성분석, 특허출원 등에 대한 분석이 필요하다. 그래서 분석(Analysis)단계라고도 한다. 먼저 기업을 대표하여 협업을 추진할 수 있는 사람을 선발해서 추진팀을 구성하고, 협업이 가능한 분야와 아이템에 대한 분석을 통하여 협업 니즈(Needs)를 분석한다. 또한 가능하다면 동 협업 아이템에 대한 사업타당성을 분석하여 사업화 가능성을 분석한다. 더 나아가동 아이템에 대한 지적재산권 확보를 위하여 특허출원 등의 조치도 필요하다. 모처럼 성사된 협업 모델이기 때문에 지적재산권 확보를 통하여지속성장이 가능한 비즈니스모델을 구축하여야 한다.

둘째 협업체 구성단계에서는 협업체 발굴, 협업체 참여유도, 협업체진단 분석, 협업 비즈니스모델 협의 등이 필요하다. 협업체의 발굴은 평소 융합교류회 활동이나 사업상 관계를 맺어 신뢰관계가 구축된 기업을대상으로 하는 것이 바람직하다. 구상하고 있는 협업 아이템에 대한 설명을 통하여 협업체에 참여할 것을 유도하거나 권고하여 승낙을 얻어낸다. 이렇게 하여 협업체가 구성이 되면 협업체에 대한 일반적인 기업현황을 진단 분석하고, 구체적인 협업 비즈니스모델 협의에 들어간다. 따라서 이 단계는 조직화(Organizing)단계라고도 한다.

셋째 계획수립단계이다. 여기서는 협업추진체계 구축, 협업체 역할 정의, 협업사업목표 설정, 협업사업계획서 작성 등의 작업이 진행된다. 협업 참여업체 별로 참여인력을 확정하고 태스크 포스 팀(Task Force Team)을 구성하여 추진체계를 구축한다. 협업체별로 기능을 분담하고 기능별역할을 정의한다. 협업사업이 추구하고자 하는 궁극적인 목적과 달성하고자하는 목표를 구체적으로 설정한다. 협업사업의 목적과 목표에 따라세부 실행계획을 정하여 사업계획서를 완성한다. 사업계획의 내용에는 사업계획 목표, 참가업체와 추진주체의 명칭·주소 및 대표자의 성명, 사업내용과 실시기간, 참가업체가 제공한 설비·기술 등 경영자원, 자금 조달 방법 등이 포함되어야 한다. 협업사업 선정으로 인하여 정부의 지원을 받기 위해서는 필수적 기재사항으로 해석된다. 따라서 이 단계는 기획(Planning)단계라고도 한다.

넷째 사업화 단계이다. 여기서는 협업사업계획 심의를 통한 협업체 선정, 마케팅 전략 수립/시행, TFT운영 및 사후관리, 지원사업 연계 추진 등이 이루어진다. 전 단계에서 완성된 사업계획서는 중소기업 진흥에 관한 법률 제37조의 규정에 의거 중소벤처기업부장관의 선정을 받는다. 반드시 중소벤처기업부장관의 선정을 요하는 것은 아니다. 동법 제39조의 규정에 의한 협업자금 지원, 정보제공, 정보화 촉진, 인력 양성 및 지도·연수, 기술개발자금 출연 등에 대하여 정부지원이 필요한 경우에 한한다. 현실적으로 중소기업들은 경영환경이 열악하기 때문에 정책자금을 활용하기 위하여 협업사업 선정을 받고 있는 실정이다. 협업사업 선정이 정책자금을 활용하기 위한 수단으로 전락해서는 아니 된다. 경험에 의하면 정책자금 지원이 안 될 경우에는 대부분 협업사업이 흐지부지해지고 실패로 끝나고 만다. 여기서 간과해서는 아니 될 사항은 협업사업화의 성공이라는 점이다. 협업사업의 목적은 경영환경이 열악한 중소기업 간, 소상공인 간 신 비즈니스 창출에 있다. 따라서 모처럼 성사된 비즈니스모델이 성공으로 이어지려면 순수 비즈니스모델로 접근해야 한다. 그러나 사업화 성공을 위해서는 정부의 선정을 받아 놓는 것이 바람직할 것이다. 협업 비즈니스모델이 정부의 선정사업이라는 점 때문에 협업체 상호 간의 신뢰관계 형성에 도움이 된다. 또한 해외 진출 시에도 정부가 선정한 비즈니스모델이라는 점에서 해외 바이어들에게 신뢰감을 주어 마케팅 전략적으로 좋은 영향을 미친다. 이렇게 성립된 협업사업의 성공을 위해서는 당해 사업 아이템에 대한 마케팅 전략 수립 및 시행이 필요하다. 나아가 조직의 지속성장이 가능하도록 TFT 운영 및 사후관리의 지속적인 관리운영이 요구된다. 협업사업 선정 업체에 대하여는 기본적으로 18개의 정부부처 지원사업 참여 시 가산점을 부여하도록 되어 있다. 정부의 각종 지원사업에 참여하여 연계 추진함으로써 협업사업의 성공에 도움이 될 것이다. 현실적으로 이러한 프로세스에 의하여 협업사업을 추진하는 것은 만만치가 않다. 그러나 신 비즈니스 창출을 위한 순수 목적을 가지고 단계별 프로세스를 충실히 따른다면 협업사업의 성공은 앞당겨질 것이다.

협업사업
평가기준

서비스업에도 확대해야

협업사업은 중소기업들이 자율적으로 협업체를 구성하여 추진할 수도 있겠으나 그리하면 협업사업의 객관성이나 공정성이 담보되기 어렵다. 그렇기 때문에 중소벤처기업부의 선정제도를 활용하여 지정받은 후 정부 지원사업과 연계하여 추진하는 것이 일반적이다. 이 과정에서 협업사업에 대한 평가를 받게 된다. 현행 평가기준은 크게 사업계획의 적정성(85점)과 기대효과(15점)로 구성하여 100점을 만점으로 평가한다. 사업계획의 적정성은 협업사업의 필요성 및 협업체 구성의 적절성(25점), 협업사업의 안정성(5점), 협업사업계획의 실현가능성(10점), 협업사업 추진 능력(45점)으로 구성된다. 이를 다시 세분화하면 협업사업의 필요성 및 협업체 구성의 적절성을 협업사업의 추진 필요성 및 추진 의지(15점), 협업체 구성의 적절성(10점), 협업사업계획의 실현가능성은 협업제품의 기술성 및 시장성(10점)으로, 협업사업 추진 능력은 생산능력, 마케팅 능력, 연구개발 능력으로 구분하여 각각 15점씩 부여하여 평가하고 있다. 그러나 현재의 평가기준은 지나치게 제조업 중심의 협업 비즈니스모델 지향적으로 설정되어 있다는 비판을 받고 있다. 오늘날 협업의 형태는 다양하게 전개되고 있다. 국가 경제발전의 수준이 높아지면 지식·서비스 지향적 업종이 확대 발전되는 것이 일반적이다. 평가기준도 이러한 현상을 반영해야 할 것이다. 따라서 여기서는 서비스업종을 추가한 평가기준을 제시해 본다. 현행 평가기준에서 사업계획의 적정성(85점)과 기대효과(15점)로 구성되어 있는 것을 사업계획의 적정성(85점)과 기대효과(15점)로 100점 만점으로 그대로 구성한다. 사업계획의 적정성은 협업사업의 필요성 및 협업체 구성의 적절성(25점), 협업사업의 안정성(10점), 협업사업계획의 실현가능성(10점), 협업사업 추진 능력(40점)으로 구성한다. 이를 다시 세분화하면 협업사업의 필요성 및 협업체 구성의 적절성을 협업사업의 추진 필요성 및 추진의지(15점), 협업체 구성의 적절성(10점)으로, 협업사업계획의 실현가능성은 협업제품의 기술성 및 시장성(10점)으로, 협업사업 추진 능력은 생산능력, 마케팅 능력, 연구개발 능력, 서비스 능력으로 구분하여 40점 만점으로 한다. 협업사업 추진 능력은 협업유형(생산 중심형 협업사업, 마케팅 중심형 협업사업, 연구개발 중심형 협업사업, 서비스 중심형 협업사업 등)에 따라 당해 중심 유형의 가중치를 62.5%로 하여 25점으로 배점하고, 나머지 15점을 3유형에 각각 5점씩 균분한다.

▎ 현행 협업사업 평가지표 *

평가항목			배점		점수
대항목	중항목	소항목	점수	소계	
사업계획의 적정성 (85점)	협업사업의 필요성 및 협업체 구성의 적절성	협업의 추진 필요성 및 추진 의지	15		
		협업체 구성의 적절성	10		
	협업기업의 안정성	협업기업의 안정성	5		
	협업계획의 실현가능성	협업제품의 기술성 및 시장성	10		
	협업 추진 능력	생산 능력	15		
		마케팅 능력	15		
		연구개발 능력	15		
기대효과(15점)			15		
합 계			100		

_____ 중소기업 간 협업지원사업 운영요령, 별지2.

평가항목			배점		점수
대항목	중항목	소항목	점수	소계	
사업계획의 적정성 (85점)	협업사업의 필요성 및 협업체 구성의 적절성	협업의 추진 필요성 및 추진의지	15		
		협업체 구성의 적절성	10		
	협업기업의 안정성	협업기업의 안정성	10		
	협업계획의 실현가능성	협업제품의 기술성 및 시장성	10		
	협업사업 추진 능력	생산 능력	40		
		마케팅 능력			
		연구개발 능력			
		서비스 능력			
기대효과(15점)			15		
합 계			100		

서비스 중심형 협업사업에는 기술표준원에서 시행하는 서비스품질 평가지표를 준용하여 리더십 부문에서는 서비스품질 경영전략, 고객 및 시장 정보 시스템, 고객접점 서비스 운영관리, 인적자원 및 조직관리 등의 평가지표를 설정하고, 리더십 평가지표는 서비스 경영철학, 서비스 리더십과 기업문화, 기업윤리와 사회적 책임 등의 항목을 설정한다. 서비스 품질 경영전략 평가지표는 서비스 품질 목표 및 수립체계, 서비스 품질 실천계획 수립 및 전개, 서비스 품질 평가체제와 활용 등의 평가지표를 설정하고, 고객 및 시장 정보 시스템 부문에서는 고객과 시장에 대한 구분체계, 고객정보 및 VOC(고객의 소리) 수집체계, 고객정보 및 VOC 대응체계, 고객 요구사항의 해결 및 활용체계 등의 평가지표를 설정한다. 고객접점 서비스 운영관리 평가지표는 접점업무 프로세스의 고객지향성, 서비스 표준의 설정 및 이행정도, 고객불만 처리 및 서비스 회복, 서비스 프로세스 개선 및 실행, 제품/서비스의 안전 및 품질 시스템 등의 평가지표를 설정한다. 인적자원 및 조직관리 부문에서는 종업원의 교육훈련 및

인재육성, 종업원의 동기부여 및 참여, 종업원의 복리후생 및 만족, 협력
업체 관리 및 지원체계 등의 평가지표를 설정한다. 여기서 협업 비즈니스
모델 구축을 위한 접근방법을 고려하지 않을 수 없다. 비즈니스모델은 주
로 이익배분과 직결되어 있다. 이익배분은 참여업체 간의 기여도와 상호
간의 합의에 따라 설정하는 것이 바람직하다. 첫째 융합지수 기술기여도
법이다. 이는 협업체 간 기술융합을 통하여 R&D 중심형으로 접근할 때
바람직한 모델이다. 둘째 납품단가기준법이다. 이는 공정별 원재료 납품
가격을 기준으로 설정하는 모델이다. 셋째 공동배분법이다. 이는 협업체
기여도를 균등한 것으로 가정하고 1/N로 나누어 산정하는 방식이다. 넷
째 공동배분 증감법이다. 이는 공동배분법에 각각의 협업체가 제공한 요
소기여율을 증감하는 방식이다. 다섯째 총합배분법이다. 이는 위의 네 가
지 방식을 모두 고려하여 이익배분율을 산정하는 방식이다.

1) 융합지수법 : 기술기여도

대분류		중분류		소분류		기술기여도	H_소분류		H_중분류		H_대분류	
							기술기여도 (A)	A*A	기술기여도 (B)	B*B	기술기여도 (C)	C*C
K	전기 / 전자	K04	반도체소자	K0402	화합물소자	0.2	0.2	0.04	0.2	0.04	0.4	0.16
		K06	가정용기기	K0603	조명기기	0.2	0.2	0.04	0.2	0.04		
L	정보 / 통신	L09	RFID/USN	L0901	RFID 기술	0.2	0.2	0.04	0.4	0.16	0.4	0.16
				L0903	모바일	0.2	0.2	0.04				
J	화공	J02	나노화학 공정기술	J0202	나노화학 공정기술	0.2	0.2	0.04	0.2	0.04	0.2	0.04
합계 Herfindahl(D)						1.0	1.0	0.20	1.0	0.28	1.0	0.36
Berry-Hefindahl(1-D)								0.80		0.72		0.64
융합지수						2.16(0.80+0.72+0.64						

- 이익분배율 = 융합지수 기술기여도 적용

2) 납품가기준법 : 공정별 원재료가격

- 이익분배율 = 공정별 원재료 납품가격 조정

3) 공동배분법 : 기여율/n

- 이익분배율 = 기여도 균등 : 기여율/n

4) 공동배분 증감법 : 기여균등 ± 요소기여율

- 이익분배율 = 기여도 균등 : 기여율/n ± 요소기여율

5) 총합배분법 : 1)+2)+3)+4) = 5)

- 이익분배율 = 1), 2), 3), 4)위 방법을 종합적으로 고려

이와 같이 협업사업은 산업의 발전에 따라 협업의 유형을 탄력적으로 확대 적용해야 하며, 협업 비즈니스모델 구축을 위한 평가기준도 합리적으로 개선해야 할 것이다.

협업사업 발굴 :
추진 일정에 따라 차근차근히

이제부터 협업사업 접근방법에 대하여 이야기해 보자. 협업은 비즈니스적 사고로 접근해야 한다. 비즈니스는 시작부터 명확한 목표의식을 가지고 출발해야 한다. 자칫 동업으로 흐를 우려가 있기 때문이다. 동업은 네 돈이 내 돈, 내 돈은 내 돈, 처음에는 천생연분 나중에는 합의이혼, 잘되면 내 탓 안 되면 네 탓으로 귀결되는 경우가 많았다. 동업에서는 같은 아이템을 가지고 공동으로 투자하고 공동으로 경영한다. 그렇기 때문에 책임경영의 한계가 있어 성공하기 어려운 것이다. 그래서 동업은 절대로 하지 말라고 경험자들은 권유한다. 그러나 협업의 경우는 다르다. 경영의 주체는 각각 다르게 존재하면서 역할분담에 의하여 특정 아이템에 대한 비즈니스모델만 같이 가지고 간다. 따라서 여기서는 철저한 사전준비 절차를 거쳐야 한다. 협업사업 발굴을 위한 준비절차를 일정에 의거해 하나하나 추진해 나가야 할 것이다. 여기서는 융합교류회 활동을 중심으로 설명하고자 한다. 앞서 추진일정은 10회 정도로 설정하는 것이 바람직하다는 이야기를 한 바 있다. 아래의 도표는 추진일정 표준안을 제시한 것이므로 적절히 활용하면 될 것이다.

10일차	중장기 종합 사업계획서/종합보고서 작성
9일차	융합과제 제안서/신비즈니스 사업계획 완성 및 선정신청
6~8일차	융합과제 제안서/신 비즈니스 사업계획서 작성(Ⅰ~Ⅲ)
5일차	협업체 구성 및 역할분담
4일차	융합과제 선정
3일차	융복합교류회/TFT구성
2일차	융합과제 발굴기업 특강
1일차	Kick off/교류회분석

우선 융합교류회나 사업 파트너 혹은 신기술, 신제품 개발을 위하여 필요한 당사자들 간에 1차적인 사전협의에 착수한다. 이를 킥오프(Kick off) 미팅이라고도 한다. 이 단계에서는 협업사업을 위한 상호 간의 정보파악과 협업대상 과제 발굴을 위한 활동이 필요하다. 협업사업발굴을 위한 단위교류회 현안사항 파악을 해야 할 것이다. 구체적인 산출물(Out puts)은 단위교류회의 현황분석 자료와 협업 대상 과제 개요서가 될 것이다.

둘째 융합과제 발굴기법 및 융합 비즈니스 전략 특강을 실시한다. 외부전문가의 특강 또는 자문을 통한 융합 비즈니스 전략에 대한 이해가 필요하다. 외부전문가는 융합중앙회가 보유하고 있는 융합전문가 풀을 이용하면 될 것이다. 특강을 실시한 전문가는 가능한 한 동 프로젝트의 착수에서부터 사업화 성공까지 지속적인 멘토링이 가능한 사람으로 선정하는 것이 필요하다. 왜냐하면 동업의 경우에서 볼 수 있듯이 사업추진상의 문제가 생기면 반드시 조정역할을 수행해야 하기 때문이다.

셋째 TF 팀(Task Force Team)의 구성이다. 단위교류회 내부에서 협업 대상과제를 중심으로 하여 협업사업화에 관심과 의지가 있는 회원사를 대상으로 TF 팀을 구성한다. 여기서는 회원사 현황분석 및 역량진단 등의 활동이 필요하다. 산출물은 협업역량 진단 및 기업현황 조사서, 협업과제 도출 자료, TF Team 구성현황 등이다.

넷째 협업과제 선정이다. 여기서는 협업과제 시안 검토 및 선정 등의 활동이 필요하다. 산출물은 협업과제 선정 자료가 될 것이다.

다섯째 협업체 구성이다. 여기서는 선정된 협업과제를 중심으로 성공적인 협업사업화를 위하여 꼭 필요한 협업체를 구성하고, 협업체에 대한 역할분담 협의 및 조정활동이 필요하다. 산출물로는 협업체 구성현황 및 역할분담 결의서 등이다.

여섯째 협업사업계획서 작성이다. 협업과제가 선정되고 협업체 구성과 협업체 간의 역할분담이 결정되면 본격적인 협업사업계획서 작성에 들어가게 된다. 먼저 협업사업계획서 작성 요령을 숙지하고 구체적인 작성에 들어간다. 전문가의 도움이 필요하면 협업사업계획서 작성법에 대한 특강을 실시한다. 산출물로는 협업사업계획 작성요령 및 협업사업계획서가 될 것이다. 이 단계에서는 협업사업을 성공적으로 수행하기 위한 모든 내용을 담아야 하기 때문에 충분한 시간을 가지고 추진해야 한다. 따라서 다른 단계에서보다 최소한 3배의 투입 일수를 확보해야 한다.

일차	과제	내용	산출물
1	– Kick Off Meeting – 단위교류회 현황분석	– 융합과제 발굴을 위한 단위교류회 현안사항 파악	– Kick Off Meeting – 단위교류회 현황분석자료
2	– 기술융합과제 발굴 기법 특강	– 강의제목 : 특화산업 중심의 융합과제 발굴기법	– 강의자료 : 특화산업 중심의 기술융합과제 발굴기법
3	– 회원사 현황 및 역량 분석 – 융합과제 도출 – 융복합교류회/TF Team구성	– 회원사 현황 및 역량 파악 – 융합과제 도출(RFP작성) – TF Team구성 및 교류회구성	– 회원사 현황 및 역량분석자료 – 융합과제 도출 – 융복합교류회 구성/TF Team 구성현황
4	– 융합과제 선정	– 융합과제 시안 검토 및 선정	– 융합과제 선정자료
5	– 협업체 구성	– 협업체구성(융합과제별) – 협업체 역할분담 협의 및 조정	– 협업체 구성 : 협업체 구성현황 및 역할분담
6~8	– 융복합기술개발사업 수요조사 제안서 작성 – 협업사업계획서 작성	– 융복합기술개발사업 수요조사 제안서 작성 – 융복합기술개발사업 수요조사 제안서 작성요령 특강 및 작성 – 협업사업계획서 작성 – 협업사업계획서 작성기법 특강 및 작성 – 제안서 및 사업계획서 작성 및 검토 확인	– 융복합기술개발사업 수요조사 제안서 작성 – 협업사업계획서 작성 – 강의자료 : 제안서/사업계획서 작성기법 특강자료
9	– 제안서 및 사업계획 최종검토 확정	– 융복합기술개발사업 수요조사 제안서 완성 – 협업사업계획서 완성 및 선정 신청	– 융복합기술개발사업 수요조사 제안서 – 협업사업계획서 및 선정신청서
10	– 중장기 종합보고서 작성	– 융복합교류회 사업종합보고서 작성	– 중장기 종합보고서 – 전문가 활동보고서 – 교류회 운영 사업비 증빙서류

일곱째 협업사업 선정신청이다. 여기서는 협업사업계획서 완성 및 협업사업 선정신청 활동을 한다. 산출물로는 협업사업계획서와 선정신청

서 등이다. 협업사업신청은 그동안 (재)대중소기업농어업협력재단에서 운용하고 있는 Cobiz 사이트(http://www.cobiz.go.kr/)에 접속하여 신청을 해 왔다. 2016년부터는 (사)중소기업융합중앙회로 업무이관이 되어 추진하게 되었다.

여덟째 종합보고이다. 이와 같이 추진하여 협업사업 신청이 완료되면 융합교류회 회원사들에게 종합보고회를 갖는 것이 바람직하다. 융합활동을 통하여 이루어지는 최고의 성과물이기 때문이다. 종합보고회는 그동안 추진한 내용을 추진일정별로 정리하여 주체기업 대표자가 하는 것이 좋다. 이 자리에 융합교류회 전체회원사들이 참여토록 한다면 파급효과는 더욱 클 것이다. 산출물은 종합보고서, 융합전문가 활동보고서, 협업사업화 연계처리 증빙서 등이 된다. 이와 같이 협업사업 발굴은 추진일정을 정하여 차근차근히 준비하는 것이 협업사업 성공의 지름길이다. 협업사업은 다른 경영주체와 신 비즈니스모델을 창출하는 것이기 때문이다. 협업사업은 협업 당사자와의 사소한 일에서 어긋나게 되면 일을 그르치는 경우가 허다하다.

여기에서 제시한 추진일정은 융합교류회의 사정과 형편에 따라 6개월에서 1년 정도의 기간을 두고 차분히 추진하는 것이 합당하다. 이는『서경(書經)』의 유비즉무환(有備則無患)을 생각나게 한다. 대비가 있으면 근심이 사라지게 될 것이다.[1]

---

1 『春秋左氏伝』에 전하는 고사이다. 진나라 도승이 정나라에서 보낸 값진 보물과 가희(佳姬)들을 화친(和親)의 선물로 보내오자 이것들을 사마위강에게 보냈다. 그러나 사마위강은 거부하면서 이렇게 말했다고 한다.
거안사위(居安思危)　　평안할 때에는 항상 위태로움을 생각하고
사위즉유비(思危則有備)　위태로움을 생각하면 항상 대비해야 합니다.
유비즉무환(有備則無患)　사전대비가 있으면 환난이 없을 것입니다.

협업사업 발굴 :
자신부터 열고 비워야

협업사업은 나 자신을 오픈(Open)하는 것에서부터 시작해야 한다. 나의 정보를 열지 않으면 상대방도 절대 열지 않는다. 그래서 노자(老子)는 "유지이위리, 무지이위용(有之以爲利, 無之以爲用)"이라고 말했다. '있다고 하는 것이 이롭다고 하는 까닭은 없음이 쓰이기 때문이라는 것이다.' 다시 말해서 상대방이 있음으로써 유익한 것은 바로 상대방의 빈 공간을 사용할 수 있기 때문이다. 속이 꽉 차있는 상대방에게는 비집고 들어갈 틈이 없기 때문에 교류할 여지가 없다. 협업사업은 바로 이런 점에서 경영환경이 열악한 소상공인이나 중소기업들에게 반드시 필요한 비즈니스모델인 것이다. 자신의 빈 공간을 보여주려면 자신을 오픈하는 길밖에 없다. 자신의 정보를 하나하나 오픈함으로써 자신이 발견하지 못하는 빈 공간을 상대방이 발견해서 채워주는 것이다. 그럼으로써 서로가 채워 줄 수 있는 협업 비즈니스모델을 발견할 수 있다. 여기서는 기업이 자사를 오픈하는 방법에 대하여 생각해보자. 자사를 오픈하려면 자사의 현황과 역량부터 하나하나 분석하고 정리해야 한다.

첫째 기업의 일반현황을 분석하고 정리한다. 회사명, 설립일, 종업원수, 주주현황, 자본증감, 대표자 변경, 수상경력, 주요 경영현황과 조직도, 대표자 인적사항, 주요 경영기술진, 연구개발 현황 등에 대하여 기술한다. 이는 협업체 당사자의 전반적인 기업역량을 파악하는 데 도움을 준다.

둘째 주력제품 및 기술현황에 대하여 분석하고 정리한다. 우선 제품별 설명 및 제품사진을 정리한다. 그다음으로 기술의 개발기간, 개발비용, 개발방법, 특허권 및 저작권 등에 대한 권리구분, 제품 및 기술 개요와 특성, 국내외 개발 및 상품화 현황, 경쟁사 제품과의 품질·가격·기술의 비교, 자사제품의 장점 등을 정리하고 핵심기술의 발전 동향과 신제품 개발계획 등 기술동향에 대하여 기술한다. 이는 협업체 당사자의 기술개발 역량을 파악하는 데 도움을 준다.

셋째 마케팅 관련 현황을 분석하고 정리한다. 제품의 주 판매처와 점유율, 경쟁사 업체현황, 목표시장의 정의, 국내외 시장규모, 주요수요처 현황, 제품·가격·판매전략·유통채널 등의 마케팅 활동 등에 대하여 기술한다. 이는 협업체 당사자의 마케팅 역량을 파악하는 데 도움을 준다.

넷째 재무관련 사항을 분석·정리한다. 총자산, 부채총액, 자본총액, 매출액, 당기순이익 등 재무상황과, 매출액, 당기순이익이 포함된 5개년 정도의 추정손익계산서, 주요제품 및 기술별 매출현황 등을 작성한다. 이는 협업체 당사자의 재무역량을 파악하는 데 도움을 준다.

다섯째 정부지원 및 정책자금 지원현황을 분석·정리한다. 기술개발 사업, 마케팅 및 기업지원, 자금지원 및 기타 정부 또는 기업지원기관 수혜현황을 기술한다. 이는 정부 지원사업의 참여도와 역량을 파악하는 데 도움을 준다.

여섯째 애로 및 협력사항의 파악이다. R&D, 생산, 시설, 인력, 재무, 기타사항에 대하여 부문별로 주요 애로사항과 협력이 필요한 사항을 파악하여 분석·정리한다. 위의 다섯 가지 분석하고 정리한 내용들은 여섯째 애로 및 협력사항의 파악을 위한 사전 작업으로 생각하면 된다. 이러한 과정을 통하여 당해 기업의 부족한 부분과 새롭게 채워야 할 부분, 협력이 필요한 사항을 쉽게 찾아낼 수가 있게 되는 것이다. 이렇게 함으로써 협업의 방향성이 설정되고 협업과제를 도출할 수 있다. 즉흥적인 협업과제 도출은 자칫 사상누각(砂上樓閣)의 협업사업이 되게 할 공산이 크다. 왜냐하면 기초가 튼튼하지 못한 기반 위에 집을 짓는 격이 되어 협업사업이 실패할 확률이 크기 때문이다.

이렇듯 협업사업은 단순히 정부의 정책자금이나 기술개발 지원자금을 얻어 내기 위한 방편으로 활용되어서는 아니 된다. 늘 강조하는 바이지만 순수한 비즈니스모델로 접근해야 한다는 점을 잊어서는 아니 될 것이다. 정책자금이나 기술개발 자금 수혜 목적으로 접근한다면 애초부터 협업사업을 시작해서는 아니 된다. 차라리 정부의 다른 지원사업에 참여하는 것이 바람직하다. 공급자인 정부의 입장과 수요자인 기업의 입장 모두 피해자가 될 뿐이다. 정부 차원에서는 국고의 낭비가 초래될 것이고, 수요자 입장에서는 공연한 시간 낭비의 결과만 초래하게 될 것이다. 철저한 사전 준비 과정이 필요하다는 이야기이다. 그러나 소상공인과 경영환경이 열악한 중소기업의 입장에서는 위에서 열거한 경영역량에 대한 분석과 정리가 쉽지 않은 것도 사실이다. 위에서 열거한 내용들을 정리하려면 아마도 전문가를 투입하여 정리해야 할 정도로 정리하고 분석할 내용이 많을 뿐만 아니라 전문적인 지식이 필요하기도 하다. 너무 깊이 생각하다 보면 아무 일도 할 수 없게 된다. 차근차근히 시간을 두고 준비해야 한다. 그만큼 위에서 제시한 정리하고 분석한 내용들을 염두에 두고 심사숙고해서 접근해야 하며, 열린 마음과 지나친 욕심을 비우는 자세로 접근하라는 메시지임을 명심해야 할 것이다.

협업과제 도출

"욕속부달 욕교반졸(欲速不達 欲巧反拙)"의 자세로 접근해야

협업과제의 도출은 철저한 자사의 분석으로부터 출발한다. 기업현황 조사를 통한 자사분석에 대해서는 이미 살펴보았다. 따라서 이를 기반으로 협력이 필요한 사항을 중심으로 협업과제를 도출한다. 협업과제가 도출되면 사업의 목표 및 사업의 내용을 정리해 나간다. 이를 통한 기대효과와 기대수익을 분석하고 정리한다. 명확한 비즈니스 목표와 분명한 이익공유가 전제되어야 한다는 말이다. 협업사업은 신 비즈니스 창출을 통한 기업의 경쟁력을 강화시키는 것이 궁극적인 목적이기 때문이다. 이를 달성하기 위해서 협업사업명(아이템)을 무엇으로 할 것인가를 정하고, 사업기간을 설정한다. 또한 추진주체와 참가업체를 확정하고 업체별 현황을 정리하고 분석한다. 참여업체를 중심으로 사업운영 추진체계를 상호 협의하여 정한다. 협업사업 참여분야에 따른 업무수행에 맞추어 역할을 구체적으로 분담하고 업무내용을 기술한다. 이때 역할분담 내용을 그림으로 표시하면 더욱 효과적일 것이다. 협업사업의 추진계획은 사업의 목적 및 필요성과 사업내용을 분석 및 정리하여 기술한다. 사업의 내용은 기술성과 시장성으로 나누어 분석한다. 기술성은 관련 기술의 현황, 당해 기술의 우수성과 독창성 등이 부각되도록 한다. 그로 인한 파급효과와 활용방안에 대하여 기술한다. 시장성의 경우 당해 기술사업 아이템의 시장규모와 국내외 시장 특성, 국내외 주요 수요처 현황, 마케팅 계획 등

시장진출 계획에 대하여 상세하게 정리하여 기술한다. 협업사업을 추진함에 있어서 정책자금이 필요한 경우, 그에 관한 융자제한 조건을 자세히 살펴야 할 것이다. ① 업종별 융자제한 비율표의 업종별 융자제한 부채비율을 초과하는 기업, ② 제조업의 경우 산업집적 활성화 및 공장설립에 관한 법률에 의한 무등록 공장, ③ 유가증권시장 또는 코스닥시장 상장기업, ④ 최근 2년 이내 자체 신용으로 공모 회사채를 발행한 기업, ⑤ 중소벤처기업진흥공단 신용평가 B+등급 또는 신용평가회사의 BB 이상 등급인 중소기업, ⑥ 전국은행연합회의 '신용정보관리규약'에 따라 연체, 대위변제·대지급, 부도, 관련인, 금융질서문란, 화의·법정관리·청산절차 등의 정보가 등록 또는 해제된 사실이 게재되어 있는 자, ⑦ 세금을 체납 중인 기업, ⑧ 기금 대출 잔액 20억 원 이상인 업체로서 감사보고서 미제출 업체, ⑨ 임직원의 자금횡령 등 사회적 물의를 일으킨 기업, ⑩ 기타 허위 또는 부정한 방법으로 융자를 신청하거나 대출자금을 융자목적이 아닌 용도로 사용한 기업, ⑪ 다음 사유가 발생한 업체로서 사유 발생일로부터 6개월이 경과하지 아니한 기업, ⑫ 구조조정자금 중 무역조정 지원사업의 지원대상은 위 ③ 내지 ⑤는 적용을 제외하는 사항 등에 관하여 살펴야 한다. 자금을 목적으로 협업사업을 추진하는 것은 바람직하지 않다. 협업사업 추진 과정 중에 정책자금의 필요성이 부득이하게 대두된 경우에 활용하는 것이 바람직하다. 아울러 ① 신청 월 또는 최근년도 결산자료상 매출액 대비 차입금 비율이 1배 초과한 경우, ② 신청 월 또는 최근년도 결산자료상 자본 잠식률이 20% 이상인 경우(3년 미만 기업 및 개인기업의 경우 자본총계가 음인 경우), ③ 전기 대비 매출액이 50% 이상 감소한 경우, ④ 신청월 현재 금융기관 등의 대출금을 30일 이상 연체 중이거나 최근 3개월 이내 10일 이상의 연체가 2회 이상인 경우, ⑤ 최근 3년간 당기순손실이 계속된 경우 등에 대하여도 사전 검토해야 한다. 융자제한 조건에 해당하지 않더라도 위의 검토사항 중 세 가지 이상 해당하는 경우에는 정책자금을 이용할 수가 없다. 이와 같이 협업사업은 순수 비즈니스모델로 접근하여 추진하는 경우에는 대단히 바람직한 사업모델이 될 수 있으나 정부의 정책자금을 받고자 하는 경우에는 접근하기가 어려운 것이 현실이다. 정부의 각종 지원사업에 참여하는 경우 가산점을 부여받거나 마케팅 전략 차원에서 협업사업을 활용하는 것이 바람직하다. 중소벤처기업부에서 시행하는 현행 협업사업 선정제도는 자칫 규제제도로 오인되기 쉽다. 그러므로 중소벤처기업부의 협업사업 선정 시 지원하는 정책자금은 협업사업 선정과는 별개의 제도로 운영하는 것이 바람직하다. 이와 같이 협업사업을 추진하는 절차가 중소기업의 입장에서는 쉽지 않은 것도 사실이다.

따라서 적절히 전문 컨설턴트의 도움을 받는 것도 현명한 방법이다. 이 경우, 첫째 융합 및 협력활동 지원사업의 이해, 둘째 협업사업 발굴기법 및 협업체 구성 지도, 셋째 협업사업계획서 작성 지도, 넷째 협업사업계획서 작성 및 선정 신청절차 지도 등의 단계를 거쳐 체계적으로 접근하는 것이 바람직하다. 협업사업은 상대방이 있는 비즈니스모델이다. 따라서 "욕속부달 욕교반졸(欲速不達 欲巧反拙)"의 자세로 접근해야 할 것이다. 급하게 서두르면 일이 성사되기 어렵고, 너무 잘하려고 하다가는 오히려 일을 그르칠 수 있으니까 말이다.[1]

---

1 『논어(論語)』의 「자로」편(子路篇)에 나오는 이야기이다. 자하(子夏)가 거보라는 고을의 태수가 되면서 공자에게 정치하는 방법을 묻자 공자가 대답하였다. "급히 서두르지 말고 작은 것에 집착하지 말라. 급하게 서두르면 일이 성사되기 어렵고(欲速不達), 작은 것에 너무 매달리다 보면 큰일을 이루지 못하기 때문이다(欲巧反拙)." 정치가들이 임기 안에 자신의 치적을 남기고 싶어 하는 속성을 잘 꼬집어 놓은 말이기도 하지만 일반인들도 갖기 쉬운 잘못된 마음가짐을 지적하고 있다. 큰 안목을 가지고 최선을 다하라는 메시지이다.

신 비즈니스모델 :
농공상융합기업

협업 지원제도를 제대로 알고 추진하자(농림축산식품부)

　협업의 다른 형태로 농림축산식품부에서 시행하는 농공상융합형 중소
기업 지정제도가 있다. 이는 농촌자원을 활용하여 새로운 제품을 개발하
는 '농공상융합형 중소기업(이하 농공상 기업)'을 국가가 지정하여 이를 지
정받은 기업이나 농업경영체는 일정한 내용을 지원하는 제도이다. 농공
상 기업은 농업인과 중소기업이 유기적으로 원료 조달, 제조가공 및 기
술개발을 연계해 새로운 제품을 생산하고 고부가가치를 창출하는 형태
의 기업으로 주관경영체와 참여경영체로 구성된다. 신청 자격은 다음과
같다.

▶ 아래 유형에 속하는 중소기업 또는 농업인

▶ 국산농산물을 원료로 사용하는 제조업체

　* 농공상기업 유형

유 형	융합 형태
전략적제휴형	■ 농업인과 중소기업이 안정적 원료 조달, 신제품 개발 및 판매를 위해 장기 계약 또는 계약에 준하는 협약을 체결하여 상호 협력
농업인경영형	■ 농업인 또는 생산자단체가 제조 · 가공까지 경영을 확장하여 가공식품, 미용 제품 등 농산물을 활용한 상품 생산 * 주관경영체 단독참여 가능
공동출자형	■ 농업인과 기업이 공동출자하여 중소기업 설립
네트워크형	■ 원료 자원 이용, 기술개발, 생산 제조, 마케팅 판매 등 각 기능의 신축적 조합이 가능한 협력 협업 체계를 구축하여 기능에 따라 협업 추진

* 영농조합법인, 농업회사법인이 주관경영체로 신청하는 경우 농림축산식품 분야 재정사업 관리 기본규정인 지원요건(1년 이상 운영실적, 출자금 1억 이상 등)에 해당하여야 함.

* 주관업체는 사업자등록증상 제조업 등록된 기업이어야 함. 다만, 아래의 각호에 해당하면 신청을 할 수 없다.

▶ 국산 농산물 원료 사용 실적 미보유 기업, 상호출자 제한기업집단

▶ 식약처 회수 · 판매 중지 제품 명령을 받고 이를 위반하여 영업정지, 영업소 폐쇄 및 제품 폐기처분 등의 행정처분을 받은 기업 (공고일 기준 처분 종료 후 2년이 지나지 않은 기업)

※ 회수판매중지 명령을 성실히 이행하여 영업정지, 영업소 폐쇄, 제품 폐기처분 등의 행정처분을 받지 않은 기업의 경우, 향후 재발방지책 제출 시 신청 가능하다.

지정 기준은 서류 및 현장 평가 결과 총점 60점 이상 기업으로 지정하며, 서류 50%(계량 50점, 비계량 50점, 가점 7점), 현장심사 50%(100점)로 진행된다.

농공상기업으로 지정되면 아래의 지원을 받을 수 있게 된다. 우선 판로확대 측면에서

① 농공상기업 전용판매관 '찬들마루'입점 지원

－ 지원 내용 : 시즌별 프로모션 참여, 온라인 상세페이지 제작 등

　　* 현황 : 용산역 찬들마루 매장, 인터넷 오아시스마켓, 우체국쇼핑몰

② 통합 브랜딩 지원

－ 지원 내용 : 패키지 및 로고개발 * 현황진단 및 컨설팅, 상품성 개선 등

③ 국내 · 국제 식품박람회 참가 지원

– 지원 내용 : 부스 임차비용(90%), 장치 · 기본비품 임차비 등을 지원받을 수 있고, 금융지원 측면에서는

– 농공상융합형 중소기업의 시설현대화 및 운영자금 지원

- **용도**
  - 운영자금 : 제품 생산 관련 원료구매 · 저장 · 가공 · 운송 등 소요비용
  - 시설자금 : 저장 · 가공 · 부대시설의 신축 · 증축 · 개보수 및 물류장비 구입비(부지매입비 제외)

- **대출금리**
  - 고정 : 농업경영체 연 2.5%(시설자금 연 2.0%) / 비농업인(일반업체 등) 연 3.0%
  - 변동 : 농협은행의 매월 정책자금 변동금리(6개월 단위 변동)

    ※ 대출시점에서 사업자가 선택한 금리방식은 해당 대출금이 완료될 때까지 변경 불가

- **대출비율** : (운영) 20억 원, (시설) 20억 원

- **대출기간** : (운영) 2년, (시설) 10년 이내(3년 거치 7년 균분 상환)

- **사업의무**
  - (운영) 대출액의 125% 이상 제품생산비용 및 운영자금 집행
  - (시설) 시설 기성금액이 대출액의 125% 이상

등을 지원받을 수 있다. 운영기관은 한국농수산식품유통공사(aT) 식품기업육성부이다.

신 비즈니스 모델 :
농촌융복합산업(6차산업) 인증

협업 지원제도를 제대로 알고 추진하자(농림축산식품부)

협업의 또 다른 지원제도로는 6차산업이란 것이 있다. 6차산업이란 농촌의 부가가치 창출과 지역경제 활성화에 기여하기 위하여 잘 키운 우리 농산물(1차)로 농부가 직접 제품을 만들고(2차) 농촌과 제품을 체험(3차)하고 즐기는 산업을 의미한다. 이는 1차산업, 2차산업, 3차산업의 가치가 곱해져 6차산업이 완성됨을 의미한다.[1] 6차산업은 사실상 필자가 2010.03.18. 서울 롯데 소공동 호텔에서 머니투데이가 주관하는 '2010 신성장동력중소기업CEO초청 民官 오픈 포럼 특강연사로 출연하여 제

2010.03.18. 서울 롯데 소공동 호텔 '2010 신성장동력중소기업CEO초청 民官 오픈 포럼에서 특강하는 필자

1   자료 : https://www.xn—6-ql4f73k2zh.com:448/home/sub.cs?m=7

안한 "123융합전략"으로부터 시작됐다고 볼 수 있다. 당시 청와대와 국회, 정부기관 관계자와 기업인들 500여 명이 참석한 바 있다.

이 특강이 있은 후 당해연도 9월에 농림축산식품부로부터 '농공상융합기술개발 지원사업'이 공고되어 추진되었고, 이후 이것이 6차산업 인증제도로 발전하여 왔다고 볼 수 있다.

사실 6차산업이 아니라 산업의 발전 순서로 보면 4차산업이 맞는 것이다. 이것을 정부기관에서 논리를 비약한 것이라 볼 수 있다. 어쨌든 1차산업과 2차산업, 3차산업이 융합하여 새로운 비즈니스모델을 창출하여 부가가치를 높이자는 것이다. 명칭이야 어쨌든 간에 바람직한 지원제도 창출인 것이다. 융합전문가의 아이디어가 이런 과정을 통하여 정책에 입안되고 있다는 데에서 전문가로서의 자긍심을 갖게하는 대목이다.

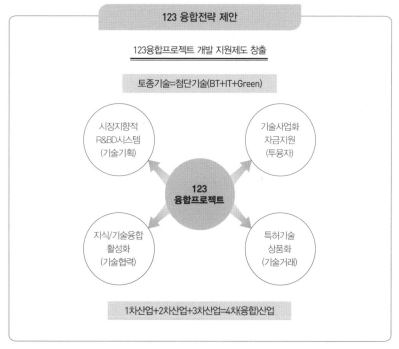

_____ 당시 발표한 교안 자료에서 발췌

Part 3 신 비즈니스모델, 협업

동 제도는 「농촌융복합산업육성 및 지원에 관한 법률」로 제정('14.6.3) 되어 현재 농촌융복합산업(6차산업) 인증사업자 수(누적)는 '15년 802개 →'16년 1,130개→'17년 1,397개, 2020년 말 현재 1,909개소로 증가되었다. 사업자 인증기준은 6차산업 경영체 중 자격요건(인증대상), 사업계획서 등을 종합적으로 평가하여 선정한다. 자격요건(인증대상)은

▶ (대상주체) 농업인, 농업법인, 농업관련 생산자단체 · 소상공인 · 사회적기업 · 협동조합 및 사회적 협동조합 · 중소기업 · 1인 창조기업

　* 「농촌융복합산업법 제2조」에서 규정하는 주체

▶ (사업장 입지) 농촌지역을 주 기반으로 6차산업 활동을 영위하는 경영체

　* 주된 사업장이 「농어업 · 농어촌 및 식품산업기본법 제3조제5호」에 따른 농촌지역에 입지

▶ (사업영역) 농산물 및 농업활동과 관련한 지역의 유 · 무형 자원을 활용하여 2 · 3차 산업과 융복합을 통해 부가가치를 높이는 사업 등이다.

「농촌융복합산업 육성 및 지원에 관한 법률 시행령」

제3조(농촌융복합산업의 범위)

1. 주된 사업장이 소재한 지방자치단체에서 자가생산 또는 계약재배를 통하여 생산되는 농산물을 주원료로 사용하여 식품 또는 가공품을 제조하는 산업

2. 해당 지역에서 생산된 농산물이나 제1호의 산업에서 생산된 식품 또는 가공품을 직접 소비자에게 판매하는 산업

3. 농촌지역의 유 · 무형 자원을 활용하여 체험 · 관광 · 외식 등 서비스업을 제공하는 산업

4. 제1호에서 제3호까지 중 둘 이상이 혼합된 산업

---

① 해당 산업의 추진 여부는 매출액 발생을 기준으로 함

② 가공품에 사용되는 주원료는 국산을 사용하고, 지역(광역자치단체)에서 생산되는 농산물을 50% 이상으로 하되 접경지역에 위치한 기초지자체의 경우 인접 시 · 군도 동일 지역으로 간주
③ 가공품에 사용되는 주원료를 매입(농협 등)을 통해 주원료를 조달하는 경우에는 관련 증빙자료 첨부(매매 계약서, 거래내역서 및 계산서 등)

따라서 농업경영체와 6차산업 인증을 받아 융합 비즈니스모델을 구축하여 사업을 경영한다면 더 큰 시너지를 창출하는 비즈니스모델을 구축하게 될 것이다.

Part 4

융합 비즈니스 접근법

信創業(신창업)

"전 주기적 信創業(신창업) 활동"으로
접근해야

정부의 융합산업 정책은 R&D 중심으로 이어져 왔다. 융합 R&D가 비즈니스모델로 이어지지 않는 한 융합 R&D정책이란 국가차원에서는 국고의 낭비요, 기업차원에서는 시간 낭비일 뿐이라고 지적한 바 있다. 융합 비즈니스 정책방향에 대하여 논하여 보자. 결론부터 말하자면 융합 비즈니스 정책방향은 전 주기적 협업활동에 의한 신창업(信創業)으로 접근해야 한다는 것이다.

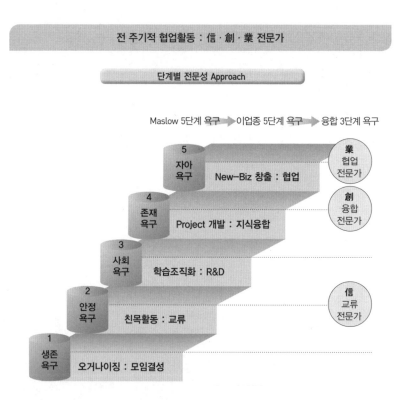

90년대 초 일본으로부터 이업종 교류 지원제도를 도입하여 중소벤처기업진흥공단이 중심이 되어 30여 년간 관주도의 이업종 교류활동을 전개해 왔다. 융합시대를 맞이하면서 2011년부터 중소벤처기업부가 직접 관할부처가 되어 이업종 교류 지원사업을 전개하고 있다. 그러나 아직까지 이업종 교류 지원사업에 대한 정책방향이 제대로 적립되어 있지 못한 것 같다. 중소벤처기업진흥공단을 통하여 지원할 당시 이업종 교류활동은 5단계의 수직적 이업종 교류활동을 강조했다. 즉 조직화(Organizing) 단계, 친목활동단계, 학습조직화 단계, 프로젝트 개발단계, 신 비즈니스 창출단계로 정의하여 단계적으로 발전한다는 가정 하에 활동해 왔다. 그러나 현실은 그렇지 않았다. 그러다 보니 이업종 교류활동은 교류와 친목활동에서 맴돌고 있었다. 매슬로우(Abraham H. Maslow)는 인간의 욕구를 생리적 욕구, 안전욕구, 애정(사회적)욕구, 존경욕구, 자아실현욕구 등 5단계로 분류하고, 하위단계로부터 상위단계를 향하여 단계적으로 발전한다고 주장했으나 실제는 그렇지 않다는 것이다. 이미 이업종 교류활동에서도 마찬가지로 단계별로 발전·활동하는 것이 아니라 동시다발적이며 상황 적합적으로 전개해야 한다는 이론을 이미 제시한 바 있다. 그 조직이 처해 있는 상황에 맞추어 필요한 활동을 해야 한다는 것이다. 실제로 이업종 활동은 단계별로 이루어지지 않는다. 조직화(Organizing) 단계에서 모임결성 활동만이 이루어지는 것이 아니라 신 비즈니스 창출 활동이 이루어지고, 프로젝트 개발단계에서는 지식융합활동만 이루어지는 것이 아니라 조직화 활동이 이루어지는 예가 허다하다. 따라서 융합 비즈니스 활동은 전 주기적 협업 활동으로 전개해야 한다. 그러나 이업종 교류활동의 수직적 5단계를 분석해보면 세 가지 수평적 부문활동(3 Sector activities)으로 대별할 수 있다. 조직화(Organizing) 단계와 친목활동단계는 신뢰구축활동(Trust building activities)으로, 학습조직화 단계와 프로젝트 개발단계는 창조활동(Creative activities)으로, 신 비즈니스 창출 단계는 협업활동(Cooperative business activities ; Cobiz activity)으로 분류할 수 있다. 즉 신뢰구축(信賴構築)활동, 창조(創造)활동, 협업(協業)활동은 수평적 활동으로서 유기적으로 관련을 맺으면서 지속가능한 기업 활동을 전개해야 한다. 결국 이업종 교류활동의 궁극적인 목적은 신 비즈니스 창출이므로 융합 비즈니스로 이어져야 하고 융합 비즈니스는 신창업(信創業)활동으로 완성되는 것이다. 신뢰구축활동 부문에서는 끈끈한 신뢰를 구축하고, 창조활동 부문에서는 자사의 창의적 혁신역량을 최대한 발휘하여 신기술 개발과 신제품 개발, 신시장 개척으로 이어지는 학습활동을 전개해야 한다. 그리고 협업활동 부문에서는 신 비즈니스모델을 위한 협업체를 구성하여 조직화하고, 경영하는 활동을 전개해야 한다. 즉 신창업(信創業) 활동(CCC activities ; Confidence-Creative-Cobiz activities)이 수직적 관계가 아닌 수평적 관계를 유지하면서 균형적 발전을 꾀해야 하는 것이다. 이들 활동의 효율성을 기하기 위해서는 각 부문의 전문가를 투입해야 한다. 신뢰구축활동 부문에서는 교류전문가가 투입되어야 한다. 교류전문가는 과거 2011년까지 이어져온 이업종 교류전문가의 활동처럼 모임결성에서부터 교류활동에 이르기까지 창조활동이나 협업활동을 위하여 필요한 지식이나 정보를 제공해주고, 회원사 상호 간에 돈독한 신뢰를 구축할 수 있도록 윤활유 역할을 수행하는 자이다. 따라서 교류전문가는 창조활동과 협업활동을 원활하게 수행하기 위하여 필요한 신뢰를 쌓이게 하는 캐털라이저이다. 창조(創造)활동 부문에서는 융합전문가가 투입되어야 한다. 2012년부터 도입된 융합전문가는 학습조직화를 통하여 융합과제 발굴 및 융합 R&D기획서 작성에 도움을 주는 전문가이다. 협업(協業)활동 부문에서는 2009년부터 도입된 협업전문가를 투입하여야 한다. 협업과제 발굴에서부터 성공적인 협업 비즈니스의 유지와 발전을 위하여 프로젝트 매니저가 필요한 것이다. 따라서 산업계에서는 융합 비즈니스의 성공적 수행을 위하여 신창업(信創業)활동을 전개하여야 하며, 제도권에서는 신창업(信創業)활동이 활발하게 이루어질 수 있는 지원정책을 개발·수행하여야 할 것이다. 신(新)창업이 아닌 신(信)창업으로 말이다. 신창업의 성공적 추진은 협업 비즈니스 모델의 완성으로 나타날 것이다.

"업어주기, 융협불이, 융합 인프라" 핵심정책으로

중소기업 육성을 위한 지원제도는 수천 가지가 될 정도로 많다. 이를 놓고 대한민국만큼 중소기업하기 좋은 나라는 없다고 혹자는 말한다. 그만큼 여러 가지 지원정책을 마련해 놓고 중소기업을 지원하고 있다는 이야기이다. 여러 가지 제도로 지원해 주는 만큼 정책부담이 큰 것도 사실이다. 중소기업을 지원하는 모든 재원은 국민이 내는 세금으로 충당되기 때문이다. 여기서 우리는 지원정책의 효과성을 논하지 않을 수 없다. 정책의 효과는 중소기업이 홀로 설 수 있는 경쟁역량으로 나타나야 하고, 경쟁역량은 퍼주기 식의 지원제도로는 한계가 있다. 중소기업 구제를 위한 정책도 일부 있을 수 있겠으나 중소기업 육성을 위한 정책이어야 한다. 우리 속담에 "가난 구제는 나라님도 못한다."라는 말이 있다. 가난한 사람을 도와주기란 끝이 없는 일이어서 개인은 물론 나라의 힘으로도 구제하지 못한다는 말이다. 따라서 구제정책보다는 육성정책에 포커스를 맞추어야 한다는 말이다. 중소기업 자생력을 갖추기 위한 정책기조가 필요하다.

첫째, 업어주기 정책이다. 업어주기 정책은 수평적 비즈니스모델 확립이라는 사고에서부터 출발해야 한다. 처음에는 업어타기로 가다가 어느 정도 자생력을 갖추면 독자생존의 길을 보장해 주어야 한다. 소상공인과 중소기업, 중견기업, 대기업이 함께 가는 영원한 상생의 비즈니스모델이 필요하다. 이것이 곧 협업 비즈니스모델이다. 제도권에서는 중소기업 이업종, 소상공인, 중견기업, 대·중소기업 간 업어주기 정책을 개발하고 지원해야 한다. 산업계에서도 자구적인 노력이 필요하다. 지원정책만을 바라보는 해바라기성 기업이 되어서는 발전을 기대하기 어렵다. 중소기업 이업종, 소상공인, 중견기업, 대·중소기업 간 신 비즈니스모델을 발굴하고 참여하는 노력이 필요하다.

둘째, 융협불이(融協不二) 정책이다. 융합산업 지원정책이 R&D 중심으로 편향되어 있다는 지적은 여러 차례 한 바 있다. 융합 R&D 지원사업에서는 R&D에 참여한 기업 간 협업 비즈니스모델이 전제되어야 한다. 비록 융합 R&D에 성공했다 하더라도 협업사업화가 이루어지지 않았다면 실패한 정책 사업이 될 수밖에 없다. 일부 융합 R&D 지원을 받아 성공했다고 하는 사례의 면면을 보면 일부의 성공인 경우가 대부분이다. 여러 가지 사유로 인하여 융합 R&D에 참여한 기업들이 빠져나가고 끝까지 남아 있는 하나의 기업만이 개발 아이템으로 사업화를 이루고 있는 경우가 많다. 그래도 그나마 그런 정도만이라도 성공적이라고 할 수 있다. 기술개발만 해 놓고 사장되는 경우가 있기 때문이다. 이 경우 국가 측면에서는 국고 낭비의 결과를, 기업 측면에서는 시간 낭비의 결과를 초래하는 격이 될 수 있다. 따라서 융합 R&D는 협업 비즈니스가 전제된 제도이어야 한다. 융합 R&D를 시작할 때부터 협업 비즈니스의 타당성 검토를 거쳐야 한다. 협업의 내용은 참여기업 간의 기능과 역할을 정하고, 이익분배의 방법과 절차 등에 관하여 합의하여야 한다. 이러한 내용이 성공을 거두기 위해서는 참여기업 상호 간에 협약서를 작성하고 공증절차를 거쳐 사후에 있을 갈등과 분쟁의 여지를 최소화시켜야 한다. 융합 R&D 이후 실패하는 원인은 대부분 이러한 사전 협약이 없기 때문이다. 제도권에서는 이러한 일련의 절차를 제도화하여야 한다는 점이다. 이러한 점에서 협업을 통해 시장수요와 비즈니스모델이 기

Part 4 융합 비즈니스 접근법 信創業(신창업)

획된 이른바 역방향의 융합 R&D 산업정책을 펼칠 수 있으므로 기존의 R&D 정책 프로세스에서 나타나는 사업화 성공률의 한계(9%)를 극복할 수 있는 것이다.

셋째, 융합사업화 인프라 구축이다. 그동안 산업정책은 1차 · 2차 · 3차 산업이 개별적으로 발전 또는 육성되어 왔다. 산업의 발달로 이제는 더 이상 개별적으로 발전을 기할 수 없다. 스마트 폰, 자동차, 수륙공(水陸空) 겸용기 등에서 극명하게 사례를 찾아볼 수 있다. IT, CT, BT, NT 등의 기술이 융합하지 아니하면 더 이상의 발전을 기하기 어려운 현실이 됐다. 이제는 1차 · 2차 · 3차 산업이 융합한 4차산업을 육성해야 한다. 요즘 농림축산식품부에서 시행하고 있는 농공상이 어우러진 6차 산업의 예가 곧 4차산업인 것이다. 그러나 엄밀히 말해서 농림축산식품부의 6차 산업은 제도 이름이지 산업이 아니다. 용어의 혼돈을 막기 위해서는 제도의 이름을 바꾸어야 할 것이다. 6배의 시너지를 창출한다는 의미에서 '6배 산업'으로 바꾸는 것은 어떨까. 4차산업 육성을 위해서는 융합사업화 인프라 구축이 선행되어야 한다. 농공상 융합기업들에 대한 연계 지원정책, 협업 승인업체에 대한 기초 · 광역 지자체 기업 지원제도 연계지원 등에 대한 제도 창출이 활발하게 추진되어야 할 것이다. 유태인의 속담에 "물고기를 한 마리 준다면 하루밖에 살지 못하지만, 물고기 잡는 방법을 가르쳐준다면 한평생을 살아갈 수 있다."는 말이 있다. 중소기업의 육성정책도 마찬가지가 아닐까.

5대 제도개선 :
NETBIZ 인증으로 협업 관례(冠禮)를 기대한다

융합 비즈니스 정책방향은 전 주기적 협업활동, 업어주기 정책개발, 융협불이(融協不二), 융합 사업화 인프라구축 등을 융합정책 기조로 추진해야 한다. 이를 바탕으로 한 융합 비즈니스 정책의 구체적인 제도개선 사항을 몇 가지 짚어보자.

첫째, 소상공인·중소기업 참여 시 우대제도를 도입해야 한다. 경영환경이 열악한 소상공인과 중소기업이 융합 및 협업사업에 참여할 경우 우대가점을 두어 소상공인과 중소기업이 참여할 수 있는 여지를 넓혀야 한다. 소상공인이나 중소기업들 간의 협업은 성립되기도 어렵지만 설령 성립되었다 하더라도 외부환경에 예민한 소상공인을 추진과정에서 지속적으로 유지하여 성공하기란 쉬운 일이 아니기 때문이다. 따라서 견실한 중소기업이나 중견기업이 리더로서 주체기업이 되어야 모처럼 성립된 협업사업이 성공할 확률이 높은 것이다.

둘째, SW(Soft ware) 중심의 사업화 지원으로 전환해야 한다. 그동안 협업 지원사업은 시설자금 등 HW(Hard ware) 중심의 정책자금을 융자 지원하는 제도로 운영되어 왔다. 기본이 되어 있지 않은 구조에 자금을 투자하는 격이 되어 사업의 실패로 이어지기 십상이다. 이제는 협업사업이 순수 비즈니스모델로서 성공하도록 융합기술개발 지원이나 전문가의 배정을 통한 지속적이고 상시적인 사업화 코칭을 실시함으로써 사업이 성공적으로 추진되도록 SW 중심의 지원제도로 전환해야 할 것이다.

셋째, 수평적 부문활동(3 sector horizontal activities)에 대한 맞춤형 전

문가를 활용해야 한다. 융합 비즈니스 활동은 신창업(信創業)활동으로서 인프라 구축 부문, R&D 부문, 사업화 부문으로 구분된다. 융합 인프라 구축 부문에서는 무엇보다 기업 간 신뢰구축이 우선이다. 교류전문가가 필요한 이유가 여기에 있다. 정부가 이업종 교류 지원사업을 도입한 90년대 중반 이업종 교류전문가를 양성하여 이업종 교류활성화를 위하여 투입하였다. 이러한 지원정책의 효과는 오늘날 중소기업융합중앙회가 7천여 회원사로 성장한 결과로 나타났고, 이들의 활동이 밑거름이 되었다는 사실과 암묵지적 정책효과를 결코 부정해서는 아니 된다. R&D 구축 부문에서는 기술융합을 위한 창의력 개발 활동이나 융합 R&D를 위한 융합과제 발굴 및 기술사업화 전략기획서 작성활동이 주류를 이룬다. 여기에는 중소기업융합중앙회가 양성하여 운영하고 있는 융합전문가의 투입이 필요하다. 현재 중소기업융합중앙회는 과거의 이업종 교류전문가와 융합지도사를 융합전문가로 통합하여 운영하고 있다. 명칭도 융합(교류)전문가로 명명하여 애매하게 운영하고 있다. 이는 분리·운영해야 한다. 신뢰구축 활동과 R&D 구축 활동을 통합·운영하는 것은 부문별 전문성을 담보할 수 없기 때문이다. 사업화 부문에서는 협업사업을 구성하거나 구성된 협업사업이 성공할 수 있도록 조력하는 전문가가 필요하다. 사업화 부문 전문가는 신창업(信創業) 활동을 통할하는 최고의 전문가이어야 한다. 사업화 전문가는 한때 대중소기업농어업협력재단에서 협업사업 승인업체를 대상으로 전 주기적인 상시 모니터링 활동을 수행했던 협업전문위원 활동을 예로 들 수 있다. 이들이 성공적인 사업화로 이끌어내기 위하여 전주기적 신창업(信創業) 활동을 수행했다고 볼 수 있다.

넷째, NETBIZ 인증을 제도화해야 한다. 벤처시대에서는 벤처(Venture) 인증, 기술혁신 시대에서는 이노비즈(INNOBIZ) 인증이 제도화되었듯이 융합시대에는 넷비즈(NETBIZ) 인증이 제도화되어야 한다. 넷비즈 인증은 중앙정부가 시행하고 지방정부에서도 이들 인증업체에 대한 우대지원정책을 펴야 한다. 중앙정부와 지방정부도 정책에서 협업을 이루어야 한다. 중앙정부와 지방정부의 칸막이 행정이 사라지지 않는 한 정책효과는 반감될 것이다.

다섯째, 협업사업의 국제화를 기해야 한다. 글로벌 경제시대를 맞이하여 이미 많은 중소기업들이 국제적 비즈니스를 활발하게 추진하고 있다. 그런데 중소벤처기업부에서 시행하고 있는 협업사업 제도는 국내기업 간의 협업만이 인정되고 있다. 외국기업은 제3의 참여기업으로만 가능하다. 국제적 협업사업화 지원제도로의 개선이 시급하다는 이야기이다. 또한 협업사업 승인서도 영문으로 병행 · 발급하여야 한다는 건의가 받아들여져 이제는 영문증명이 발급되어 협업 선정 기업이 해외 마케팅에 유용하게 활용하고 있다. 과거에는 협업사업 승인업체가 영문번역 후 번역사 확인을 받아 해외 바이어에게 증명서를 제시함으로써 20만 불의 수출 오더를 받은 사례가 있어 제도권에서 받아들인 것이다. 비즈니스 교류와 사례의 공유를 위한 국제융합심포지엄을 활성화하여 확산시키는 노력도 아끼지 말아야 할 것이다. 이로써 소상공인의 역량한계를 극복할 수 있을 것이다. 우리나라에 융합정책은 1989년 8월 상공부의「이업종 간 기술융합화에 관한 시책 및 지원내용」발표와 1994년「중소기업진흥 및 제품구매촉진에 관한 법률」(현 중소기업진흥에 관한 법률) 제5조에 이업종 교류 지원사업이 명시되면서부터 출발하였다. 법률의 규정으로 보더라도 정확히 30년여의 역사를 가지고 있다. 논어(論語) 위정편(爲政篇)에 "三十而立삼십이립, 四十而不惑사십이불혹"이란 말이 나온다. 30세가 되어 확고한 자신의 입장을 가졌고, 40세에는 미혹

됨이 없어 흔들림이 없었다는 의미이다. NETBIZ 인증의 기초를 다져 협업의 관례를 기대해 본다.

Part 5

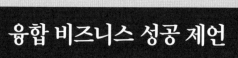

융합 비즈니스 성공 제언

성공융합을 위한
실천 결의문 실행돼야

　지금까지 융합시대를 살아가면서 알아야 할 기본적인 사항들을 짚어보았다. 국내외 융합정책 트렌드와 융합 교류활동 원칙과 추진방향, 신 비즈니스모델로서의 협업, 협업사업 발굴기법, 융합 비즈니스의 정책방향 등에 대하여 알아보았다. 각종 융합교류회도 하나의 조직활동으로서 성과를 지향하는 실체로 이해된다. 이런 의미에서 융합 교류활동은 전략적 성과관리 시스템에서 요구하는 4대 관점별로 꼭 필요한 사항을 생각해 보자. 먼저 학습과 성장관점에서 볼 때 융합교류회는 학습조직화를 활성화해야 한다. 미래전략 포럼 등의 프로그램을 운영하는 노력이 필요하다. 프로세스 관점에서 볼 때 융합교류회는 50:50원칙을 준수해야 한다. 월례회의 개최 후 회의록을 반드시 남기는 등 공식적인 활동과 자유스러운 회의분위기를 조성하는 것이 균형을 이루어야 한다. 고객 관점에서 볼 때 융합교류회는 신 비즈니스 창출 활동이 최고의 선이다. 단순한 계모임이 돼서는 절대로 안 된다. 이업종 교류를 통한 신 비즈니스 창출을 목적으로 하는 중소기업인들로 구성된 경제단체이기 때문이다. 여기에 정체성이 있음을 간과해서는 아니 된다. 재무적 관점에서 볼 때 융합교류회는 공동의 이익을 위한 프로젝트 개발이다. 지역별 특화산업의 발전을 위한 산학연 협력 융합프로젝트 개발 등에 적극적으로 참여하여야 할 것이다. 이런 의미에서 공익적인 관점을 견지해야 한다. 이와 같이 융합교류회는 4대 관점을 견지하며 활동해야 할 것이다. 오늘날 글로벌 경제전쟁을 극복하기 위한 융합정책과 융합활동의 핵심정책 방향은 협업대첩을 효과적으로 달성한다는 차원에서 조직단위별 비전 체계 확립과 융협불이, 업어주기 정책 등에서 찾아야 한다. 글로벌 경제전쟁에서 대한민국이 승전하여 세계 경제의 중심에 서는 방법은 오로지 융합 비즈니스의 성공에 있다. 우리나라의 융합산업 정책에 있어서 융합은 융성하나 협업은 미진하다. 협업사업은 2007년에 도입된 이래 2014년 12월 말 현재 선정된 기업이 196개에 불과하다. 이제 융합을 넘어 협업으로 가야 한다. 융합정책이 협업정책과 분리되어서는 의미가 없다. 경제민주화를 이룰 수 있는 산업정책은 바로 융합에서 찾아야 하고 융합정책은 협업사업으로 이어져야 한다. 우리나라 기업체의 99%가 중소기업이고 이들 중소기업에 종사하는 종업원 수가 88%에 이르는 현실을 감안할 때 경제민주화와 융합산업 정책은 존재의의가 큰 것이다. 더욱이 소상공인들의 창업 1년 후 생존율은 67%에 달하고, 신규 영세사업체 1/3 정도가 1년 이내 퇴출되고 3년 후 생존율은 대체로 37%에 그친다는 연구보고서는 융합정책에 대한 중요성을 시사해 주고 있다. 따라서 지금까지 대기업 중심의 산업정책은 소상공인과 중소기업들이 함께 동반성장하는 정책으로 무게의 중심이 전이되어야 한다는 이야기이다. 이것은 융합산업정책과 융합 비즈니스에서 찾아야 한다.

앞서 우리는 성공적인 융합 교류활동 원칙과 정체성에 관하여 논의해 보았다. 그러나 무엇보다 중요한 것은 실천이다. 이업종 교류활동은 이론지향적인 활동이 아니다. 실천지향적 활동이다. 이미 이업종은 행동하는 실천철학이 되어야 한다고 주장한 바 있다. 성공적인 이업종 활동은 실천을 전제로 해야 한다. 따라서 단위교류회에서는 월례회의, 정기총회, 지역연합회에서는 이사회, 집행임원회의, 정기총회, 융합 프라자, 중앙회에서는 이사회, 정기총회와 융합대전 등에서 성공융합을 위한 실천결의문 낭독을 실행할 것을 제안한다. 그렇게 함으로써 이업종의 정체성과 방향성이 확립될 것이다. 그동안 논의된 내용을 중심으로 성공융합을 위한 실천결의문을 아래와 같이 실행할 것을 제안한다. 이것이 지속적으로 실천된다면 교류회의 정체성은 확립되어 갈 것이다. 여기서 제시하는 내용은 이업종 교류회 활동을 전제로 기술되었다. 그러나 이업종 교류 활동은 중소기업융합교류회의 전유물이 아니다. 중소기업이면 모두가 참여하여 활동할 수 있다. 이노비즈협회나 벤처협회, 기타 기능단체 등 기업인 협단체들도 이업종 교류활동으로 전개한다면 그 시너지는 매우 클 것이다. 타산지석으로 삼으면 될 것이다.

융합실천 결의문

우리는 네트워킹 경영을 통한 신 비즈니스 창출과 회원사 상호 간의 경쟁력 강화를 위하여 다음과 같이 실천할 것을 결의한다(A NETWORK)

A 우리는 이업종교류 원칙(a principle)을 실천한다.

N 우리는 학습조직을 통하여 신 가치경영(New Value)을 실천한다.

E 우리는 기술개발을 통하여 환경경영(Environment Management)을 실천한다.

T 우리는 시장창출을 통하여 표적경영(Targeting Management)을 실천한다.

W 우리는 순회방문을 통하여 현장경영(Wandering Management)을 실천한다.

O 우리는 조직혁신을 통하여 지속경영(Organizing Management)을 실천한다.

R 우리는 사회봉사를 통하여 책임경영(Responsibility Management)을 실천한다.

K 우리는 지식융합을 통하여 지식경영(Knowledge Management)을 실천한다.

NCS 융합으로
본립도생(本立道生)해야…

『용비어천가』2장의 첫 소절에 '뿌리 깊은 나무'에 관한 이야기가 전해진다. 즉, 뿌리 깊은 나무는 바람에도 흔들리지 않고, 꽃이 아름답고 열매도 많으니, 샘이 깊은 물은 가뭄에 마르지 않고 내를 이루어 바다에 이른다는 뜻이다. 태종(이방원)이 세종에게 조선의 미래를 걱정하며 국가의 '뿌리'를 튼튼히 하라는 메시지였다. 우리는 대나무 생장의 법칙에서도 이러한 원리를 발견할 수 있다. 중국이 원산지인 대나무 모죽(毛竹)의 생장비밀은 우리에게 시사하는 점이 많다. 모죽은 생장 초기 땅속에 웅크린 채 뿌리만 뻗다가 5년이 지나면 하루에 50~60cm씩 6주간 정도 자라

'2015 충북중소기업융합프라자 및 NCS 기반 융합세미나' 현장(2015.12.08.)

20~30m 정도까지 크는 가장 굵게 자라는 대나무라고 한다. 제2차 세계대전 때 미국이 일본의 히로시마에 터트린 원자폭탄의 폐허 속에서 유일하게 살아남은 식물도 바로 대나무였다. 대나무는 이처럼 극한 환경에서도 잘 적응하는 식물이라고 한다. 어둠뿐인 땅속에서 묵묵히 양분을 저장하고 마침내 때가 오면 놀라운 기세로 생장에 생장을 거듭하여 최고 높은 나무가 된다는 것이다. 아무튼 뿌리가 깊은 나무는 생장성이 좋다는 결론이다.

2015년 12월 8일 청주의 한 컨벤션에서 사단법인 중소기업융합충북연합회가 300여 회원사가 참석한 가운데 충북도지사를 비롯한 중소기업 유관기관장들이 축하하는 '2015 충북중소기업융합프라자 및 NCS 기반 융합세미나'라는 이색적인 행사가 거행됐다. 여기서 중소기업융합충북연합회의 비전 선포식도 있었다. 중소기업융합충북연합회가 제1기 비전인 "2015 NetBiz Korea Hub(2015년까지 융합 비즈니스의 중심기관 달성)"을 성공적으로 마무리하고 "2020 GloBiz 100(국제협업 100건 달성)"이라는[1] 제2기 비전시대를 선언했다.

정부는 1994년부터 「중소기업진흥에 관한 법률」 제5조를 통하여 중소기업 간 정보 및 기술 교류를 촉진하기 위하여 이업종 교류 지원에 관한 법적근거를 마련하여 융합정책을 지속적으로 펼쳐오고 있다. 그 결과, 전국 13개 시·도 지역연합회에 328개 교류회, 7,000여 개 회원사가 활동하고 있으며 회원사 전체 고용

---

[1] 현재는 임원의 개편으로 비전 체계를 운영하고 있지 않다. 조직의 비전 체계는 임원진이 개편된다고 바뀌어서는 아니 된다.

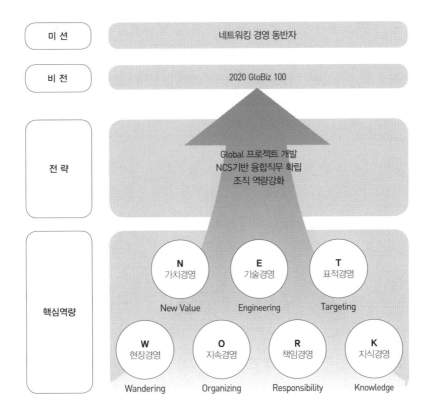

(사)중소기업융합충북연합회 제2기 비전 체계도

미 션 — 네트워킹 경영 동반자

비 전 — 2020 GloBiz 100

전 략 — Global 프로젝트 개발
NCS기반 융합직무 확립
조직 역량강화

핵심역량

N 가치경영 — New Value
E 기술경영 — Engineering
T 표적경영 — Targeting
W 현장경영 — Wandering
O 지속경영 — Organizing
R 책임경영 — Responsibility
K 지식경영 — Knowledge

종업원 수는 약 17만 8천 명, 매출액 약 38조 원에 달하는 국가 경제의 핵심동력으로 자리매김하고 있다. 가히 이업종은 산업으로 인정되어야 마땅하다. 중소기업융합충북연합회는 이업종 간 학습조직, 공동사업, 기술융합활동에 역점을 두고 중소기업 간 상생의 비즈니스모델로 충북 경제발전을 이끌어 나아가고 있다. 이날 융합 프라자는 1994년 창립 이후 융합활동 20년을 뒤로하고 미래융합 20년의 서막을 여는 첫해를 보내는 자리였기 때문에 그 의미가 컸다. 그동안 충북연합회는 2009년부터 제1기 비전 체계를 설정하여 명실 공히 전국의 지역연합회 중 유일하게 비전 체계를 확립하고 타 지역연합회의 표준 모델 역할을 수행해 왔다. 2015년에는 한국산업인력공단으로부터 NCS(국가직무능력표준) 기업활용 컨설팅 운영기관으로 선정되어 발전에 박차를 가한 바 있다. NCS는 산업현장에서 요구되는 능력을 국가가 산업별로 체계화한 것으로 스펙보다는 능력으로 평가받는 사회를 만들기 위한 핵심 국정과제이다. 이를 중소기업융합활동에 접목시킨 것이다. 비전 달성을 위한 3대 전략 중 "NCS 기반의 융합직무 확립"을 핵심전략으로 설정해 융합활성화는 물론 국가직무능력표준 확산에 최선을 다하겠다는 것이다. 그동안 이업종 교류를 통한 융합활동은 신뢰구축 단계에서 맴돌고 있다는 비판이 제기되고 있는 현실이었다. 이는 융합활동을 위한 직무의 표준화와 체계화가 이루어지지 않았기 때문으로 풀이될 수 있다. 따라서 융합직무를 NCS로 표준화하고 체계화시켜 융합활성화를 기하자는 것이었다. 그러나 현재는 당시 연합회장과 중요 보직의 교체로 제2기 비전 체계는 흐지부지되고 말았다. 어느 조직이든 리더가 중요하다. 리더의 마인드에 따라 흥망성쇠가 갈린다. 한국공학한림원은 미래 20년 사회를 5개 메가트렌드(성장 · 스마트 · 건강 · 지속가능 · 안전)로 분류하여 산업별로 20개의 미래기술을 선정 · 발표한 바 있다. 중소기업이 이러한 미래기술에 대비하기 위해서는 왕성한 융합활동을 전개하지 않으면 아니 된다.『논어』의「학이」편에서 유자는 이렇게 말한다. 군자무본(君子務本) 본립이도생(本立而道生) 즉, 군자는 근본에 대하여 힘써야만 하는 것이니, 근본이 바로 서야만 올바른 길이 생긴다는 뜻이다. 그런 의미에서 NCS를 통한 융합직무의 확립은 융합활동에 있어서 근본을 세우는 일이 아닐 수 없다. 근본을 세우는 일은 대단히 중요한 의미를 갖는다. 용비어천가의 메시지는 국가의 기본 틀 확립과 대한민국의 자존인 한글을 창제하는 일로 이어진 것이다. 5년간 인고의 세월을 마치고 본격적인 생장의 시기가 오면 급속도로 커가는 대나무와 같이 이업종 교류활동은 20년간 신뢰의 뿌리를 깊게 뻗어 왔기 때문에 이제 그 융합의 성장 속도는 기하급수적으로 빨라질 것이며, 2020년까지 국제협업 100건 달성이라는 융합의 성과로 나타날 것을 기대했었다. 대나무는 매듭을 통하여 새로운 줄기가 돋아나오고 더 높이 커가는 것처럼 매듭은 끝이 아니라 새로운 출발이며, 더 성숙해지기 위한 바탕이 되는 것이다. 즉 매듭은 종결의 의미와 동시에 새로운 시작을 의미한다. 이 세미나에서는 제11대(박○○)와 제12대(이○○) 회장의 이취임식도 병행되어 새롭게 융합이 변화하는 의미를 더하는 자리였기에 기대하는 바가 컸었다. 이후에 2대 회장이 자리를 바꿨으나 비전 체계 재확립의 기미는 없다. 미래융합 30년을 지나는 즈음, 태종과 유자의 이야기를 새겨 본다.

합리와 비합리가 융합된
균형적 접근해야

　성공적인 융합활동을 추진하기 위한 접근방법은 합리적인 측면과 비합리적인 측면에서 고려해야 한다. 합리와 비합리가 융합된 균형적인 접근이 돼야 한다는 말이다. 먼저 합리적인 방법은 전략적 접근을 해야 한다는 점이다. 전략은 조직적인 접근이다. 조직이란 그 목표달성을 위하여 구조, 관리, 인간이라고 하는 하위 시스템들이 유기적인 관련을 맺으면서 외부 환경과 끊임없이 상호작용하는 실체이다.

　이러한 관점에서 과거 명량대첩에 버금가는 협업대첩을 이루고자 하는 심정으로 접근해야 할 것이다. "지금 신에게는 아직도 전선 12척이 남아 있나이다. 죽을힘을 다하여 막아 싸운다면 능히 대적할 수 있사옵니다. 비록 전선의 수는 적지만 신이 죽지 않은 한 적은 감히 우리를 업신여기지 못할 것입니다."라고 이순신 장군은 임진왜란 당시 원균의 패전으로 수군을 폐지하려던 선조에게 장계를 올려 남해안 일대를 돌아다니며 흩어진 병사들을 모아 수군을 재건했다. 명량대첩 바로 전날인 음력 9월 15일, 장병들에게는 "병법에 이르기를 '반드시 죽고자 하면 살고, 반드시 살려고 하면 죽는다(必死卽生 必生卽死).', 또한 '한 사람이 길목을 지키면 천 명도 두렵게 할 수 있다(一夫當逕 足懼千夫).'고 했는데, 이는 오늘의 우리를 두고 이른 말이다. 너희 여러 장수들이 조금이라도 명령을 어기는 일이 있다면 즉시 군율을 적용하여 조금도 용서치 않을 것이다."라고 명하고, 장병들과 죽기를 각오하고 전투에 임함으로써 임진왜란을 종식시키는 계기를 마련했다.

비합리적인 방법은 바로 인문학적 접근방법이다. 『논어』의 「자로」 편에서 공자는 "군자화이부동(君子和而不同), 소인동이불화(小人同而不和)"를 말한다. 군자(CEO)는 서로 다르지만 서로 다름을 인정하고 화합하는데, 소인은 서로 같은 듯 무리 지어 다니지만 어울리지 못한다는 뜻이다. 또한 『도덕경』에 의하면 노자는 고유지이위리(故有之以爲利), 무지이위용(無之以爲用)을 설한다. 자고로 있음이 유익한 까닭은 비어 있음의 쓰임이 있기 때문인 것이다.

여기에 주발[1]과 빈 대접[2], 빈 종지[3]가 있다. 이를 보고 공자는 군자불기론을 이야기한다. 즉, 군자는 정해진 틀에 얽매여서는 아니 된다고 말하

---

1 주발 : 위가 약간 벌어지고 뚜껑이 있는 놋쇠로 만든 밥그릇
2 대접 : 국이나 물 따위를 담는 데 사용하는 위가 넓적하고 운두가 낮으며 뚜껑이 없는 그릇
3 종지 : 간장·고추장 따위를 담아서 상에 놓는 작은 그릇

공자 (孔子)

노자 (老子)

君子不器
君子 和而不同, 小人 同而不和

故有之以爲利, 無之以爲用

고, 화합할 것을 권한다. 노자는 빈 그릇이 그릇으로서 기능하는 것은 비어 있기 때문이고 대접이 종지보다 많이 담기는 것은 많이 비어 있기 때문이라고 역설한다. 또한 주발 뚜껑이 덮여 있으면 안에 무엇이 담겨있는지 알 수 없기 때문에 열어놓아야 무엇이 필요한지를 알 수 있다고 이야기한다. 즉 여기에는 열린 마음(Open mind)이 중요하다는 메시지가 들어 있다. 원효대사(元曉大師)는 원융회통(圓融會通) 사상으로 대립과 갈등을 해결하고자 했다. 원(圓)은 거대한 순환, 융(融)은 화합, 회(會)는 모임, 통(通)은 의사소통을 뜻한다. 교리나 언어에 집착하지 않으면 서로 통할 수 있다는 화쟁사상(和諍思想)을 주장한 것이다. 서로 모여서 소통을 하면 조화를 이루는 것이다. 서로의 차이를 인정하면서 보다 높은 차원에서 통합을 이루는 원융회통의 정신이 융합산업에 응용된다면 협업 비즈니스 구현은 합리적인 접근방법을 초월할 것이다.

  그동안 우리는 융합 교류활동을 통하여 모처럼 성사된 융합 R&D와 협업사업이 실패로 끝나는 사례를 많이 보아 왔다. 합리적인 비즈니스모델 확립이 미흡했기 때문이다. 비즈니스 파트너인 상대방에 대한 배려와 역지사지(易地思之)의 정신도 부족했기 때문이다. 합리적인 접근과 비합리적인 접근을 동시에 추구해야 한다는 말이다. 협업 비즈니스모델은 서로 다른 경영주체를 인정하면서 비즈니스모델만 함께하는 것이다. 여기에 화합의 정신작용이 융합되어야 한다. 융합 비즈니스의 성공은 『논어』와 『도덕경』에서의 인문학 정신이 융합된 비즈니스모델로 확립될 때 높은 성과 창출로 이어질 것이다. 주발 뚜껑이 열려 있어야 새로운 양식이 채워질 것이며, 종지보다 빈 공간이 더 큰 대접에 더 많은 양이 채워질 것이다. 1905년 9월 27일 물리학자 아인슈타인은 '특수상대성이론'을 발표했다. "모든 질량은 우리가 눈에 보이지 않는 것으로 산화하여 없어진다 하여도 없어진 것이 아니라 우주공간에 에너지로 변화될 뿐"이라는 질량과 에너지의 등가성(等價性) 원칙을 발견하고, 질량 m(=물질=色)과 에너지 E(=空) 보존법칙($E=mc^2$)을 증명하였다. 나무에 불을 붙여 태우면 불꽃을 일으키며 모두 타서 사라지지만 허공계에 에너지로 변화하여 그대로 존재한다는 것이다. 이른바 색즉시공 공즉시색(色卽是空 空卽是色)이다. 융합 비즈니스 활동도 공의 가치가 곧 물질의 가치와 동일하다는 공즉시색(空卽是色)의 진리와 상통한다는 점을 새겨야 할 것이다. '빔은 곧 채워짐이라는 법칙'을 상기해야 할 것이다.

중도의 진리,
협업

중도의 비즈니스모델은 불멸의 ESG 사업화 전략모델이요,
삶의 모델이다.

 여기서 우리는 중도의 가치를 재발견해야 한다. 중도의 사전적 의미[1]
는 '어느 한쪽으로 치우치지 아니하는 바른길'을 의미한다. 흔히 중도 노
선이란 말로 사용되기도 한다. 어느 쪽에 편들지 아니하고 중간의 위치
에 있다가 기회를 봐서 좋은 쪽으로 옮아간다'는 부정적인 용어로 쓰이
기도 한다. 그러나 우리는 중도의 심오한 의미를 간과하고 있다. 중도(中
道)는 단순한 중간적인 입장이 아니다. 가운데 중(中)자는 양 극단에서 자
신의 입장이 사각형 안에 매몰된 편협된 생각이나 가치를 꿰뚫어 양 극
단을 관(觀)하여 이를 포용하는 초월적인 진리의 세계나 가치를 말하는
것이다. 한편, 불교적인 의미에서 살펴보면, '치우치지 아니하는 바른 도
리. 불교의 근본 입장으로, 대승 · 소승에 걸쳐 중요시되고 있다. 뜻하는
바는 종파에 따라 달라, 아함경에서는 팔정도의 실천이나 십이연기(十二
緣起)의 정관(正觀)을 이르고, 중관론에서는 집착과 분별의 경지를 떠난
무소득(無所得)의 경지를 이르며, 천태종에서는 중제(中諦)의 도리를 이른
다.'라고 풀이하고 있다. 불교적인 의미를 깊이 파고들면 의미가 심오해

1　네이버 국어사전. https://ko.dict.naver.com/#/search?query=%EC%A4%91%EB%8F%84.

짐을 알 수 있다. 단순히 중간적인 위치가 아니다. 양극단을 초월하는 입장임을 우리는 쉽게 발견할 수 있다. 우리나라에서는 중도의 여러 가지 설 가운데 원시불교의 중도설, 중관파(中觀派)의 팔부중도설(八不中道說), 천태종의 삼제원융관(三諦圓融觀)에 의한 중도가 널리 알려져 있다. 원시불교의 중도설은 불교의 가장 근본적인 입장을 취하고 있다. 석가모니는 출가 전의 낙행(樂行)도 출가 후의 고행(苦行)도 모두 한편에 치우친 극단이라고 하였다. 고(苦)와 낙(樂)의 양면을 떠나서 심신(心身)의 조화를 얻는 중도에 설 때 비로소 진실한 깨달음의 도가 있다는 것을 스스로 체험에 의해서 자각한 것이다. 성도(成道) 후 함께 고행을 한 5인의 비구(남자 스님)들에게 가장 먼저 설교한 것도 중도였다. 삼제원융관(三諦圓融觀)의 중도에 의하여 모든 존재가 제법실상(諸法實相)임을 밝히고 있다. 삼제는 진제(眞諦)로써의 공(空), 속제(俗諦)로써의 가(假), 비유비공(非有非空)의 진리로써의 중(中)의 셋으로 구성되어 있다. 이 삼제설은 중국의 지의(智顗) 대사가 처음으로 주창한 뒤 천태종의 근본교설이 되었으며, 그 뒤 우리나라 천태종의 근본 학설로 정착되었다.

원래 삼제설은 제법의 실상이 중도에 있음을 밝히는 데 있으며, 공(空)·가(假)·중(中)이 서로 원융(圓融)한 것을 천명하기 위한 것이다. 삼제 가운데 공제(空諦)는 진리의 측면에서 이 세상을 본 것으로, 진리의 측면에서 보면 이 세상은 인연따라 생겨난 것이기 때문에 공일 수밖에 없다는 것이다. 가제(假諦)는 세속의 측면에서 이 세상을 본 것으로, 이 세상의 고정불변한 듯한 모든 것이 실제는 거짓과 헛된 것에 불과하다는 것이다. 중제는 중도제일의(中道第一義)의 입장에서 실상을 본 것으로, 제법의 실상을 공(空)이나 가(假)의 일면으로 관찰할 것이 아니라 중도의 절대적인 입장에 서서 진리를 관찰하는 것을 말한다. 대부분의 사람들은 세속의 입장에 속하는 가(假)의 상태에서 살아가고 있다. 이 假(가)의 세계는 무상(無常)하고 괴롭고 부자유스럽고 번뇌가 많은 세계이다. 이것을 중생세계라고 한다. 그러나 이와 같은 상태를 긍정하고 그 거짓된 모습을 파헤쳐 공하다는 것을 깨달을 때 중도가 그곳에서 온전하게 모습을 드러낸다는 것이다. 여기서 비즈니스 세계와 비유해 보자. 假(나의 비즈니스)의 상태에서 진제의 세계인 空(상대의 비즈니스)으로 몰입한 뒤 다시 이 세속(신 비즈니스 창출)으로 나올 때 中道(협업)의 삶을 살 수 있음을 뜻한다. 그러므로 空(상대)과 假(나)는 서로 진(眞)과 속(俗)이라는 상대적인 상황에 있고, 中(협업)은 진과 속을 가장 분명하게 이어주는 것이므로, 삼제는 어느 하나가 빠진 상태에서는 성립되지 않는다. 따라서 이 셋의 관계를 삼제원융(三諦圓融)이라고 한다. 원효대사가 그의 여러 저술을 통하여 화쟁사상(和諍思想)을 펼치고 무애자재(無碍自在)한 이론으로 모든 경전을 올바로 풀이할 수 있었던 것은 철저하게 중도를 통달하고 있었기 때문이다. 따라서 비즈니스 세계도 나와 상대를 잇는 융합 비즈니스가 진실로 이루어질 때 비즈니스가 완성될 수 있다는 중도의 진리가 곧 협업인 것이다. 이러한 관점에서 이 책을 읽는 의미를 찾을 수 있을 것이다.

한편, 코로나19가 전례 없는 사회적 혼란을 가져오면서 기업들은 불확실성 시대의 새로운 성공전략을 요구받고 있다. 경영환경이 열악한 중소기업들은 '성장중심'경영에서 '지속가능'경영으로의 패러다임 전환을 요구받고 있다. 지속가능 경영이란, 기업의 정치적 · 경제적 · 사회적 · 문화적 · 환경적 책임을 바탕으로 지속 가능한 성장발전을 추구하는 경영 패러다임이다. 다시 말해서, '기업조직을 보다 안정적으로 지속시키기 위해서는 '환경(Environment)과 사회(Social), 지배구조(Governance) 차원에서 적정한 상호작용을 해야 한다는 것이다. 이러한 지속가능 경영의 성과는 재무적인 수치나 정보로써 평가하기 어렵기 때문에 이를 객관적으로 측정할 수 있는 기준으로 ESG 경영을 정부 차원에서 추진하고 있다. 기업들이 단순한 이익 창출을 넘어 사회적으로 합당한 가치를 만들어 이를 실천하기 위한 글로벌 스탠더드로 자리 잡도록 하는 것이 바로 ESG이다.

협업은 둘 이상의 기업들이 교류를 통한 신뢰를 바탕으로 신 비즈니스 모델로 확립되어야 성공할 수 있다. 이업종 교류활동을 통한 중소기업 간 협업 비즈니스모델만이 대한민국이 글로벌 경제전쟁에서 살아남는 유일한 방편이자 영원한 승자의 비즈니스 방편이다. 중도는 불멸의 진리이다. 중도는 우주 자연의 법칙이다. 따라서 중도의 비즈니스모델은 불멸의 ESG 사업화 전략 모델이요, 삶의 모델이다.

대한민국 최고의 협업전문가들이 말하는
협업 성공 포인트

수도권 전문위원 김○○ 위원 한마디

> ## "융합시스템구현을 위한 CEO의
> ## 신제품 개발 의지로 참여해야"
>
> 이 협업이 성공할 수 있었던 가장 큰 성공 포인트는 CEO의 의지를 꼽을 수 있습니다. 협업 추진에 따른 자금융자 목적보다는 신규 사업화를 목표로 한 CEO의 신기술 제품을 주저하지 않고 협업을 추진한 것이 모범적인 사례로 꼽을 수 있을 것입니다. 협업을 통해 소프트웨어 기술과 하드웨어 기술을 복합적으로 융합된 기술은 복합기술이 아닌 융합기술이라 할 수 있습니다. 기술과 기술의 만남, 융합이 사회적 테마가 되는 이때 이 두 협업체의 사례는 중소기업이 새로운 기술에 도전하지 않으면 살아남을 수 없다는 것을 보여주고 있습니다. 개발 완료된 협업제품은 타 제품과의 기능과 사양의 우월성과 차별적인 요소를 가지고 있으며 원가적인 경쟁력, 품질적인 우수함으로 수출 시에 제품경쟁력을 가지고 있으며, 앞으로도 제품성능의 차별성과 기술적인 확장성은 지속적인 매출 신장과 신구 사업화의 기회가 병행되므로, 이에 따른 고용창출의 효과가 수반될 것으로 전망됩니다. 협업 개발제품이 신사업 주력제품으로 경쟁시장 진입은 물론 신규시장 확보로 매출확보가 이루어질 것이며, 지속적인 성능개발로 추가적인 사업화 가능성이 매우 우수하다고 할 수 있습니다.

자료 : 「강한 중소기업의 성장키워드 '협업'(중소기업 간 협업 우수사례와 표준 협업 매뉴얼)」, p. 134, 협업체 : 선인유니텍㈜&바벨시스템㈜, 협업사업명 : 유·무선 통신시스템을 이용한 저장장치 및 감시카메라 개발, 중소기업청/대중소기업협력재단(2012.12.)

"서로 간의 전문성을 자금 없이 확보할 수 있는 방법은 협업 뿐"

비즈니스모델에서 서로 간의 전문성을 자금 없이 확보할 수 있는 바람직한 방법은 NHS의 사례에서 보듯이 바로 '협업'이라고 할 수 있는 것입니다. 진정한 협업은 롱런을 합니다. 매출을 통해 장기적인 수익창출이 가능해지기 때문입니다. 협업이 성공적으로 이뤄지려면 먼저 신뢰가 있어야 합니다. 새로운 업체를 발굴하기보다는 거래가 유지되고 있는 업체나 기존에 알고 있는 업체들 중에서 가장 신뢰할 만하고 전문성 있는 업체를 선택해야 합니다. 또한 기업 간의 거리가 가까워야 합니다. 가급적 25km 이내에서 30분 내로 가까운 거리에서 자주 만날 수 있어야 합니다. 또한 정확한 역할분담이 필요합니다. 주체기업이 '잘 알고 있으니 잘 알아서 해줘라'라는 식의 일방적으로 의존하는 태도는 처음에는 좋을지 모르겠지만 나중에는 위험부담을 초래할 수 있게 됩니다. 그러므로 역할과 책임은 정확히 문서화하는 것이 좋습니다. 수익 배분 또한 정확해야 합니다. 모든 업체의 수익 배분을 공정하게 하는 것이 협업 성공의 포인트라고 할 수 있을 것입니다.

협업을 진정으로 원한다면 정보의 수집에 대해서도 게을러져서는 안 됩니다. 정보 접근을 위해 노력하는 중소기업 사장은 5% 정도밖에 안 되는 실정입니다. 제가 강의를 다니다 보면 아직도 많은 기업체 사장님들이 협업에 대해 모르고 있습니다. 현재 우리나라 공장의 유휴 생산시설이 150%를 넘어가고 있습니다. 공장을 지어서 생산하는 순간 과설비 투자를 하는 셈이 됩니다. 하지만 협업을 통한다면 기존에 있는 생산설비를 활용할 수 있습니다. 기업의 핵심은 이윤창출입니다. 돈을 버는 방법은 정보에서 나오고 타겟시장을 정확히 잡는 것에서 실현됩니다. NHS의 경우에는 면밀한 시장세분화를 통해 관급 시장을 타겟으로 삼고 효율적인 포지셔닝을 한 것입니다. 내가 가지고 있는 핵심 역량을 바탕으로 최대의 효과를 도출할 수 있는 시장을 타게팅하는 것이 성공적인 마케팅의 핵심이라고 할 수 있을 것입니다.

자료 : 「강한 중소기업의 성장키워드 '협업'(중소기업 간 협업 우수사례와 표준
협업매뉴얼)」, p. 162, 협업체 : NHS&명신엔지니어링&화성스텐샤링, 협업사업
명 : 공공재(가로등, 제어기, LED, 신호등)개발과 제조 및 판매, 중소기업청/대중
소기업협력재단(2012.12.)

～

수도권 전문위원 조○○ 위원 한마디

"무한 책임감과 리더십을 바탕으로 적극적인 협업 참여"

굿스틸뱅크㈜의 김기석 대표는 평소 경영에 대한 여러 가지 정보나 지
식을 습득하고 있었습니다. 그래서 협업을 어떤 식으로 운영해야 하는지
그 방향이나 원칙을 사전에 숙지하면서 협업에 접근하신 점이 주목을 끕
니다. 그런 까닭에 사전에 위험요소를 줄일 수 있었고 안정적인 협업을
전개할 수 있었습니다. 특히 주체기업 대표로서의 무한 책임감과 리더십
으로 협업체 간의 갈등조정의 노력에도 솔선수범하였고 명확한 역할분
담을 통해서 외부 대응을 신속하게 할 수 있는 시스템과 각 단계별 생산,
가공기술의 고도화를 통해 제품의 경쟁력을 강화할 수 있었습니다.

글로벌 경영 위기 때 경제가 위축되어가는 상황 속에서도 투자라는 액
션을 과감하게 취해 지속 성장을 위한 발판을 마련할 수 있었고 결과적으
로 더 많은 레퍼런스를 확보할 수 있게 되었습니다.

자료 : 「강한 중소기업의 성장키워드 '협업'(중소기업 간 협업 우수사례와 표준
협업매뉴얼)」, p. 78, 협업체 : 굿스틸뱅크㈜&CIF테크&순흥테크, 협업사업명 :
LCD 및 LED용 생산설비 제품 개발, 중소기업청/대중소기업협력재단(2012.12.)

"전략과제에 대한 과감한 추진력과 투자로 협업에 도전하라"

일반적으로 알려진 세차기의 개념을 탈피한 '무접촉 세차기'는 전 세계적으로 유일한 품목입니다. 이러한 새로운 품목으로 개발을 시도함으로 인해 회사에는 또 하나의 사업 영역을 확장할 수 있는 계기로 작용하기도 합니다. 동서하이텍㈜은 현재 새로운 친환경적인 사업영역으로의 접근을 위해 현재에도 새로운 개발을 위한 준비를 마치고 있는 것으로 알고 있습니다. 이러한 연구개발에 대한 의지를 바탕으로 꾸준히 성장을 거듭하고 있습니다. 물론 이러한 바탕에 협업이란 형태를 조화롭게 응용하고 있습니다.

여타의 협업체와는 다른 차이를 꼽자면 CEO가 주축이 된 협업체 총괄보다는 연구소 소장이나 연구원들이 주력을 하고 있다는 점도 주목하게 됩니다. 또 하나, 투자에 과감한 CEO의 의지와 결정이 있었기에 협업 역시 성공적으로 마무리될 수 있을 것이라 생각됩니다. 좋은 과제를 가지고 있어도 투자에 대한 고민 때문에 성과로 이어지는 힘든 경우들을 종종 접할 때가 있는데 전략과제에 대한 과감한 추진력 또한 중소기업의 최고경영자가 협업을 성공하기 위해서 갖춰야할 조건이자 덕목이기도 합니다. 동서하이텍㈜은 그러한 부분에서 차별을 시도해 성공을 거둘 수 있었다고 생각합니다.

자료 : 「강한 중소기업의 성장키워드 '협업'(중소기업 간 협업 우수사례와 표준협업매뉴얼)」, p. 107, 협업체 : 동서하이텍㈜&㈜대도기계&롤이엔지&㈜엠피에스, 협업사업명 : 브러시가 없는 친환경 지능형 무인세차기 개발, 중소기업청/대중소기업협력재단(2012.12.)

충청권 전문위원 박광봉 위원 한마디

"시장의 변화에서 새로운 제품이 요구될 때 협업을 통해 짧은 시간에 최고의 제품을"

기업이 하고 싶은 것을 모두 다 담다 보면 한없이 커지게 됩니다. 결국 공룡처럼 커지고 마는 것입니다. ㈜나눔테크는 심장 제세동기라는 아이템을 전문화시키면서 대량생산에 따른 어려움을 협업을 통해 해결하였습니다. 협업을 통하면 시장의 변화에서 새로운 제품이 요구될 때 함께 공동 개발로 진입할 수 있으므로 짧은 시간에 최고의 제품을 만들 수 있게 됩니다. 그리하여 ㈜나눔테크는 이제 유연화된 대량 시스템 구조를 갖추게 되었습니다. 결과적으로 시장 트렌드 변화에 잘 적응할 수 있는 생산 시스템 구조로 변화하고 이에 따른 직원 교육과 필요한 자금도 적절하게 나누어 조달하면서 협업을 통해 각자의 영역에서 동반성장하게 된 좋은 모델이라고 할 수 있습니다.

㈜나눔테크와 ㈜더원테크노피아는 협업사업을 통해 생산 시스템을 개선하고 대량생산 시스템을 구축함으로서 생산성 향상과 원가절감으로 회사의 수익구조를 개선하였습니다. 각 기업은 물론 지역경제 발전에도 앞장서는 활동을 보여준 결과를 거두게 된 것입니다.

「강한 중소기업의 성장키워드 '협업'(중소기업 간 협업 우수사례와 표준 협업매뉴얼)」, p. 92, 협업체 : ㈜나눔테크&㈜더원테크노피아, 협업사업명 : 자동제세동기(AED) 대량생산시스템 구축, 중소기업청/대중소기업협력재단(2012.12.)

충청권 전문위원 박광봉 위원 한마디

"서로 간의 신뢰와 마음을 비우는 자세로 임해야"

효과적이고 성공적인 협업을 하려면 먼저 최고경영자의 추진력과 판단이 가장 중요하다고 할 수 있습니다. ㈜동화는 내부적인 시스템의 한계로 현실적인 어려움을 겪고 있었던 차에 무엇인가 새로운 돌파구를 원했고 기존의 틀을 벗어나려는 생각을 갖고 있었습니다. 이미 설립한 지 20년이 넘은 기업이었고 대표님의 연세도 많았지만 늘 새롭게 제품을 개발하고자 하는 의지가 있었으므로 협업의 형태를 통한 신제품 개발을 제안 드렸을 때 제안을 쉽게 받아들일 수 있었습니다. 또한 전문위원과의 신뢰관계도 중요하다고 생각합니다. 그래서 두 기업에게 서로 필요한 것을 터놓고 찾고 이야기하는 과정에서 신뢰가 쌓이다 보니 제가 제안한 것을 믿고 진행하게 된 것이고, 그 밑바탕에 작용했던 신뢰가 가장 중요하다고 생각합니다.

진행과정에서 이견이 있어 어려움은 있을 수 있습니다. 기술적인 부분은 서로 풀어갈 수 있지만 협업이라는 것이 자금과 연관되다 보니 원재료 업체와 이용하는 업체 간에 가격정책에 있어 상반되는 부분이 생길 수도 있습니다. 그래서 그런 부분을 양쪽 회사가 조금씩 양보하고 마음을 비워야 하는 자세가 필요합니다. "내 것만 지키겠다"면 서로의 갈등 요소가 되지만 잘 조율한다면 양쪽이 모두 성공할 수 있게 됩니다.

자료 : 「강한 중소기업의 성장 키워드 '협업'(중소기업 간 협업 우수사례와 표준 협업매뉴얼)」, p. 120, 협업체 : ㈜동화&㈜건우에프피, 협업사업명 : 코팅 유산균을 첨가한 기능성 냉동식품 개발, 중소기업청/대중소기업협력재단(2012.12.)

~

"협업은 건강한 두 회사가 만나 시너지를 발휘하는 최고의 미래산업"

융합은 영원한 신성장 동력이다. 건강한 두 회사가 만나 시스템을 갖추게 되면 발휘할 수 있는 시너지는 무한대가 된다. 따라서 2개의 업종이 만나 협력하게 되는 사업은 영원한 미래산업일 수밖에 없다. 설비와 기술, 전문인력 등의 핵심요소를 중소기업이 모두 갖추는 것은 쉬운 일이 아니다. 따라서 이를 정부나 관련 기관의 입회하에 교류하는 것은 해당 회사의 성장뿐 아니라 국가의 경제를 살릴 수 있는 원동력이 된다. 협업은 개별 기업이 각자의 경영권이 유지되고 자금과 위험의 분산, 공동의 이익 분배가 투명하게 이뤄지며, 연구개발과 디자인, 구매와 제조, 마케팅 등 다양한 기업의 역량을 직접 수행과 간접 수행 등을 통해 공동으로 사업을 전개할 수 있는 다양한 채널을 마련하는 것이 우선되어야 한다.

자료 : 『기업 성공의 동반자 협업』, 중소기업청/대중소기업협력재단(2010.12.) p. 31.

Part 6

융합 비즈니스(협업)의 실제

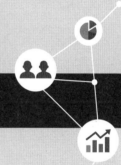

협업 성공사례

코팅 파형강관 협업 사례―중소기업 간 협업 모델 (유형 : R&D/제조)

- 추진주체 ㈜YS : 파형강관 제조
- 참여기업 ㈜DY : 코팅 전문 제조

　㈜YS는 2009년 6월 8일부터 4차에 걸쳐 협업사업기간을 연장하면서 협업 비즈니스모델을 유지해 오고 있다. 박○○ 대표이사가 건물 벽에 부착된 '중소기업청 협업사업 승인업체' 입간판을 가리키며 협업체로서의 자긍심을 나타내 보이고 있다(왼쪽). '중소기업청 협업사업 승인업체'임을 홍보 브로셔(오른쪽)에 명시하여 ㈜DY와 공동으로 제작하여 사용하고 있다. 사무실 건물 뒤로 파형강관과 공장이 보이고 있다(왼쪽).

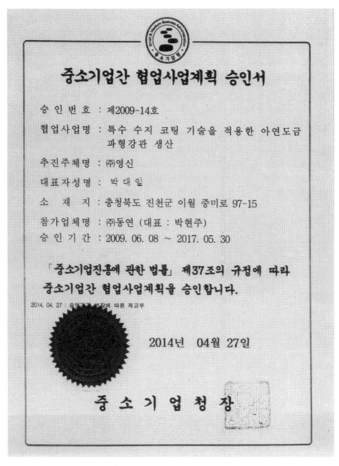

중소기업청 마크

중소기업간 협업사업계획 승인서

승 인 번 호 : 제2009-14호

협업사업명 : 특수 수지 코팅 기술을 적용한 아연도금
파형강관 생산

추진주체명 : ㈜영신

대표자성명 : 박 대 일

소　　재　지 : 충청북도 진천군 이월 중미로 97-15

참가업체명 : ㈜동연 (대표 : 박현주)

승 인 기 간 : 2009. 06. 08 ~ 2017. 05. 30

「중소기업진흥에 관한 법률」 제37조의 규정에 따라
중소기업간 협업사업계획을 승인합니다.

2014. 04. 27 ; 승인기간 연장에 따른 재교부

2014년　04월 27일

중 소 기 업 청 장

㈜YS & ㈜DY의 협업사업계획 승인서 사례

Certificate of Collaborative Business

Certificate No : 2009-14
Project : Corrugated steel pipe that has been applied
          an acrylic urethane resin coating technology
Main Company : YOUNG SHIN CSP Co.,Ltd.
Representative : Park Sang Pyo
Company Address : 97-15, Jungmi-ro, Iwol-myeon, Jincheon
                     -gun, Chungcheongbuk-do, Korea
Partner Company : Dong Yeon Steel Co.,Ltd.
Valid Date : 2009. 06. 08 ~ 2017. 05. 30

This is to certify that the above-mentioned company
is a Collaborative business in accordance with Article 37
of the Act on the Promotion of Small and Medium
Businesses.

OCT. 24, 2014

Certified by

Jung-Hwa Han
Administrator
Small and Medium Business
Administration
Republic of Korea

2014년부터 기업의 신청이 있으면 협업사업계획 승인서를 영문으로 발급함으로써 해외 마케팅 전략 활동에 많은 도움이 되고 있다.

㈜YS 박○○ 대표이사가 협업 사례발표를 하고 있다.

아래의 내용은 ㈔중소기업융합충북연합회가 2014년 12월 3일 시행한 2014년도 융합프라자 행사 시 사례발표 내용 전문이다.

안녕하십니까.

저는 충청북도 진천군 이월면에 소재한 주식회사 영신의 박○○이라고 합니다. 이런 자리에서 만나 뵙게 되어 반갑습니다. (충북)도내에서도 협업을 하고 계시는 많은 회사가 있는 줄 알고 있습니다. 그 중에 저희 회사가 협업 사례를 발표하게 됨에, 한편 저희 사례가 이런 발표를 해도 되는지 불안하기도 하지만, 혹여 이런 발표라도 도움이 되실까 하여 외람되이 이 자리에 섰습니다.

먼저 이 자리를 빌려 저희가 협업 승인 이전인 2006년부터 신제품을 계획하고 준비해 오던 중 2009년부터 2010년까지 1년, 2차로 2010년부터 2012년까지 2년, 3차로 2012년부터 2014년까지 2년, 4차로 2014년부터 2017년까지 3년을 연장승인 받았습니다.

저희 협업을 연장할 수 있도록 어려운 여건을 뒤로 하고 적극 도와주신 충청북도중소기업청 청장님 그리고 협업 담당하신 선생님께 진심으로 감사의 말씀을 드립니다. 왜 제가 새삼 감사의 말씀을 드리느냐 하는 것은 이제부터 제가 드리는 말씀 중에 설명이 될 것입니다.

제가 발표 경험이 없어 자칫 중언부언하는 설명이 될 것 같아 원고를 작성

㈜YS의 협업 비즈니스모델

포스코 공급
반제품 입고 및 기본가공

아크릴계 우레탄 특수수지 개발

㈜YS

㈜DY

우레탄 특수수지 코팅 파형강관

쇼트브라스트발

마케팅 및 제품 판매

• 일본 도요잉크
• 한국:페인트회사
• 3년 개발 성공

• 하수관
• 집수관
• 수로관
• 유공관
• 오폐수관

특수코팅, 내외도장

해서 보고할 테니 이해해 주십시오.

저희 회사는 1974년 6월에 창설하여 올해 40년 되는 회사로 아연도금 파형강관이라는 조금은 특이한 제품을 생산하는 업체입니다.

일반 강판 표면에 아연을 도금함으로써 철판에 녹이 쓰는 것을 방지하고 쉽게 표면부식을 방지하는 차원에서, 포스코로부터 원자재를 공급받아 파이프를 제관하여 시멘트 흄관, 플라스틱 PVC관 등을 대체하는, 하수관, 우배수용 집수관, 수로관, 유공관, 환경처리 오폐수용 등 다양한 파이프를 생산하는 회사입니다. 작게는 파이가 15cm인 것부터 대형관은 3m까지 생산합니다. 여기에 white(흰색)관이 있습니다.(가지고 온 관을 들어 보임)

오늘 제가 말씀드리는 이 발표 내용은 저희 회사에 국한된 자료이기 때문에 여러분들께서 참고삼아 보아주시고 각기 다른 제품들을 생산하시는 여러분들이기 때문에 연계되는 부분은 없지만 그래도 일부 참조하시라는 생각에 제시하였습니다.

여기 차트에 기록된 내용들은 저희가 기술개발을 진행하기 위한 계획표로서 실지 기술개발 과정 중에 연기된 것도 있고, 단축된 것도 있으므로 과정

사업 목표

우레탄 특수수지를 이용한 아연도금 코팅 파형강관 제품
-〉해외 마케팅

사업내용

1) 배수관 및 오수관 환경에 특화된 배수 구조물에 적합한 아크릴계 우레탄 특수수지 개발(완료)
2) 개발된 특수 수지를 이용한 아연도금 파형강관의 수지 코팅방법과 장치개발(완료)
3) 아크릴계 우리탄 특수수지 코팅 아연도금 파형강관 제품화(완료) 및 해외시장 개척

Part 6 융합 비즈니스(협업)의 실제

사업 개요

협업사업명		특수수지 코팅 기술을 적용한 아연도금 파형강관 생산
사업기간		2009. 6. 8 ~ 2017. 5. 31
추진주체		(주) 영신
참가업체		(주) 동연
사업비 (백만원)	현금	2,515
	현물	300
	합계	2,815

4기 협업

1차 사업기간 : 2009. 6. 8 ~ 2010. 5. 31
2차 사업기간 : 2010. 6. 1 ~ 2012. 5. 31
3차 사업기간 : 2012. 6. 1 ~ 2014. 5. 31
4차 사업기간 : 2014. 6. 1 ~ 2017. 5. 31

으로만 참조하여 보십시오.

협업사업은 특수수지 코팅 기술을 적용한 아연도금 파형강관 생산이 목적입니다. 협업을 시작하게 된 동기와 배경은 13년 전인 2000년, 국내 파형강관 업체들이 개발한 코팅관이 등장하면서 처음에는 번듯했던 제품이 불과 3년을 넘기지 못하고 불량품으로 전락하는 사태가 발생합니다. 이유는 폴리에틸렌이라는 수지의 특성을 알지 못하고, 이 수지를 철판에 부합시켜 모양만 그럴듯한 코팅관을 만들었기 때문입니다.

처음에 파이프를 가스버너에 얹어 열을 가해 뜨겁게 하여 수지를 붓고 돌리면 102℃ 열에 의해 수지가 녹아 파이프 내에 깔립니다. 이 열이 식으면 금형에서 떼어낸 타이어 모양을 형성하지만 철판에 접착이 되지 않아 시간이 지나면서 철판의 신축을 따라가지 못하고 춥고 더움에 따라 수지가 철판에서 박리됩니다. 수지 자체의 경화도에 따라 종래에는 조각조각 깨어져 떨어지는 현상이 발생합니다. 참고로 파이프 6m가 영하로 떨어지면 0.8mm가 줄고 30℃ 이상이면 0.4mm 늘어납니다.

그때부터 저희 회사는, "시중에 나도는 코팅관이란 것이 아! 이건 제품이 아니다. 새로운 방법으로 절대 철판으로부터 박리되지 않는 코팅관을 만들어야겠다."라는 생각에, 신종수지 우레탄을 활용하여 철판에 부착시켜 철판과 신축성이 같은 원활한 수지를 개발하기에 이르렀습니다. 저희는 철판을 파이프로 만드는 공정만 있지 수지를 철판에 접목하는 기술을 잘 몰랐기 때문에, 얼마가 들지도 모르는 새로운 도장설비를 갖추고 기술자를 양성하고 많은 시행착오를 겪으며 숙련공을 양성할 생각을 하니 아찔했습니다.

작업장도 확장해야 하고, 시너, 페인트 등 몸에 해로운 환경 때문에 환경오염 방지시설까지. 그러기보다는 차라리 기존에 설비를 갖추고 이 방면에 전문적인 기술을 가진 업체를 찾다 보니 다행히도 저희 회사에서 5㎞ 떨어진 곳에 도장설비를 갖추고 도장 기술을 보유한 ㈜동연이라는 업체가 있었습니다. 그 뒤 2006년경, 그 사장님은 처음부터 저희 수지를 개발할 때 조언도 해주시고 시험용 샘플(sample) 제작 시 도움도 주시고 하여 그 사장님과 협업을 하여 신제품을 개발하기로 뜻을 모아 중기청에 협업사업계획승인을 신청하고 적격성 심사를 받아 1년의 협업기간을 승인받았습니다.

또 이 공장은 있는 도료로 도장은 전문이나 수지나 도료를 제조하는 회사가 아니었기에, 토의 끝에 일본의 도요 잉크와 한국에 대기업인 모 페인트 회사와 접촉하게 되어 3년 만에 저희가 원하는 수지를 개발하게 되었습니다.

이 수지를 개발하는데 무슨 3년씩이나 걸리느냐 하시는 분도 계시겠지만, 이 3년은 참으로 저희한테는 안타까운 시간이었습니다. 협업승인기간은 1년인데, 수지를 개발하는 과정에 부착한 수지가 철판에 가공이 잘 됐는지 안

됐는지 성능시험을 해봐야 되지 않겠습니까.

이 성능을 시험(test)하기 위해 울산에 있는 포항 산업과학연구소에 성능 분석을 의뢰합니다. 이 파형강관은 미국에서 처음 개발되었기 때문에 모든 시험에 ASTM 기준이 적용됩니다. 16종목 시험에 수수료는 1회당 300만 원이나 듭니다. 시험기간은 개중에 짧은 것은 하루, 긴 것은 한 달, 그중에 필수과목인 동결융해저항시험이란 항목이 저희 발목을 잡았습니다.

이것은 이 수지의 목적인 신축성에 의한 박리 여부를 결정하는 중요한 시험이었는데, 영하 18도에서 8시간 이어 상온에서 16시간 꼬박 24시간 동안 수지부착한 철판을 얼렸다 녹였다하며, ASTM 기준인 100사이클을 테스트(test)하는 겁니다. 24시간씩 100사이클이면 시간상으로는 토털 2400시간 날짜로는 100일이 되는 겁니다. 한 번 시험에 들어가면 석 달 열흘을 기다려야 하는 겁니다.

처음에는 멋모르고 조각편을 3~4개 접수했는데 금액이 900만 원 ~1200만 원, 100일 후 결과는 불합격!!!

다시 개선하여 접수해서 100일 후 또 불합격!!!

이러다가는 돈도 돈이지만 테스트(test)하다 1년 세월 다 까먹겠다 싶어 동결융해저항시험만 의뢰하기로 하고 그 다음은 레시피(Recipe)를 달리해서 동결 융해저항시험편을 20개, 30개씩 접수하니, 연구원들이 눈이 휘둥그래지더군요. 그래도 귀찮을 정도로 쫓아다니다 보니 시험비는 시험비대로 시간은 시간대로 엄청 깨졌습니다. 그래서 협업을 2차 연장승인 받기로 하고 진행했습니다. 그러던 중 그중에서 저희가 원하는 근사치의 샘플(sample)이 하나 나왔습니다. 이것을 가지고 디테일하게 다시 레시피(Recipe)를 조정해 또 테스트(test)……, 마지막으로 나온 제품으로 전 항목 테스트(test)를 해서 현재 저희가 원하는 수지를 개발하게 되었습니다.

Black관 전시(Black관을 들어 보임).

이에 특허청에 특허출원을 해서 협력사와 공동 특허를 받았습니다. 기존 파형강관 수명은 40~50년, 시멘트 흄관 수명은 20~25년, 신제품 우레탄 코팅관의 수명은 70년이란 포항산업기술연구원과 한국 기술표준원에서 인증을 받았습니다. 이때가 3년 만기를 한 달 앞둔 시기, 부랴사랴 중소기업청에 3차 연장을 신청하고 심사를 기다립니다. 중기청 심사가 매일 열리는 것이 아니고 그것도 때가 있어 심사가 열릴 때까지 기다려야 했습니다. 우여곡절 끝에 3차 협업 2년 연장을 하고 나니 수지가 잘 나왔다고 제품이 되는 것이 아닙니다. 이 수지를 철판에 부착시키는 협력업체의 공정이 남았습니다.

대차를 이용해 6m 파이프 내외면에 250㎛(마이크로미터)를 동시에 코팅하는 설비가 없던 협력업체는 보유한 기계를 개선하고, 노즐 구멍 및 펌프 압력 분사 시간 등을 조절하는 데 또 대여섯 달이 걸렸습니다. 일반 도료와 새로 개발된 수지와는 농도 및 점도 등이 달라서 기계적인 조건을 다시 맞추어야 했기 때문에 이리저리 헤맨 시간이었습니다. 남은 기간은 1년 6개월, 이 기술을 동원해 숙달 숙련되기까지 서너 달, 이제 거의 되었다 싶었을 때 협업기간 12개월 남기고 그동안 공급되던 원자재 가격인상 등, 저희가 예상했던 금액이 모자라기 시작했습니다. 처음엔 저희 자체자금만으로 완성한다고 했던 사업이 자금이 달려 중소벤처기업진흥공단에 지원을 요청하게 되었습니다. 5년간의 저희 총사업비 28억 중 자체자금 20억, 정부지원금 칠억 팔천, 이 금액을 2년 후엔 전액 상환하는 조건이었습니다.

이후 소소히 납품하는 중에 생산한 지 4개월 만에 처음으로 2009년 국내 건설업체를 통해 아프가니스탄에 12억 원어치 물량을 첫 수출하였고 국내에도 납품, 2011년 몽골 고속도로 옆 종배수로에 10억 원 상당을 수출, 음성 진천혁신도시에 하수관 설치 등 활발히 활동하던 중, 국내 조달청에 우수제품등록을 하기로 하고 관급공사에 참여하고자 노력하였습니다.

한데 여기서 또 문제가 생겼습니다. 조달에 등록하려면 직접생산 확인기준에 의해 모든 제품을 자사에서 직접 생산하는 설비를 보유해야 한다는 것입니다. 이 제도는 생산설비 없이 받아다 파는 도소매업자들의 참가를 방지코자 한 방침이었습니다. 다행히 중소기업청을 통한 협업사업 승인기업은 직접생산을 인정해 주어 직접생산 확인기준에 통과는 하였습니다. 문제는 협업기간이었습니다. 중기청에서 제시한 협업은 1차 1년, 2차 2년까지만 허용되었고, 기술개발을 끝낸 후에 더 연장하는 것은 규정에 없다는 겁니다.

기술의 우수성 및 독창성

▶ 5년간의 협업사업 결과, 기반 기술 특허 등록

조달에 허용기간은 3년, 특허를 받으면 1년 연장, 수출하면 또 1년 연장 해 준다고 합니다. (와 ~~,) 이건 현실에 너무 동떨어진 정책입니다.

그럼 이제까지 두 업체가 공동개발을 하고 모든 기술적 노하우를 공유하고 있는 상태에서 협업을 종료하고 찢어지라니. 각자 회사에서 생산설비를 따로따로 설치하고 운영하라는 겁니다. 이제까지 우호적이었던 협력업체 관계가 경쟁업체로 바뀌는 순간이었습니다. 설비를 할 여력이 있었다면 처음부터 독자적으로 개발하지 모든 기밀이 드러나는 협업 기술개발을 어찌하겠습니까.

이제부터 본격 생산하여 국내에 납품하고 해외로 수출하려는데 협업이 깨지면 국내 조달청에서도 탈락하고. 해외에서는 국내조달청 납품실적이 있어야 수출도 수월하더라구요. 자기 나라 조달청에서도 판매를 못하면서 남의 나라에 판매하러 왔느냐 하는 식이죠.

이제부터는 수입의 이익을 50% 배분할 수 있는 때가 왔는데, 협업 연장이 더 이상 안 된다면 지난 6년 동안 쏟은 모든 고생과 쌓은 성과가 물거품이 되는 상황이 돼버린 겁니다. 무슨 수를 쓰든 협업사업의 연장승인 받아야 했습니다. 이에 협업체(주식회사 동연) 사장님과 함께 중소기업청 담당관을 찾아가고 청장님께 의논하고 하여 마케팅을 이유로 4차 연장승인을 받았습니다. 그러나 기술개발을 끝으로 협업이 종료되는 국내에 법(규정)이 그렇다면, 협업을 할 업체가 과연 몇이나 되며 공동으로 기술개발 후 협업이 종료된다면 기술노출 설비노출 등의 문제가 발생합니다. 그러면 결국 이건 협업이 아니라 서너 개 업체가 모여 공동기술개발밖에 안 되는 상황입니다. 결국은 협업이 아닌 기술개발을 빌미로 정부의 지원자금을 받자고 하는 일밖에 안 되는 겁니다. 함께 한 가지 제품을 개발하며 협력했던 업체들이 바로 경쟁업체로 전환되는 겁니다.

1972년 한국 최초의 공단인 구로공단 설립 시 당시 상황으로 토지는 10년 상환기간을 연장해주고 정부지원은 건설산업과 포철 및 조선 등 중장비 장치산업에 치중하던 때, 중소기업 자금지원이 힘든 상황이라 당시 오원철 상공부 장관과 남덕우 경제기획부 장관이 낸 아이디어가 바로 협업이었습니다. A사와 B사가 협력하여 C라는 제품을 생산하고 판매하는 전략을 구상해서 공동판매를 유도했습니다. 소기업끼리는 같은 설비와 시설을 투자하지 않고 서로 있는 설비를 활용하여 공생하라고 하는 것이지요. 이 같은 협업으로 성공한 기업이 제일모직, 제일합섬, 대한모방 등입니다.

대구에 실을 생산하는 방적공장, 구미에 실로 직물을 짜는 제직공장, 구로공단에 이 직물을 염색가공하는 염색공장, 염색한 원단으로 가멘트(즉 옷을 만드는 봉제공장) 등. 여기저기 흩어져 임가공을 맡기던 삼성그룹이 처음으로 이들을 규합해 경산에 제일모직, 구미에 제일합섬 등을 만들었고 대기업을 형성한 겁니다. 이런 것이 진정한 협업일진대, 중소기업청이나 중앙정부의 생각은 어디까지를 협업으로 인정하는지 궁금합니다. 2년 전 "손톱 밑 가시 제거"를 제창했던 정부 및 중소기업청분들, 이러한 소기업의 애로사항을 감찰하시어 규정을 조정해 주시는 것이 어떠하신지요.

자, 그러면 감히 제안을 해봅니다.

첫 번째 관청에 등록하기 위한 직접생산 확인기준을 완화하든가.

두 번째 협업의 기간을 두 업체가 종료신청을 할 때까지 기한을 늘려주시면 어떨까요.

세 번째 기술개발 자금을 명분상만 하지 말고 기술개발 성공과 동시에 실제 소요금액의 반만이라도 지원해 주시던가요. 지원을 받더라도 어차피 업체에서 상환을 해야 되는 상황이니까요. 참고로 매출액이 적은 소기업은 3년간의 재무제표를 기준으로 하여 그 매출액 대비 적은 금액만 정책자금으로 지원이 되더라구요.

기업인 여러분, 협업하십시오.

다만, 기술개발에 소요되는 자금은 정부자금에만 의존하지 말고 두 협업체가 80%, 정부지원 20%만 기대고 하면 무리 없이 협업에 의한 기술개발이 가능할 겁니다.

또 두 회사 사이를 돈독히 하십시오.

주관업체 사장이 협업체에 가면 그쪽 직원처럼 행동하고, 참가업체 사장이 주관업체 회사에 오면 이쪽 직원이 될 정도로 사이좋게 지내십시오. 그러려면 이윤의 공동분배가 치우치지 말아야 합니다.

예를 들면, A회사와 B회사가 협업을 할 때, A회사는 원자재 공급, 영업 및 판매, 운송, 수금까지 하고 B회사에서 가공을 한다 칩시다. 비중으로 볼 때, 예를 들면, 생산 A회사 70%, 가공 판매 B회사 30%니까 이익분배도 70:30으로 정해야 되지 않느냐 하는 식으로 이윤의 분배가 형평성 있게 되어야 합니다.

때로는 B사 사장이 손익을 따져 볼 겁니다. 급하면 잔업, 특근 등 또 물량 독촉 등 많은 신경을 써야 하고, 작업자 및 심하면 날씨까지 걱정해야 하는 등 타산이 맞는지 안 맞는지 계산하게 되지요. 사소한 욕심이 잘못하면 도로 아미타불이 되지 않도록 신경 써주시면서 함께 이끌어 가면 재미있는 협업체를 이루어나갈 수 있을 겁니다. 그래서 저희 회사는 두 업체 중 한 업체가 문 닫을 때까지 같이 가기로 약속을 하고 문서화했습니다. 이윤도 50%로 공동분배합니다. 때로는 양사 조금씩 불만이 있어도 큰 문제점을 일으키지 않고 현재까지 잘 유지되고 있습니다.

여기에서 한 가지 분명히 짚고 넘어가야 할 일이 있습니다.

시간이 지나다 보면 자칫 착각할 수 있는 부분이 협업체란 A사와 B사 간의 최대기술을 발휘해 제3의 제품을 만들어내는 동등한 위치에서 공동체의 관계이지 절대로 하청업체나 갑과 을의 사이가 아니라는 것을 철저히 인식하고 이끌어가야만 양사의 관계를 오래 유지할 수 있다는 것입니다.

참고로 저희 회사는 2008년 기술표준원 부품소재신뢰성인증을 받았고, 2010년 중소기업청의 성능인증, 2012년에는 코팅에 관한 특허 2종 및 품질경영시스템 인증을 받았습니다. 2013년에는 조달청 우수제품으로 지정받았고, 경영혁신형 중소기업 인증도 받았습니다. 또 2014년에는 중소기업청으로부터 제4차 중소기업 간 협업사업승인을 받았습니다.

이제까지 코팅관이라면 우리나라의 경우 검정색(Black)만 유통되던 것이 재질을 우레탄으로 바꾸고 나서 다양한 컬러로 제작이 가능하게 되었습니다. 종래 Black은 수지에 카본블랙을 넣어 외부에 노출되는 단점을 커버하기 위함이었는데, 이제 다양한 컬러로 빨간색은 오폐수, 축산폐수 등이 유출되면 위험한 수질을 관리하는 용도로, 파란색은 일반 우수, 냉각수 등, 노란색은 주의를 요하는 수질을 관리하고 취급하기 편하도록 소비자에게 선택할 수 있게 하였습니다.

(컬러(Color)관 전시품을 들어 보임.)

또한 대한민국 파형강관 코팅관 중 유일하게 수지에 난연성을 부가하여 1300도가 넘는 산소용접 및 전기용접에도 직화된 부분만 재로 남고 화염이

파란색, 빨간색, 노란색 파형강관 모형

번지지 않고, 이제까지 코팅관의 단점인 현장에서 직접 용접과 절단을 못한 부분들을 현장위치에 맞게 용접과 절단을 하여도 제품이 불에 타거나 변형이 되지 않도록

제품을 개선하였습니다. 그러면 이렇듯 우수제품이 인증된 마당에 관급공사에 매출이 잘 되느냐.

우리나라 토목, 건설 공무원님들! 신제품을 썼다 사고 나면 감사에서 책임을 면치 못하기 때문이라며 불량품이라도 기존에 쓰던 제품을 고집하는 분이 아직까지도 많더라구요.

오히려 국내보다 해외에서 더 인정해주고 소비해주는 사례가 생겼습니다. 이제 저희 회사는 동남아를 위시해서 해외로 수출을 시도하고자 일차 인도네시아, 이차 베트남, 중국, 말레이시아, 태국 등을 목표로 마케팅 사업을 추진하고 진행하고 있습니다. 그래서 협업 4차 연장도 해외 마케팅으로 추진하였습니다. 저희는 기대가 큽니다. 국내 중소기업이 동남아로 발 뻗어 제품을 세계화하는 데 일조를 할 테니까요. 또한 1차 완성되었다고 해서 머물 것이 아니라, 더 나은 더 좋은 제품을 만들기 위해 양사는 꾸준히 노력하고 협력하여 더 큰 세계무대로 진출할 수 있도록 힘쓸 것입니다.

오늘 이 자리를 마련해주신 중원대학교의 박광봉 교수님. 그리고 여러모로 저희를 도와주신 관계자 여러분들께 감사의 말씀드리며 이제까지 저희 회사를 예를 들어 말씀드렸습니다.

귀한 시간 할애해서 들어주셔서 감사합니다.

㈜YS는 협업사업 추진을 통하여 특허등록, 우수제품지정(조달청), 성능인증, 제품인증, 부품소재전문기업인증, 경영혁신형기업확인 등을 갖추고 강소기업의 체질개선을 이룸으로써 지속성장 시스템을 확립하였다.

협업제품으로서 제품의 우수성이 구전을 통해 홍보가 되어 2015년부터 한국농어촌공사, 산림청 등 관급공사 발주가 쇄도하고 있다. 본 코팅 파형 강관 제품의 수명이 70년 이상 보장되고, 난연성 코팅 막으로서 화재의 위험이 없어 산림청 등에서 인기가 급상승하고 있다.

(주)영신, 中企의 문제점 협업으로 해결… 한단계 업그레이드 된 제품 생산 성공

'Made in Korea 코팅파형강관' 한류열풍 예고

(주)영신 박대일 부사장

타 수지에 비해 내구성 월등하고
용도에 따라 다양한 색상 구사

내하력 크고 중량 크게 감소…
제품의 수명 크게 향상 · 세계 최고의 제품

내년 태국 · 필리핀 등 중동지역 수출시장조사 준비
중국 현지법인 설립 준비 완성단계

㈜YS의 협업사례 기획보도 자료, 「충북경제신문」, 2014.08.04.

〈이하 기사내용 원문 수록〉

영신은 파형강관(CSP)을 전문 생산하는 기업으로 이 분야에서는 국내뿐 아니라 세계에서도 앞서가는 기업으로 손꼽힌다.

특히 영신(박○○ 부사장 · 사진)은 세계 최고의 품질을 갖춘 제품을 생산하기 위해서는 중소기업이 안고 있는 문제점 해결책으로 기업 간 협업밖에 없다는 확신을 갖고 코팅전문업체인 ㈜DY과 협약을 체결하고 중소기업청으로부터 협업사업승인을 받아 협업 비즈니스를 수행하고 있다. 이를 통하여 기존 파형강관의 문제점들을 보완해 한 단계 업그레이드된 제품을 생산하는 데 성공했다. 이같이 협업을 통해 탄생된 ㈜YS의 파형강관은 생각보다 더

큰 효력을 발생, 타 수지에 비해 내구성이 월등히 우수하고 용도에 따라 다양한 색상을 구상할 수 있다.

또한 이 제품은 골을 성형해 내하력을 부여한 연성관으로써 하중 및 반력이관 둘레에 균등하게 분포해 내하력이 크고 따라서 같은 환경의 흄관 약 1/20~1/40의 두께로 시공이 가능하며 중량은 크게 감소한 반면 높은 강도로 제품의 수명이 크게 향상된 세계 최고의 제품이다.

또 파형강관은 중량의 감소로 인해 수송비 절감은 물론 운반이 용이함으로써 그간 트럭 7대분을 2대로 충분히 운반할 수 있다. 이와 함께 시공면에서도 유연성이 뛰어나 강성관에 비해 기초공사가 간단하며 비숙련자도 조립이 가능하다. 내구성면에서도 양질의 용융아연 도금을 하기 때문에 내구수명이 크게 향상됐다.

특히 이 제품은 간척지를 제외한 토양부식에 의한 내구수명(1.6㎜ 두께 기준)은 50~100년으로 보고 있다. 이 같은 제품의 우수성으로 인해 경제성면에서도 종전의 제품에 비해 공기가 획기적으로 단축되고 수송량 절감과 함께 공사 중 교통의 불편해소 등으로 타 제품에 비해 경제성이 아주 뛰어나다.

박○○ 부사장은 한양대 섬유학을 전공했으나 1967년 본인의 전공과는 관련이 없는 국립과학연구원(상공부 소속 한국표준원 전신)에 근무하던 당시 유행하던 시멘트 흄관의 많은 문제점을 보고 이를 개선, 이 분야의 선두주자가 되겠다는 포부를 갖고 이때부터 20여 년간 끊임없는 연구개발에 착수한 것이 지금의 영신을 있게 했다.

박○○ 부사장이 제시하는 성공의 기준은 흔히 CEO들이 제시하는 일반적인 기업의 성공과는 지향하는 바가 다르다. 물론 이윤을 내기 위한 방법은 크게 다르지 않다. 또 기업의 매출신장이 성공과 실패를 가름하는 결정적 요소임을 부정하지 않는다. 그러나 박 부사장은 더 큰 성공 기준으로 사원들의 행복을 꼽는다.

기업이 발전하기 위해서는 직원도 함께 발전해야 한다는 것. 또 직원의 발전은 그들의 행복과 밀접한 관계를 맺고 있기에 돈이 전부는 아니겠지만 그래도 기업의 성장과 함께 직원들의 대우 역시 대기업 수준을 뛰어넘는 사원복지를 정착시킨다면 본인이 추구하는 기업가로서의 진정한 성공이라고 말할 수 있겠다고 말한다.

실제로 박 부사장은 직원의 행복을 위한 투자를 아끼지 않는다. 어려움에 처한 직원을 돌보며 뒤처지는 직원에게는 격려를 보내고 그들의 자존감을 높이고 가족처럼 따뜻한 정으로 대함으로써 저절로 직원들의 화합이 이뤄지고 화합의 힘이 바로 세계적인 기업으로 발돋움하는 데 타사와 차별화된다는 확신을 갖고 있다고 말한다.

그간 몽골 아프가니스탄 등에 18여억 원 상당의 제품을 수출한 경험으로 내년에는 태국, 필리핀 등 중동지역 수출을 위한 시장조사를 착실하게 준비할 것이라는 박 부사장은 중국에도 현지 법인설립 준비가 완성단계라면서 최고 품질의 'Made in KOREA' 코팅파형강판을 전 세계에 공급하는 날을 위해 모든 열정을 쏟겠다고 다짐한다.

사례 2　제조 공정별 협업 사례–대 · 중소기업 간 상생 모델(유형 : R&D/제조/마케팅)

– 추진주체 ㈜DN전자 : PCB'A 공정, 조립공정 및 출하

– 참여기업 ㈜PIS : SMD 공정

– 참여기업 UJ산업 : 자삽공정

㈜DN전자 사옥 전경

① 사업의 목적 및 필요성

- 협업사업을 통한 산업기기류 사업의 대내외 경쟁력 강화로 매출 및 이익 증대가 주목적으로, 계전계측기 조립 및 마케팅 전문인 추진주체와 PCB 어셈블리 연구개발 및 생산 전문인 참가업체가 상호협력하여 동반 성장하고, 대 · 중소기업 상생발전을 도모하고자 함

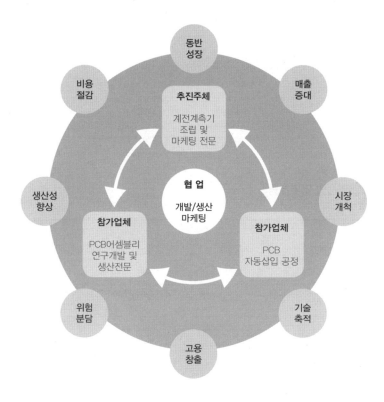

② 협업사업 생산 추진체계

PCB'A 생산 전후 공정을 완결하여 품질, 가격, 납기를 확보 및 원가절감을 통하여 경쟁력을 강화함

자삽공정 (유진산업)	SMD ㈜피아이에스	PCB'A공정 동남전자㈜	조립공정 및 출하 동남전자㈜
1 AXIAL SEQUENCER 2 AXIAL INSERT 3 RADIAL INSERT	4 SCREEN PRINTER 5 SMD SPI 검사 6 SMD CHIP MOUNTER 7 SMD 이형 MOUNTER 8 REFLOW SOLDERING 9 SMD VISION 검사	10 부품 수입검사 11 PCB'A MANUAL INSERT 12 FLOW SOLDERING 13 PCB'A T/UP 14 PCB'A DI-WATER세척 15 ICT 또는 FUNCTION TEST 16 PCB'A COATING	17 PCB'A MOLDING 18 제품 기구물 조립 19 제품검사 20 AGING TEST & BURNING TEST 21 출하검사 22 포장 및 출하

② 협업사업 업무분담

협업사업 역할분담		추진주체	참가업체	참가업체
		㈜DN전자	㈜PIS	UJ산업
연구개발	PCB'A		주로 ㈜PIS가 YJ산업과 기술적 노하우 및 정보공유, 신제품에 적용될 PCB'A연구개발	
	계전계측기류	추진주체가 고객의 Needs 파악, 개발		
생산	부품조달	계전계측기 부품	PCB'A부품	
	반제품 생산 및 시험		PCB'A생산 및 시험장비로 성능을 포함한 품질 시험	
	제품생산	계전계측기류 조립	PCB 어셈블리 생산	자동삽입공정
마케팅	PCB'A	기존 거래업체 관계 유지와 신규업체 개척		
	계전계측기류			

④ 협업사업 전반적인 업무 추진체계

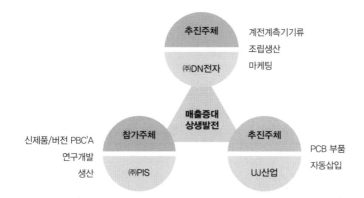

추진주체

㈜DN전자

계전계측기기류
조립생산
마케팅

매출증대
상생발전

참가주체

㈜PIS

신제품/버전 PBC'A
연구개발
생산

추진주체

UJ산업

PCB 부품
자동삽입

추진주체가 생산할 신제품 계전계측기 류에 적용될 PCB'A는
주로 참가업체 ㈜PIS가 유진산업과 기술적 노하우 및 정보공유로
신버전PCB'A 연구개발하고 계전계측기기류는 추진주체가 주로 연구개발 함

참가업체는 PCB어셈블리를 자동삽입공정과 SMT공정을 통하여 생산하고,
추진주체는 그것을 이용하여 계전계측기기를 조립 함

마케팅은 추진주체가 기존 거래업체 관계유지와 신규업체 개척,
주요 부품 제품 주문에 역량을 집중 함

⑤ 협업추진 성과(매출액)

단위 : 백만원

구분	당해년도				1차년도(2013)			
	매출		수출		매출		수출	
	계획	실적	계획	실적	계획	실적	계획	실적
금액	8,000	5,578			12,000	6,447		

2차년도(2014)				3차년도(2015)			
매출		수출		매출		수출	
계획	실적	계획	실적	계획	실적	계획	실적
15,000	6,991			17,000	상반기 3,200		

⑥ 협업추진 성과(투자비/원가/고용 창출)

단위 : 백만원

투자비절감

구 분	개별투자시(A)	협업추진결과(B)	투자비절감비율(A-B/A)
투자비	2,000	1,500	25.0%

단위 :%

매출원가절감

구 분	협업 추진 전(A)	협업 추진 후(B)	원가절감비율(A-B/A)
매출원가비중	85	80	5.9

종업원수 증가

구분	전년도	당해년도	1차년도 (2013)	2차년도 (2014)	3차년도 (2015)
종업원수(명)	11명	21명	26명	34명	35명

㈜DN전자 협업사업 완료 보고 및 현장방문, 홍○○ 대표이사가 현장방문한 중기청 사무관에게 협업사업의 성공적 수행에 대하여 설명하고 있는 장면(2015.07.10.)

세차기 개발 협업 사례-중소기업 간 협업 모델(유형 : R&D/제조/마케팅)

- 추진주체 동서○○○㈜ : 기계제작, 세차기 제작, 무역

  ※ 2016.01.01.자로 동서○○○㈜를 엔○○㈜로 회사 명칭 변경

- 참여기업 ㈜대도○○○ : 플랜트 도장, 행거시스템

  롤○○○○   : 금속압형제품 제조업

  ㈜엠○○○○ : 자동차엔진 부품생산

① 협업사업 개요

협업사업명	친환경 지능형 통합 자동세차 및 물 절약 시스템 개발
사업기간	2011. 01. 01.~2013. 12. 31. (3년)
추진주체	동서○○○ 주식회사
참가업체	㈜대도○○○, 롤○○○, ㈜○○○○

② 협업사업 목적

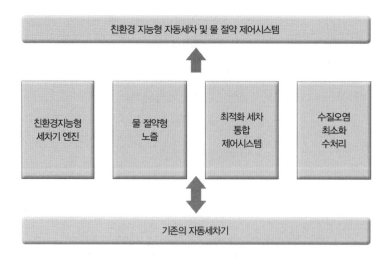

③ 협업추진 내용

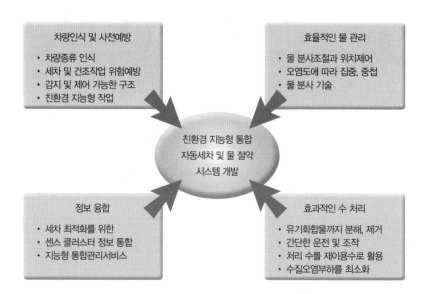

④ 협업추진 체계

```
                        협 업 총 괄 단

                  협업체 매니저 협의회 (협업체 실무팀장)


    ㈜엠○○○        동서○○○㈜      ㈜대도○○○        롤○○○

  개발 세차기 엔진   영업 및 개발총괄 S/W  개발 외관부 개발   개발 수 처리시설

    세차부 엔진      협의체 지원관리     프레임 개발        침전조
    건조부 엔진      영업 및 마케팅     지지프레임         반응조
    제어부 엔진     기본프로세서 정의     컨베이어          처리조
                  데이터모델링        가이드         공기유입방법
                  소프트웨어 정의     가이트레일        오존발생장치
                  인터페이스 정의       지지축         여과막 모듈
                   장치 정의         캠클러치
                   H/W 개발
               RFID 및 센스모듈 개발
               통합관리시스템 개발
                  노즐부 개발
                  미들웨어 개발
```

⑤ 주요생산품

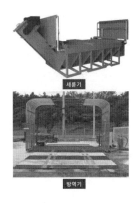

세륜기

방역기

수도권매립지

비접촉 세차기

자전거 주차타워

캐논

⑥ 매출 및 수출현황

단위 : 천 원

	2013년도 매출총액(기준)	2014년도 매출총액	2015년도 매출총액	2016년도 매출예상
내 수	5,774,992	5,557,663	7,086,520	10,000,000
수 출	476,550 ($ 412,205)	663,049 ($573,523)	300,459 ($259,891)	1,387,320 ($1,200,000)
수출지역	싱가포르 외 7개국	호주 외 6개국	폴란드 외 8개국	베트남 외 10개국
고용인원	32명	35명(9.4%)↑	44명(25.7%)↑	55명(20.5%)↑
매출총액	6,215,961	6,220,713(0.07%)↑	7,372,400(18.5%)↑	12,000,000(62.8%)↑

사례 4 2011년 협업사업 방송보도 자료

뭉쳐야 산다! 중소기업 간의 협업이 기업 성공의 새로운 키워드로 떠오르고 있다. 축적된 노하우를 교환해 개발 시간을 단축하고, 생산설비를 공유하는 데 협업효과는 기대 이상이라고 한다. 가스관과 수도관 등 강관을 전문으로 생산하는 중소기업의 경우 30여 년 동안 강관을 만들어 왔지만, 쉽게 녹슬어 부식되는 단점을 개선하지 못해 어려움을 겪어왔다. 하지만 코팅 전문 중소기업과의 협업이 이런 단점을 경쟁력으로 바꿔놓았다. 강관에 우레탄 코팅을 입혀 100년이 지나도 녹이 슬지 않는 고기능성 코팅강관이 탄생한 겁이다. 매출은 2배로 뛰었고 해외에서도 주문이 밀려들고 있다. 협업사업 참여기업인 코팅 전문업체 박○○ 대표는 "시설비를 양쪽에서 절감할 수 있고, 인허가 비용도 절감할 수 있고, 그다음에 영업비용도 절감할 수 있고. 그러니까 중소기업이 협업을 한다면 본인들이 해소하지 못한 것들을 같이 공유할 수 있기 때문에 양쪽이 윈윈(Win-Win)할 수 있는 좋은 제도입니다."라고 말하고 있다.

이를 위해 중소기업청은 협업사업승인제도를 시행하고 있다. 이러한 협업사업은 산업융합촉진법의 발효로 더욱 활성화될 것으로 기대된다.

㈜YS 박○○ 대표이사&㈜동○○ 박○○ 대표이사가 "축적된 노하우를 교환해 개발시간을 단축하고, 생산설비를 공유하는데 협업효과는 기대 이상이다."라고 취재진에게 설명하고 있다(CJB 이○○ 기자, 〈SBS 뉴스〉, 2011.11.25.).

"시설비를 양쪽에서 절감할 수 있고, 인허가 비용도 절감할 수 있고, 그다음에 영업비용도 절감할 수 있고. 그러니까 중소기업이 협업을 한다면 본인들이 해소하지 못한 것들을 같이 공유할 수 있기 때문에 양쪽이 원원(Win-Win)할 수 있는 좋은 제도입니다.", ㈜동○○(참여기업)의 박○○ 대표이사 인터뷰 내용(CJB 이○○ 기자, 〈SBS 뉴스〉, 2011.11.25.)

Part 6 융합 비즈니스(협업)의 실제

협업사업제도에 대하여 인터뷰하고 있는 필자(CJB 이○○ 기자,〈SBS 뉴스〉, 2011.11.25.).

사례 5 2015년 협업사업 방송보도 자료

울산 MBC 〈지역 유망 강소기업 소개〉, ㈜동서○○○의 전경(2015.08.29.)

"협업을 함으로써 기존에 있는 설비와 인력과 조금의 투자만 더 하면서 기술개발을 한다면, 아주 쉽게 새로운 제품을 만들어 낼 수 있기 때문에 이 협업이라는 제도가 중소기업한테는 아주 좋은 본보기로 많은 도움이 됩니다." ㈜동서○○○ 박○○ 대표이사의 인터뷰 내용(울산 MBC 〈히든챔피언〉(2015.08.29.)).

"㈜동서○○○은 같은 협업을 하면서 협업의 리더로서 서로 간의 부족한 점을 채우고 장점을 서로 살려가면서, 리더 역할을 잘 했고, 그걸 통해 가지고 협업에 대하여 누구보다도 잘 알고 있기 때문에 좋은 성과를 낸 것으로 알고 있습니다." (재)대 · 중소기업협력재단 이정화 경영협력본부장 인터뷰 내용(울산 MBC 〈히든챔피언〉(2015.08.29.)).

저는 이미 박사과정으로 방향을 틀었고 회사 같은 경우는 2040으로 해서
2020년도에 400억 매출과 1,000억 만 불 수출로 방향을 잡았기 때문에

"저는 이미 (경영학)박사과정으로 방향을 틀었고, 회사는 2020년까지 400억 매출과 1,000억 불 수출로 방향을 잡았기 때문에 그 두 개의 방향에 전력투구해서 두 가지 목표를 달성해 놓고, 후임자에게 대표이사를 넘겨줄 계획에 있습니다." ㈜ 동서○○○ 박○○ 대표이사 인터뷰 내용(울산 MBC 〈히든챔피언〉(2015.06.21.)).

사례 6 2012~2015년 협업사업 신문보도 자료

일본 오사카에서 한·일 협업 세미나 열떤 토론

> 융합은 영원한 신 성장동력이다
> 협업비즈니스는 중소기업의 지속성장 모델이다

오늘날 우리는 융합시대의 중심에 있다. 융합시대의 생존해법은 협업 비즈니스에서 찾아야 한다. 이러한 시대적 소명을 실현하기 위하여 (재) 대중소기업협력재단 소속 협업전문위원 협의회(회장 박광봉)와 오사카중소기업.사업협동조합(이사장 오오모리 토미오)이 공동으로 한·일 협업 세미나를 지난 11월 29일 일본 오사카에서 개최했다.

일본 협업 세미나에 참석한 필자(앞줄 오른쪽에서부터 세 번째)

이날 세미나에서는 한국의 협업성공사례를 발표하고 한·일 양국 간 중소기업들이 협업 비즈니스 활성화를 기하기 위한 실질적인 방안을 토론하고 협의했다. 앞으로 중소기업들이 직접적으로 만나서 협업사업을 벌리자고 입을 모았다. 이 세미나에는 협업 비즈니스가 절실히 필요하다면서 자부담 경비를 부담하면서까지 참가한 엠티(주) 김상근 대표이사가 참여해 눈길을 끌었다. 중소기업들의 생존을 위해서는 협업사업이 절실함을 보여주는 대목이다.

중소기업들이 지속성장을 기하기 위해서는 첫째, 한·일 양국의 중소기업과 소상공인들에게 융합과 협업에 대한 인식 확산, 둘째, 한·일 양

국의 소상공인 간, 중소기업 간, 소상공인과 중소기업 간 또는 1 · 2 · 3
차 산업 간 협업 비즈니스모델 창출, 셋째, 한 · 일 양국의 소상공인과 중
소기업의 지속성장과 경쟁력 향상을 기해야 한다. 이러한 취지와 목적을
가지고 순수 민간 중소기업인 단체 차원에서 개최한 것이다. 협업전문위
원들이 자비를 갹출하여 개최한 세미나이기 때문에 더욱 시사하는 바가
크다.

  제1 발표자로 나선 박광봉 회장은 코팅 유산균을 육가공에 접목하여 신
제품을 공동개발한 국내 DH사의 사례를 발표했고, 제2 발표자인 김영식
위원은 자동탄도보정장치가 내장된 양안주시 대구경 도트 사이트를 공동
개발한 국내 D사의 협업사례를 발표하여 일본 참석자들로부터 깊은 관
심을 이끌어냈다. 세미나가 진행되는 동안 참석자 전원은 매우 진지하고
열띤 토론을 벌였다. 사막의 한복판에서 한 모금의 물을 갈구하는 목마른
낙타의 애절한 모습을 보는 것 같았다. 생존을 위하여 절박하기 때문이
다. 중소기업이 살기 위해서이다. 이것이 중소기업 현장의 목소리이다.

중소기업의 생존전략, 협업에서 찾아라

세미나 일정으로 일본의 전자레인지 유명 메이커인 日伸工業(대표이사 中道 實)과 마호병으로 유명한 90년 장수기업 타이거(회장 히로시 오카와)의 공장견학을 실시했다. 이들 기업 역시 한국의 중소기업과 협업을 원하고 있음을 확인하는 계기가 됐다. 일본의 기업들은 이제 한국의 기업들을 후진 기업으로 보지 않는다. 대등한 수준의 파트너로 인정하고 협업을 원하고 있다. 세미나에 참석한 김영식 위원(생산정보화 전문가)은 한국의 기업들이 오히려 생산정보화 부분에서는 이제 앞서 있다고 자신 있게 평가했다. 타이거의 브리핑을 담당한 규마 미치타카(久馬通孝) 상무는 한국 기업들의 스피드(Speed)를 높이 평가하고, 자사제품이 한국시장을 비집고 들어갈 틈이 없다고 말했다.

일본의 90년 장수기업 (주)타이거 정문 앞에서 한·일 협업 세미나 일행

Part 6 융합 비즈니스(협업)의 실제

그만큼 우리 기업들의 위상이 국제시장에서 높이 평가되고 있다는 고무적인 이야기이다. 그러나 우리 중소기업들은 여전히 여러 가지 면에서 경영환경이 열악하기 때문에 어려운 것이 사실이다. 자국의 기술력과 마케팅 능력만으로는 오늘날 처한 경제난국을 헤쳐 나아가기 어렵다. 따라서 이제는 중소기업들이 뭉쳐야 한다. 세미나 참석자들은 한·일 양국의 중소기업들이 동일한 입장에 직면해 있음을 인식하고 상호 협력할 수 있는 부분을 찾아내서 소통함으로써 지속성장을 위한 방안을 함께 풀어가기로 결론 짓고 세미나를 마쳤다. 따라서 향후 한·일 양국 간에 중소기업들의 협업 비즈니스모델 발굴과 이의 활성화를 위하여 (재)대중소기업협력재단 협업전문위원 협의회와 오사카 중소기업 사업협동조합 간의 코디네이터 역할이 기대된다./특별취재반 (충북경제신문, 2012.12.10.)

경제민주화 정책해법, 협업에서 찾아라 !

✓ 대·중소기업 간, 중소기업 간 상생의 모델은 협업이다

지난 11월 29일 일본 오사카에서 한·일 협업 세미나가 개최되어 눈길을 끌었다. 순수 민간단체 차원의 자부담으로 협업 세미나가 진행되었기 때문이다. 융합시대의 시대적 산물이 곧 협업이다. 협업은 R&D, 제조, 마케팅 등에 특화된 전문기업이 핵심역량 분야만 직접 수행하고 나머지는 상호 간 협력을 통해 조달하는 방식이다. 협업 참여기업들은 자금과 위험을 분담하면서 신속하고 유연하게 제품생산 및 판로개척을 하게 된다. 경영환경이 열악한 중소기업으로서는 협업 비즈니스모델이야말로

영원한 생존 비법이다.

– 협업사업은 토탈 서비스 모델

협업사업은 중소벤처기업부가 승인하여 지원하는 제도이다. 비즈니스 모델로서 지원하는 제도로는 유일하다. 여타의 중소기업 지원제도가 기업의 성장단계별로 필요한 개별적 접근방법이라면 협업은 비즈니스모델을 승인하고 그 비즈니스모델이 성공하도록 협업체 발굴에서부터 승인 후 사후관리까지 동 비즈니스가 성공할 수 있도록 국가가 지속적으로 관리하고 지원하는 토탈(Total) 서비스 접근방법으로 대단히 훌륭한 제도이다. 단순히 R&D만 지원하는 형식과는 전혀 차원이 다른 지원제도이다. 기존의 사업모델이 제조기업 중심의 수직적 비즈니스모델, 즉 발주기업과 하청 · 협력 거래관계로 이루어진다면, 협업 모델은 협업체를 구성하여 기능 연계 중심의 수평적 협업 모델로서 수평분업적 비전속적 협업거래 관계로 이루어짐으로써 상대 기업의 경영권은 그대로 유지 · 존속되면서 비즈니스모델만 성립하여 참여기업 모두가 상생협력하면서 동반성장하는 비즈니스모델이다.

– 협업사업은 중소벤처기업부 지원제도

중소벤처기업부의 지원제도로서 (재)대 · 중소기업협력재단이 전담기관으로 지정되어 시행하고 있다. 지원대상은 2개 이상의 중소기업으로 생산, 연구개발, 마케팅 등에서 상호 역할분담을 통해 협업체를 구성하고, 제품을 개발 · 생산 · 판매하거나 관련 서비스를 제공하려는 중소기업이면 된다. 지원내용은 협업체 및 운영에 대한 컨설팅 지원, 협업정보제공, 산학협력실 지원, 정보화기반구축사업 등 11개 사업 우대지원과 협업자금 융자지원, 기술개발자금 출연 등을 지원하고 있다. 협업자금 융자지원은 협업사업계획의 안정적 추진을 위한 판로개척, 기술 및 제품개발, 원자재 구매, 상표개발 등에 소요되는 자금을 융자지원하게 되는데, 추진주체의 경우 45억 원, 참가업체의 경우 40억 원까지 지원된다. 그러나 이러한 지원제도로는 활성화가 미흡하다. 2012년 11월 말 현재 정상승인된 협업사업은 54건에 불과하다. 진행 중인 건수를 모두 합하면 93건이다.

– 협업은 역방향 비즈니스모델

그런데 협업 비즈니스가 절실히 필요하다면서 몇백만 원 하는 자부담 경비를 부담하면서까지, 그것도 일본에서 개최되는 협업 세미나에 참가한 모 중소기업 대표의 현상을 어떻게 해석해야 하는가? 중소기업들의 생존을 위해서는 협업사업이 절실하다는 이야기이다. 이 제도에 대한 홍보와 지원제도가 미약하다는 결론이다. 그러므로 협업 활성화를 기할 수 있는 제도를 보완해야 한다. R&D 예산의 확대만큼이나 중요한 것이 사업화 부문의 예산지원이다. 통상적으로 중소기업의 지원정책을 수립할 때에는 기업의 발전단계를 고려하여 기획하게 된다. R&D 기획→기술개발→제품개발→생산준비→사업화 단계로 중소기업이 발전하는 것을 가정하여 단계별로 필요한 제도를 수립한다. 그러나 현실은 판로확보→비즈니스모델 구축→생산기획→제품개발→기술개발→사업화 단계로 전개되어야 리스크를 줄일 수 있다. 전자의 방식으로 사업진행을 했을 때 기업이 성공할 수 있는 확률은 9%밖에 안 되는 것으로 보고된 바 있다. 그런 의미에서 협업 비즈니스는 중소기업들이 일단 아이디어 수준의 기술을 개발하기 위하여 무작정 R&D 예산을 확보하고 먼저 기술개발을 하는 기존의 절차를 뒤집어 역방향 모델을 구축함으로써 손실을 줄일 수 있는 효율적인 비즈니스모델인 것이다. 판로확보를 먼저 해 놓고, 비즈니스모델을 구축한다. 비즈니스모델에 맞추어 생산기획을 하고, 생산기획에 맞추어 제품 콘셉트를 정의한다. 제품 콘셉트에 맞추어 기술개발을 하고, 수요에 맞추어 공급이 이루어지기 때문에 훨씬 많은 경비를 절감할 수 있고, 판로가 확보되어 있기 때문에 그만큼 경영안정을 기할 수 있다.

– 경제민주화 정당정책, 협업으로 풀어야

이러한 현상들을 제도권은 주의 깊게 관찰하여 정책에 반영해야 한다. 정치권도 경제민주화를 외치고 있다. 그러나 우리 중소기업인들은 현실적으로 갈증을 해갈하는 정책을 애절히 바라고 있다. 요즈음 정부 각 부처마다 융합정책이 봇물을 이루고 있다. 자칫 중소기업의 사업화에 도움이 안 되는 융합을 위한 융합시책이 되어서는 아니 된다. 그동안 융합정책들은 융합 R&D를 중시하고 있다. 자칫하면 사전에 협업 비즈니스가 전제되지 아니한 융합 R&D는 국고의 손실만 가져올 수 있다. 중소기업으로서도 시간의 낭비만 가져올 뿐이다. 다행히 모 유력 정당에서는 중소기업융합특별위원회를 조직하여 활동하고 있어 중소기업들이 기대하는 바가 크다. 따라서 경제민주화를 위한 정당정책의 해법은 협업에서 찾아야 한다. (박광봉, 충북경제신문, 2012.12.10.)

"경제민주화 정책의제"

✓ 대기업 중심의 정책보다 중소기업과 같이 사는 정책을 펴야

요즘 대선주자들이 선거전을 치르면서 경제민주화를 외치고 있다. 경제민주화는 대기업과 중소기업 간에 있어서 경제활동의 불공정성을 해소하고자 내놓은 정당정책이다. 융합정책을 적극적으로 펼쳐 경제민주화를 반드시 실현하겠다는 정당도 있다. 이는 상대적으로 열악한 중소제조기업들이 대부분 대기업의 OEM(주문자생산방식)으로 생산함으로써 당해 중소기업들이 대기업의 횡포에 의거 이익을 창출하지 못하고 겨우인건비만을 따먹는 한계성을 탈피하지 못하고 있다는 데서 나온 정책의제이다. 그러나 1960년대 경제발전 태동기에서부터 1980년대의 경제발전 전성기에 이르기까지 그들이 이룩해 놓은 공적을 결코 간과해서는 아니 된다. 대기업과 공생하는 어떤 중소기업의 경우에는 대기업이 살아야우리 중소기업도 같이 살 수 있다고 적극적으로 대기업과의 상생론을 펴기도 한다. 따라서 이제는 대기업 중심의 정책보다는 대기업과 중소기업이 같이 사는 정책을 펴야 한다. 융합시대에 맞는 정책을 펴야 한다.

– 융합을 넘어 협업으로

중소기업들은 여러 가지 면에서 경영환경이 열악하다. 따라서 중소기업들은 자사가 가지고 있는 강점과 타사가 가지고 있는 강점을 상호 연결하여 자원을 공유함으로써 더 큰 시너지를 낼 수 있다. 이를 지원하는 제도가 중소벤처기업부에서 지원하는 협업사업 승인제도이다. 그러나 협업체에 대한 지원 프로그램이 미약하다. 상대적으로 융합 R&D 지원사업은 대폭 확대되고 있다. 융합시대를 맞이하여 융합 R&D 지원사업을 확대하는 것은 환영할 일이다. 무작정 R&D 자금이 늘어난다고 좋아할 일이 아니다. 왜냐하면 협업 비즈니스가 전제되지 아니한 융합 R&D 자금은 국가적 차원에서는 국고금의 낭비요, 참여기업의 입장에서는 융합 R&D의 사업기간 동안 시간만 낭비할 뿐이기 때문이다. 따라서 융합 R&D자금 지원은 협업사업으로 반드시 이어지는 정책을 펼쳐야 한다. 여기서 협업사업에 대한 정책의제들을 살펴보자.

– 협업사업의 정책의제

첫째, 협업은 비즈니스모델로 접근해야 한다. 모든 융합 R&D과제에는 협업 비즈니스모델이 전제되어야 한다. 융합 R&D의 성과지표를 기술개발이나 신제품 개발로 평가하는 것으로 끝나서는 아니 된다. 반드시 협업사업 승인으로 이어져야 한다. R&D의 결과는 사업화이다. 사업화는 협업 비즈니스모델을 통한 지속적 매출의 실현이다. 더 나아가 참여한 모든 기업이 상생하는 모델이어야 한다. 동 사업에 참여한 중소기업들 간에 적자생존이나 약육강식의 원리가 적용되곤 한다. 참여기업 중힘 있는 중소기업이 혼자서 독식하게 된다는 점이다.

둘째, 협업은 국가인증사업으로 발전해야 한다. 경영환경이 열악한중소기업이 자발적으로 협업사업에 참여하기는 어려운 것이 현실이다. R&D 역량이 부족하다고 판단하여 정부가 연간 수조 원의 예산을 쏟아붓고 있다. 그러나 더욱 중요한 것은 사업화이다. 중소기업 지원제도 중에서 비즈니스모델을 지원하는 것이 협업사업 승인제도이다. 경제민주화를 실현할 수 있는 유일한 제도로 평가된다. 얼마 전 일본에서 열린 협업 세미나에 협업이 진정으로 필요하다며 자부담을 내면서까지 참여한 기업인이 있었다는 사실은 무엇을 의미하는 것일까. 따라서 협업 비즈니스모델은 국가의 인증사업으로 발전시켜야 한다.

셋째, 협업체에 대한 지속적인 관리가 있어야 한다. 협업 중소기업체들은 경영여건이 열악하고, 수시로 경영여건이 달라질 수도 있기 때문에 지속적인 관리를 해주어야 동 사업이 성공적으로 유지될 수 있다. 협업사업이 승인되면 협업 PM(Project Manager)을 배정하여 협업사업이 성공될 수 있도록 관리해오고 있다. 그런데 그 PM의 숫자가 턱없이 모자란다는 점이다. 현재 6명의 PM이 전국의 54개(2012년 11월 현재) 협업체를 관리하고 있다. 적정한 배치와 지속적인 관리가 되어야 질적인 관리와 사업화 성공모델이 담보될 수 있다.

넷째, 메리트 시스템(Merit System)을 확대해야 한다. 협업사업 승인업체에 대하여는 18개 정부 지원사업 참여 시 가산점과 우대사항이 부여되고 있다. 중소기업의 경쟁력을 강화하고 경제민주화를 실현하기 위한 강력한 제도이므로 모든 중소기업 지원제도에 대하여 우대사항을 확대하여 적용한다면 협업사업은 더욱 활성화될 것이다. R&D예산은 매년 큰 폭으로 확대하는 반면, 사업화 성공이 담보되는 협업사업에 대하여 지원이 미미하다.

다섯째, 협업체에 대한 자금지원을 확대해야 한다. 협업체에 직접적으로 지원하는 자금은 협업정책자금 융자제도밖에 없다. 그러나 자금심사에 있어서도 어떠한 우대사항도 없다. 협업사업 승인심사 기준도 지나치게 R&D 중심으로 평가하는 경향이 있다. 사업화에 초점을 두어 비즈니스모델로서 평가해야 한다. 참여기업들이 사업화에 필요한 비즈니스모델을 제시하고 그 적정성이 인정되면 승인하고, 승인기업에 대해서는 각종 정부 지원사업을 연계지원하여 동 사업이 성공할 수 있도록 적극적인 지원을 아끼지 말아야 한다.

- 명량대첩에서 융합대첩으로

이순신 장군은 영토전쟁에서 명량대첩(鳴梁大捷)의 신화를 남겼다. 강강수월래를 합창하는 부녀자들과 합세하여 완승을 이루었다. 이제 글로벌 경제전쟁에서의 해법은 융합대첩(融合大捷)으로 해결해야 한다. 장군의 지혜를 생각하며, 이제는 일본과도 경쟁상대가 아닌 파트너로 인식하면서 함께 손잡고 융합대첩을 이루어야 한다. 과거의 일본은 경쟁상대였으나, 글로벌 경제전쟁에서는 파트너로서 같이 가야 한다. 그 해법이 협업 비즈니스모델이다. 글로벌 협업인 것이다.(박광봉, 충북경제신문, 2012.12.17.)

'오늘 중기CEO 융합·협업 세미나'

중소기업 간 협업 비지니스모델이 활성화되고 있는 가운데 31일 중원대학교 CEO룸에서 중소기업 CEO 융합 및 협업 세미나가 개최된다.

(사)중소기업융합충북연합회(회장 박종관)는 중소기업 CEO 융합 및 협업 세미나에 충북지역 중소기업 CEO 100여 명이 참석할 것이라고 30일 밝혔다.

충북지방중소기업청과 (사)중소기업융합충북연합회, (재)대중소기업협력재단이 공동 주최, 중원대학교(융합기계·전기전자부품공학과)가 주관하는 이번 행사는 중소기업 융합 및 협업 활성화가 목적이다.

참가대상은 성과 중심의 융합교류활동을 원하는 중소기업CEO와 핵심리더들이다. 세미나의 진행은 제1부에서 협업승인업체 및 협업사업을 원하는 기업인들을 위한 '협업 만남의 장', 제2부에서는 기술융합 및 협업 사례발표와 특강이 이뤄졌고, 제3부에서는 중소기업들 간 융합 및 협업과제 발굴을 위한 분임토의가 이뤄진다.

연합회 관계자는 "여러 가지 측면에서 경영환경이 열악한 중소기업들이 융합으로 기술개발을 이루고 협업 사업화로 꽃을 피워 경쟁력을 강화시키려는 열기가 대단할 것"이라고 전망했다. (중부매일 임은석, 2014. 10. 30.)

'융합으로 기술개발, 협업으로 사업화'

─ 충북 中企 CEO융합 · 협업 세미나, 리더 워크숍 개최

중소기업 간 협업 비즈니스모델이 활성화되고 있다. 『2014 충북 중소기업 CEO융합 및 협업 세미나 · 융합 리더 워크숍』이 지난달 31일 중원대학교 CEO룸에서 열렸다. 이날 행사에는 박종관 (사)중소기업융합충북연합회장, 이정화 충북지방중소기업청장과 안병환 중원대학교 총장이 참석했다. 충북지방중소기업청과 (사)중소기업융합충북연합회, (재)중소기업협력재단이 공동 주최하고 중원대학교(융합기계전기전자부품공학과)가 주관한 이번 세미나에서는 제1부에서 협업승인업체 및 협업사업을 원하는 기업인들을 위한 "협업 만남의 장"에 이어 제2부에서는 ㈜영신의 박○○ 부사장은 '협업만이 중소기업의 살길이다'라는 기술융합 및 협업 사례발표 및 특강이 있었다. 이어 제3부에서는 중소기업들 간 융합 및 협업과제 발굴을 위한 분임토의가 이루어졌다.

특히 이날 행사에는 멀리 전라북도 익산에 소재한 에코로드㈜의 윤승

"협업 만남의 장"에서 기업인들이 서로 의견을 주고받고 있다.

규 전무가 참석하여 협업 비즈니스모델의 진수를 배우려고 달려왔다고 말해 눈길을 끌었다. 한편 이날 식전행사로 치러진 충청권 협업기업협의회에서는 ㈜영신의 박○○ 부사장이 협의회장으로 선출되어 중소기업 간 협업 비즈니스모델의 활성화가 기대된다.(충북경제신문사, 윤○○기자, 2014.10.31.)

"중소기업 융합·협업만이 살 길이다"
중기 CEO 융합 및 협업 세미나 100여 명 참석 관심

'2014 충북 중소기업 CEO 융합 및 협업 세미나와 융합 리더 워크숍'이

지난 31일 괴산 중원대에서 개최된 중소기업 융합, 협업 세미나에 참석한 CEO들이 기념촬영을 하고 있다.

지난 31일 충북 괴산군 중원대학교에서 개최됐다.

이날 행사에는 충북지역 중소기업 CEO 100여 명이 참석해 높은 관심을 보여줬다.

세미나와 워크숍은 상대적으로 경영환경이 열악한 중소기업들이 융합으로 기술개발을 이루고 협업 사업화로 꽃을 피워 경쟁력을 강화시키기 위해 마련됐다.

충북지방중소기업청과 (사)중소기업융합충북연합회, (재)대중소기업협력재단이 공동 주최하고 중원대학교(융합기계 · 전기전자부품공학과)가 주관한 자리다.

박종관 (사)중소기업융합충북연합회장, 이정화 충북지방중소기업청장과 안병환 중원대학교 총장의 인사말과 축사로 시작된 이날 행사에는 성과 중심 융합교류활동을 원하는 중소기업CEO와 핵심 리더들이 대거 참여했다.

　세미나는 1부 협업승인업체 및 협업사업을 원하는 기업인들을 위한 '협업 만남의 장', 2부 기술융합 및 협업 사례발표와 특강, 3부 중소기업들 간 융합 및 협업과제 발굴을 위한 분임토의로 진행됐다.

　협업 사례발표에 나선 ㈜영신 박○○ 부사장은 "협업만이 중소기업이 살 길"이라고 강조했다.

　특히 이날 행사에는 원거리를 마다않고 전북 익산 에코로드(주)의 윤승규 전무가 참석해 "협업 비즈니스모델의 진수를 배우려 달려왔다."고 말해 눈길을 끌었다.

　식전 행사로 이뤄진 충청권 협업기업 협의회에서는 ㈜영신의 박○○ 부사장이 협의회장으로 선출돼 중소기업 간 협업 비즈니스모델의 활성화가 기대된다.(충청일보 이정규기자, 2014. 11. 2.)

융합 및 협업 국제 페어 사례 (충북경제, 2015.11.09.)

　－ 일시 : 2015.10.30.

　－ 주최 : ㈜넷비즈월드

　－ 참여인원 : 60명

　－ 성과 : 바이어 발굴 MOU 2건 체결,

　－ 융합솔루션 : 신창업 모델 제시

〈기사내용 원문 수록〉

지난 10월 30일 필리핀 바기오시에 위치한 빌라 로잘(Villa Rosal) 호

텔에서 ㈜넷비즈월드(대표이사 박수학)가 주관하는 국제융합 및 협업 국제
페어가 성료되었다.

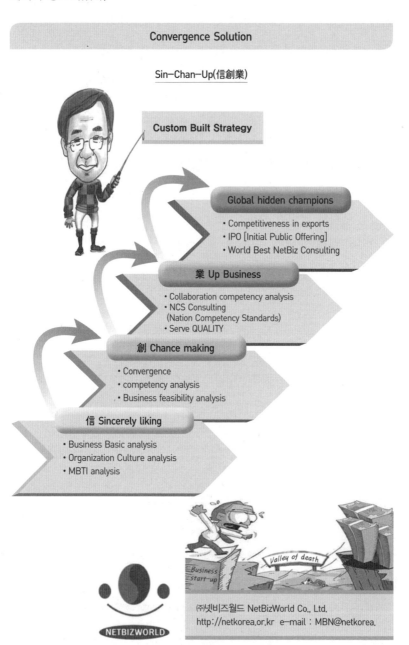

필자의 강연내용에서 발췌

이번 행사의 내용은 그동안 융합 노하우를 바탕으로 국제융합 비즈니스(협업) 모델 컨설팅을 지향하는 ㈜넷비즈월드가 자체적으로 기획한 행사이다. 20년 동안 융합전문가 활동을 펼치고 있는 박광봉(협업전문위원) 대한민국 산업현장교수(고용노동부장관 위촉)의 '융합과 협업 전략'이라는 주제 강연을 필두로 장용록 과장의 기업분석 컨설팅 툴(B. B. A.) 소개, 박수학 대표이사의 융합 비즈니스모델 소개 및 협업제품 설명회, 선임연구원인 크리스(Chris Brousseau)의 한·필 수출입 프로세스에 대한 강의가 있었다. 주제 강연에 나선 박광봉 박사는 융합의 솔루션으로써 신창업(信創業) 모델을 제시하고, 신뢰구축(信賴構築) 단계와 창의혁신(創意革新) 단계를 거친 협업이 융합활동의 최종적인 목표 솔루션임을 강조했다.

필자의 강연내용에서 발췌

이어서 진행한 포럼에서는 참석자들과 융합 및 협업의 활성화를 위한 열띤 토론도 이어졌다. 참석자들 대부분이 융합과 협업을 처음 접하는 터라 시종일관 분위기가 상기되어 있었다. 한 참석자는 필리핀 전통 차의 수출입에 관심을 표명했고, 또 다른 참석자는 대나무 악기제조업체의 기술융합과 협업에 대한 제안을 하기도 했다. 특히 ㈜넷비즈월드가 ㈜YS의 특수수지 소재 우레탄 코팅강관을 소개하는 대목에서는 태풍피해가 심한 필리핀의 기상 현실이 말해주듯이 빗물 처리 관련업체의 깊은 관심 표명이 있었다. 또한 홍보용으로 제공한 ㈜JK의 속눈썹 샘플 제품인 스피드 아이래쉬(Speed eye lash)는 인기가 대단했다. 융합 페어의 인기를 증명하듯 필리핀 주요 상업 텔레비전 및 라디오 방송사인 GMA에서도 뉴스 취재가 있었다.

개별 기업이 자체적으로 "융합 및 협업" 국제 페어(International Fair)를 개인기업 자격으로 추진한 것은 이번이 처음이다. 이번 행사는 충청북도 지식산업진흥원이 2015년 자율형 마케팅 지원사업으로 추진한 행사로서 동 지원사업이 창조경제에 적합한 정책사업으로 평가될 전망이다. 기업의 마케팅 전략을 기업이 자율적으로 기획하여 진행할 수 있도록 창의성을 고려한 것이 이 사업의 특징이다. 융합 비즈니스 분야의 독보적인 모델을 정립하여 컨설팅을 수행하고 있는 ㈜넷비즈월드는 세계적인 비즈니스 네트워킹 시스템 구축을 목표로 현지 사정을 고려한 맞춤형 마케팅 전략기획을 추진하고 있다.

이 회사는 향후 융합 및 협업제품을 엄선하여 국제 네트워킹 시스템에 런칭시킨다는 차별화된 전략을 기획하고 있어 그 귀추가 주목되고 있다. 이날 행사에서는 ㈜넷비즈월드와 필리핀 벵게트주 상공회의소와 바기오시 문화관광국 간의 융합 및 협업 활성화를 위한 MOU가 체결되었고, 여섯 개의 대형 유통채널을 보유한 유통전문회사인 T기업과의 MOU가 체결됨으로써 ㈜넷비즈월드를 통한 ICT 융합 및 협업 활성화와 협업제품에 대한 해외시장개척이 활기를 띨 전망이다.

이날 행사는 로도라(Dr. Rhodora Ngolob) 벵게트주(Province of

필리핀 국제협업 페어 스텝진과 함께한 필자

Benguet)의 상공회의소 회장과 엘레인(Elaine Sembrano) 바기오(Baguio)
시의원을 비롯한 공공기관 및 단체와 기업인들 60여 명이 참석한 가운데
성황을 이루었다.

Part 7

융합 및 협업과제 발굴 WS 프로그램

융합 및 협업 과제 발굴
Work Shop 프로그램 기획 내용

성과 중심의 융합 교류활동을 하기란 그리 쉬운 일은 아니다. 왜냐하면 융합교류 모임의 회원사들 대부분이 소상공인에서부터 중소기업에 이르기까지 경영환경이 녹록하지 않은 것이 현실이기 때문이다. 그러다 보니 단위 그룹 리더 자신이 융합 및 협업 과제 발굴을 위한 워크숍 프로그램을 기획하고 운영하는 것이 여의치가 않다. 굳이 이업종 융합교류회 조직이 아니더라도 각 지역에 산재한 중소기업지원기관들이 지원사업으로 추진하여 결성한 소그룹 클러스터들이 많이 있다. 각 지역의 테크노파크가 결성·지원하는 지역산업 특화 클러스터를 하나의 예로 들 수 있다. 이러한 소그룹이나 각 시·도 단위의 연합회 단위에서 융합 및 협업 과제 발굴을 위한 워크숍 프로그램을 기획하고 운영하면 좋은 성과를 거둘 수 있을 것이다.

그래서 여기서는 단위 소그룹이나 각·시도 단위 연합회에서 표준적으로 기획·운영할 수 있는 프로그램을 제시하려 한다. 단위 소그룹이나 연합회에서 단체의 성격이나 사정에 따라서 적절히 수정 보완해서 사용하면 효과적일 것이다. 이때 워크숍에서 성패를 좌우하는 것은 코칭 전문가의 역량이다. 따라서 얼마나 유능한 코칭 전문가를 확보하느냐가 관건이며, 기획 프로그램을 어떻게 운영하느냐, 워크숍에 참여하는 회원사들의 열정과 의지에 따라 결괏값이 달라질 수 있다. 즉, 3합(기획·운영=코칭=참가자)이 이루어져야 한다. 따라서 프로그램 기본기획서 작성이 무엇보다 중요하다. 그룹리더는 사전에 자신의 소속 그룹의 현황과 행사내용을 정리하여 세부계획서를 작성해야 한다. 다음은 세부계획서에 들어갈 내용을 간추려 제시하니 참고하기 바란다.

첫째, 취지 및 목적을 명시한다. 전술한 바와 같이 어떤 조직이나 단체를 막론하고 그 조직의 정체성과 방향성을 나타내는 비전과 미션이 있게 마련이다. 따라서 당해 조직의 비전과 미션을 달성하기 위한 본 행사의 취지와 목적, 목표를 명시하여야 한다. 이미 지적한 바 있지만 대부분 조직과 단체들이 행사를 기획할 때 행사를 위한 행사로 끝나는 경우가 많다. 취지와 목적을 분명히 밝히고, 동 행사를 통하여 달성하고자 하는 목표를 전략적으로 제시하여 프로그램 진행 후 그에 대한 성과평가가 이루어져야 한다. 이러한 일련의 절차를 거치면서 조직과 단체는 성장하는 것이다.

둘째, 프로그램 내용을 정리한다. 여기서는 일시, 장소, 참석대상, 방법, 프로그램 개요 등과 주관기관, 주최기관, 후원기관 등을 정리한다.

셋째, 프로그램 스케줄을 정리한다. 프로그램의 내용에 따라 일정별, 시간별로 타임 스케줄(Time Schedule)을 정리함으로써 행사의 내용을 단순화시킨다. 그렇게 함으로써 행사의 윤곽이 드러나 구성원들의 이해를 쉽게 구할 수 있게 된다.

넷째, 예산계획을 수립한다. 조직이나 단체의 예산상황에 맞도록 프로그램을 기획해야 한다. 특히, 조직이나 단체의 역량을 넘어서는 예산을 기획하면 실행이 불가능하게 되고, 설령 집행이 되었다 하더라도 추후 조직의 분란과 갈등을 초래하기 때문에 경계해야 한다.

다섯째, 역할분담을 정리한다. 어떠한 조직이나 단체도 혼자서는 행사를 진행할 수 없다. 따라서 프로그램을 실행하는 데 있어서 최대의 효과를 거둘 수 있도록 구성원들과 협의하여 프로그램의 내용에 맞추어 역할

(사)중소기업융합충북연합회가 주최한 '2014년 충북 중소기업 CEO 융합 및 협업 세미나&융합 리더 워크숍'에서
융합 및 협업과제 발굴을 위하여 전문가의 코칭을 받고 있는 장면(중원대학교 연수실, 2014.11.01.)

분담을 해야 한다. 협의한 결과는 역할 분담표를 작성하여 각자가 책임
져야 할 부분에 대하여 기능할 수 있도록 하고, 행사주관부서의 장은 행
사가 종료될 때까지 중간중간 점검을 하여 프로그램 진행에 차질이 없도
록 주의를 게을리해서는 아니 된다.

융합 및 협업 과제 발굴
Work Shop 프로그램(안)

  융합 및 협업 과제 발굴을 위한 워크숍에서 표준적으로 기획 · 운영할 수 있는 프로그램(안)을 아래와 같이 제시하니 참고하기 바란다. 행사의 내용과 성격에 따라 행사명이나 내용을 적절히 수정하여 사용하면 될 것이다.

제　　회　　4차산업 대응「신사업/신기술 발굴」을 위한

20＿＿ 년 중소기업 CEO 융합 및 협업 세미나
& 융합 리더 워크숍

Ⅰ. 취지 및 목적

▶ 취지 :

— 대상 : 성과 중심 교류활동을 하고자 하는 융합추진의 핵심 리더인 중소기업 CEO

— 방법 : 융합과제 발굴기법 특강 및 협업 비즈니스모델 발굴을 위한 세미나와 융합 리더 워크숍 병행

— 취지 : 단위교류회별 협업 비즈니스모델을 구축하고 중소기업의 경쟁력 강화 및 중소기업융합교류회 정체성 확립에 기여

▶ 목적 : 중소기업의 융합 비즈니스(협업) 활성화

— 중소기업 융합 비즈니스의 현실적 접근

▶ 목표 : 20 년 1교1융1협 완성

※ 1교1융1협 : 1교류회 → 1융합과제 → 1협업 모델 구축

― 제1단계(20 년) : 1교1융 → 21융합과제 발굴

― 제2단계(20 년) : 1융1협 → 21융합 R&D 사업참여 및 협업사업승
  인 신청(20건)

    • 20 년 융합플라자 및 정기총회 시 21 협업사례 발표

― 제3단계(20 년) : 국제협업 비즈니스모델 구축 원년(5건)

II. 행사개요

▶ 일   시 : 20 . ○○. ○○.

▶ 장   소 : ○○○

▶ 참석대상 : 지방중기청, 유관기관, 중소기업, 융합전문가/협업전문가 등
  70명

― ㈔중소기업융합 ○○연합회 회원사 및 희망기업 : 약 50여 명

  (21개 단위교류회 회장, 총무, 융합위원, 연합회 집행임원 등)

― 일반기업 : 일반 중소기업 중 융합 및 협업을 희망하는 기업 10여 명

― 협업승인업체 주관기업 및 참여기업 20명

▶ 과제 발굴 : 참여기업 전체 융합 비즈니스 과제 발굴 참여 신청서 제출(별첨)

▶ 주최 : ○○지방중소기업청

▶ 주관 : ㈔중소기업융합 ○○연합회

▶ 후원 : (재)○○○재단/㈔중소기업 ○○중앙회

III. 행사 내용

◆ 제1부 : '협업만남의 장' 개최

▶ ○ ○○권 협업만남의 장 개최

― 대상자 : 협업승인업체 참여기업 CEO 20명

　　― 회장단

　　　　회 장 : ㈜○○ 사장 ○○○

　　　　부회장 : ○○기술정보㈜ 대표이사 ○○○

　　　　총 무 : ㈜○○전자 대표이사 ○○○

※ 지방협업기업협의회 : 협업 참여기업, 지방청 담당자, 협업관리자 등이 참가하여 협업사업에 대한 문제점 및 발전방안 논의

추진근거

중소기업 간 협업사업 지원 운영요령(중소기업청 고시 제2013-34호)

제6조(관리기관)②관리기관의 장은 중소기업간 협업 활성화를 위한 지원정책 등에 대한 자문 및 중소기업간 협업 정보 교환 등을 위해 지역 내 중소기업, 협업관련 기관 등으로 민간 자율조직인 지방협업기업협의회를 결성·운영토록 지원하여야 한다.

▶ 협업간담회

　― 협업 애로사항 청취 및 건의

　― 주관 : ○○지방중소기업청 주무관, ○○재단 담당부장, 협업 PM

◆ 제2부 : 융합 및 협업 세미나

▶ 융합 및 협업사업 안내(교육)

　① 협업 지원사업 안내 : ㈔중소기업융합중앙회

※ 협업 교육 : 협업에 참여하고 있지 않지만 협업을 희망하는 중소기업을 대상으로 우수사례, 참여 인센티브, 신청방법 등에 대해 교육

　② 융합 지원사업 안내 : ㈔중소기업융합중앙회

　　㈔중소기업융합중앙회를 통한 융합 지원사업 안내

　③ 중소기업 지원사업 안내 : 중소벤처기업진흥공단 ○○지역본부

　　공단의 각종 지원사업 안내

▶ 융합 및 협업사례 특강

─ 융합 및 협업사례 중심의 특강을 통한 융합 비즈니스 마인드 확산

─ 특강 Ⅰ : 융합시대 신창업(저자 직강)

─ 사례발표 : 협업사업 성공사례

▶ 융합 및 협업과제 발굴기법 특강

─ 중소기업 융합사업의 기획, R&D 사업화를 통한 경영능력 향상

─ 특강 Ⅱ : 융합 R&D 기획서 작성법

─ 특강 Ⅲ : 협업 모델 발굴기법

▶ 협업 및 융합과제 발굴 코칭 및 분임토의

─ 교류회 융합활성화 방안 및 「1교 1융 1협」 과제 발굴을 위한 분임토의

─ 각 조별 분임토의 결과 단위교류회별 1융1협 과제 발굴

─ 6개 분임조 운영

　• ㈔중소기업융합 ○○연합회 5개조(1조 12명) : 협업과제기획 도출

　• 협업승인업체 1개조(1조 10명) : 융합 R&D기획과제 도출

─ 결과 발표 및 시상

◆ *제3부 : 융합 힐링 캠프*

▶ 융합의 꽃 피우기 : 바비큐 파티장

─ 참여기업 간 정보교류와 네트워킹의 장을 통한 신뢰구축

　◆ *제4부 : 분임토의 결과발표*

▶ 융합 및 협업과제 발굴 코칭 및 분임 결과발표

─ 6개조 : 각 조 10분 발표

─ 총평 : 중소기업융합 ○○연합회장

─ 시상 :

─ 상품협조 : 협업승인기업 협업제품

Ⅳ. 행사 프로그램(안)

일자	시 간		행사 내용	장소	비 고
	제1부 : 협업 만남의 장 개최				
	09:30~10:00 10:00~10:30 10:30~11:00	'30 '30 '30	• 협업체 등록 • 권 협업기업협의회(만남의 장) • 협업기업 애로청취 및 건의		선택 사항
	제2부 : 융합 및 협업 세미나 & Work Shop				
1일차 (금)	10:30~10:40 10:40~10:43 10:43~10:46 10:46~10:49 10:49~10:52 10:52~11:20 11:20~12:00	'10 '03 '03 '03 '03 '28 '50	• 등록 및 숙소 배정안내 • 경과 보고(세미나 취지 설명) • 인사말 · 단위별 기업 단체장 • 축 사 · 중소기업 관련 기관장 I • 축 사 · 중소기업 관련 기관장 II • 중소기업 지원사업 안내 • 협업 지원사업 안내		선택 사항
	12:00~13:30	'90	중 식		
	13:30~14:20 14:20~14:30 14:30~15:20 15:20~15:40 15:40~16:30 16:30~16:40 16:40~17:30 17:30~17:40	'50 '05 '50 '20 '50 '10 '50 '10	• 특강 I : 융합시대 신창업(저자 직강) • 휴 식 • 사례발표 : 협업사업 사례 • 휴 식 • 특강 II : 융합 R&D 기획서 작성법 • 휴 식 • 특강 III : 협업 모델 발굴기법 • 휴 식		필수 사항
	17:40~19:20	'80	• 융합 및 협업 과제 발굴 WS & 코칭		필수 사항
	제3부 : 융합 힐링 캠프				
	19:30~21:30 21:30~	'120 '30	• 융합의 꽃 피우기 • 자유 힐링		선택 사항
2일차 (토)	제4부 분임토의 결과발표				
	07:30~08:20 08:20~08:50 09:00~10:10 10:10~10:30 10:30	'50 '30 '70 '20	• 조 식 • 산 책 • 분임토의 결과발표(코칭 전문가 발표) • 총평 및 시상 • 기념촬영 후 폐회		필수 사항 각 10분 내외 발표 (협의)

1) 상기 일정은 행사장과 단위 그룹 등 여건에 따라 다소 변경될 수 있음.
2) 공식행사 후 등산 등 극기훈련이나 각종 운동 프로그램을 여건에 따라 추진할 수 있음.

융합 및 협업 과제 발굴
Work Shop 관련서식 활용

융합 및 협업 과제 발굴 워크숍에서 성과를 거두기 위해서는 다음의 서식에 의거 참여기업의 사전정보에 대한 정리를 한 후 프로그램 기획을 해야 한다. 왜냐하면 경쟁사 배제원칙에 따라 조 편성을 해야 하고, 사전에 예상과제를 도출할 필요가 있기 때문이다. 따라서 단위 그룹의 여건에 따라 적의 조정하여 활용하면 유용할 것이다.

1) '〈서식#1〉신사업/신기술 발굴 참여신청서' 활용방법 : 프로그램 기획 완료 전후에 참여희망 기업에 대하여 신청서를 작성하여 제출하도록 한다. 대부분 워크숍에 참석하는 CEO들이 그냥 빈손으로 와서 워크숍에 참석하여 무엇인가를 얻어가려고 한다. 그러나 빈손으로 왔을 때는 대부분 빈손으로 돌아가게 마련인 것이 자연의 법칙이다. 워크숍 참여 신청서는 성과 중심의 워크숍을 목적으로 하는 그룹과 참여기업에게 반드시 요구되는 사항이다. 왜냐하면 참여기업의 사전정보가 있을 경우 워크숍 프로그램부터 달라진다. 충실한 프로그램을 기획할 수 있게 되는 것이다.

접수된 참여 신청서는 내용을 검토하여 프로그램에 반영할 것이 없는지 프로그램 기획자는 검토하여야 한다. 동 신청서에 의거 어떤 분야의 기술융합이나 협업이 필요한지를 파악하여 조 편성에 반영하여야 한다. 그런 후 동 신청서는 코칭을 맡을 코칭 전문가에게 사전에 리뷰할 수 있도록 조치를 취한다.

2) '〈서식#2〉융합 비즈니스(협업) 모델 개요서' 활용방법 : '〈서식#1〉신

사업/신기술 발굴 참여신청서'를 받은 코칭 전문가는 내용을 충분하게 검토하여 융합기술 분야와 협업 비즈니스모델에 관한 정부를 사전에 파악하고 참여하도록 한다. 사전에 파악된 자료를 바탕으로 '〈서식#2〉융합 비즈니스(협업) 모델 개요서'를 작성하여야 한다. 따라서 '〈서식#1〉신사업/신기술 발굴 참여신청서'의 내용이 충실하지 않으면 모델 개요서의 내용이 충실할 수가 없는 것이다. 워크숍 참석자의 열린 마음이 전제되지 않는 한 훌륭한 과제 발굴을 기대하기 어렵다는 이야기이다.

코칭 전문가가 워크숍에 참석하여 사전에 분석된 '〈서식#2〉융합 비즈니스(협업) 모델 개요서'를 토대로 정보자료의 확인 또는 워크숍에서 지득한 정보를 수정·보완하여야 한다. 동 자료를 기반으로 다음날 진행될 발굴된 과제의 발표 자료를 ppt로 작성하여 발표준비를 한다. 발표 자료가 완성되면 발표 전에 참여자들의 검토를 받아 확정한다. 발표 시 기업의 비밀이 요구되는 경우를 감안하여 발표 자료를 작성한 후 발표한다. 프로그램의 사정에 따라 발표를 생략하고 참여기업들에게만 제공할 수 있다.

이렇게 발굴된 과제는 융합 R&D 기획과제나 R&D 지원사업에 참여하여 사업화의 수월성을 제고한다. 물론 이 경우 사업화의 성공률을 제고하기 위하여 중소벤처기업부로부터 협업 비즈니스모델에 의한 협업사업 선정을 받아 추진하면 더욱 좋을 것이다.

〈서식#1〉

신사업/신기술 발굴 참여신청서

업종			업태		
주력제품 및 기술명	– 주력제품 : – 보유기술 :				

인증현황	벤처 인증	이노비즈	ISO 인증	신기술 인증	신제품 인증	기타

주력제품·서비스	제품(서비스)명 1	제품(서비스)사진
	제품(서비스)설명:	
	제품(서비스)명 2	제품(서비스)사진
	제품(서비스)설명:	
	제품(서비스)명 3	제품(서비스)사진
	제품(서비스)설명:	

애 로 사항		
분야	주 요 애 로 사 항	협력이 필요한 사항
R&D		주) 필요한 기술이 있으면 기재해 주세요. 특허기술 무료지원사업으로 연계할 예정입니다.
마케팅		
생산		
시설		
인력		
기타		

신사업/신기술 발굴을 위한 융·복합 과제 발굴 참여신청서를 위와 같이 제출합니다.

년 월 일

신청기업 : ㈜○○○○ 대표이사 ○○○ (인)

융합 비즈니스(협업) 모델 개요서
(Work-Shop용)

추진주체기업		대표자명	
분임조명		코 치 명	
조원명			

년　　월　　일

주) 융합전문가(코치)가 워크숍을 통하여 내용을 파악한 후 작성하면 더욱 바람직하다.

| 융합 비즈니스(협업) 모델 요약서

1. 사업 개요

사 업 명	
사업기간	20 년 월 일 ~ 20 년 월 일
추진주체	
참가업체	
사업비 (백만 원) 현금	
현물	
합계	

2. 사업의 목표 및 내용

사업 목표	
사업 내용	

3. 기대효과(기대수익 등)

II 협업체 구성현황

1. 협업체 참여업체 현황

구 분		추진주체	참가업체	참가업체	참가업체
협업 참여 분야					
업 체 명					
대 표 자					
업 종					
위치 (본사 및 분사)					
설 립 년 월 일					
자산 및 자본 (백만 원)					
상 시 인 력(명)					
전년도 매출액 (백만 원)					
연락처	전화				
	FAX				
	주 소				
	전자우편 (E-mail)				
	실무 책임자 성명				
	실무 책임자 소속				

2. 협업사업 운영 추진체계

※ 협업체 참여 업체의 협업 참여 분야에 따른 역할에 대해 그림으로 표시하고
   구체적으로 기술

(1) 운영 추진체계

(2) 추진 조직도

Ⅲ　협업사업 추진계획

1. 사업의 목적 및 필요성

▫ 사업의 목적

▫ 사업의 필요성

2. 사업내용

▫ 기술성

국내·외 관련 기술현황	

기술의 우수성 및 독창성	

기술의 파급효과 및 활용방안	

□ 시장성

국내 · 외 시장규모

국내 · 외 시장특성

국내 · 외 주요 수요처 현황

시장진출계획(마케팅계획 등)

※ 사업내용은 가능한 구체적으로 작성, 기술성 및 시장성은 필요에 따라 첨삭 가능

협업체 구성 협약서(안)

○ 사업명 : (○○○○ 검사장비 협업사업)

○ 협약당사자

　– "갑" : ㈜○○○○　　　　대 표 : ○○○

　– "을" : ○○○　　　　　　대 표 : ○○○

○ 협약기간 : 20　년　월　일 ~ 20　년　월　일 (　개월)

○ 사업비 : 세부 사업비는 추후 협업사업계획서 선정 신청 시 첨부되는 사업계획서 상에 기재하는 금액을 기준으로 한다.

"갑"과 "을"은 협업체을 구성하여 (○○○○　검사장비 협업사업계획)(이하 "협업사업"이라 한다)을 수행함에 있어서 성실과 신의의 원칙에 의거하여 다음과 같이 협약을 체결한다.

제1조(목적)

본 협약서는 협업사업을 수행함에 있어서 협약 당사자 간의 권리와 의무 등 제반사항을 정함에 있다.

제2조(역할 및 의무)

　① "갑"과 "을"은 붙임의 협업사업을 성실히 수행하여야 한다.

　② "갑"은 협업사업 운영에 필요한 행위에 있어 협업체 대표로서의 권리와 의무를 갖는다.

　③ "갑"과 "을"은 상대방의 사전 동의가 없는 한 본 협약상의 사업과 동

종의 사업을 독자적으로든 제3자와의 동업으로든 별도로 경영할 수 없으며, 이를 위반할 경우 상대방이 입은 모든 손해를 배상하여야 한다.

④ 협업사업을 수행하는 데 있어 "갑"과 "을"의 역할은 다음과 같다.

  "갑" : ○○○○ 검사장비 개발 및 생산

  "을" : ○○○○ 검사장비 판매(갑의 기존 판매처 제외)

⑤ "갑"과 "을"은 동 협업사업을 수행함에 있어 각종 협의, 조정 등을 담당할 담당자를 지정하여야 한다.

⑥ "갑"과 "을"은 협약 상대방이 협업사업 수행에 필요하여 요청하는 사항(정보 등)에 성실히 응하여야 한다. 다만, 협업사업 수행과 관련이 없는 사항은 응하지 않을 수 있다.

⑦ "갑"은 매월 10일 지난 첫번째 월요일로 정기회의를 개최하여 "을"과 협업사업의 진행사항을 협의하여야 한다.

⑧ "갑"과 "을"은 협약 상대방의 요구에 따라 언제든지 협업사업과 관련된 영업 및 거래에 관한 재무제표를 제시하고 영업전반에 관한 사항을 보고하여야 한다.

제3조(추가 소요비용 부담)

"갑"과 "을"은 사업계획 선정 신청서상의 사업비 이외에 담당 역할을 수행함에 있어 추가적으로 소요되는 비용은 각자가 부담한다. 다만, 협업사업 수행과 관련되어 공동으로 부담하여야 할 추가 소요비용은 상호 간에 협의하여 분담을 결정한다.

제4조(제품공급단가 및 수익의 배분)

① "갑"과 "을"은 ○○○○ 검사장비 판매를 위한 제품 공급 시 상호 간에 확인된 실제 원가로 공급한다.

② ○○○○ 검사장비의 판매원가는 매분기별로 관련 당사자가 상호 협의하여 견적가 및 이윤을 결정하여 판매가격을 결정한다.

③ "갑"은 2009년 10월 01일부터 본 협약기간 중 매 반기 말일 "을"에게 제2항에 따른 수익 내역을 관련 자료와 함께 제시하고 상호 협의 하에 확정된 별지의 수익 배분 기준에 따라 손익계산서상의 세전순이익에서 "갑"과 "을"의 배분율은 50:50으로 배분하여 익월 말까지 지급하여야 한다. 다만, 연말 결산 후 수익 배분율에 이의가 있을 경우 타당한 사유를 제시하여 상호 협의 하에 수익배분비율을 조정할 수 있다.

제5조(품질보증)

① 협업사업 제품의 품질 이상으로 인한 소비자에 대한 배상(제조물책임, 환불, A/S)은 "갑"이 책임을 지되 제2조 ④항의 업무분장에 준하여 품질 보증을 한다.

② "갑"과 "을"은 협업사업 추진에 차질이 없도록 일정을 준수하여야 하며, 일정을 준수하지 못하여 발생한 손해에 대해서는 해당업체가 손실을 보전해 주어야 한다.

제6조(협약의 변경)

"갑"과 "을"은 본 협약의 일부를 개정 또는 보완할 필요가 있는 경우에는 상호 협의하여 변경할 수 있다.

제7조(협약의 해약)

① "갑"과 "을" 중 어느 하나가 특별한 사유 없이 본 협약에서 규정한 제반의무를 다하지 아니했을 경우 상대방은 본 협약을 해약할 수 있다.

② "갑"과 "을" 중 어느 하나가 부도, 파산, 화의, 휴업, 폐업, 감독관청

으로부터 영업정지 및 영업면허 또는 영업등록 취소 처분된 경우 상대방은 본 협약을 해약할 수 있다.

③ "갑"과 "을" 중 어느 하나가 협업사업 참여를 포기하고자 하는 경우 본 협약을 해약할 수 있다. 다만, 이 경우에는 사전에 상대방의 동의를 얻어야 한다.

④ "갑"과 "을" 중 어느 하나가 중소기업 간 협업 지원사업 운영지침을 위반하여 중소벤처기업부로부터 협업사업 선정 취소 등의 제재조치를 받은 경우 상대방은 본 협약을 해약할 수 있다.

⑤ 제1항 내지 제4항에 따라 협약을 해약한 경우, 해약에 책임이 있는 업체는 상대방이 입은 모든 손해에 대하여 배상을 하여야 하며, 협업사업과 관련된 모든 권리를 포기하고, 본 협약상의 사업과 동종의 사업을 독자적으로든 제3자와의 동업으로든 별도로 경영할 수 없다.

제8조(비밀보장)

"갑"과 "을"은 본 협약 이행과정에서 상대방이 제공하는 모든 정보 및 자료를 사전 협의 없이 어느 누구에게도 판매, 복사, 발표, 정보제공 및 기타 이와 유사한 행위를 일체할 수 없고, 이를 준수하지 않아 상대방에게 피해가 발생하였을 경우에는 가해자로서 피해보상을 하여야 한다.

제9조(조정)

본 협약서에 기재하지 않은 사항에 대하여는 당해 ○○전문가의 조정 권고안에 따르고, 이에 불복하는 경우 당해 교류회 소속 연합회 지침 또는 중소기업융합중앙회의 해석에 따른다.

제10조(일반사항)

① 본 협약서에 명기되지 아니한 사항 및 본 협약 내용 해석상 이의가

있을 때는 상호 협의하여 결정한다.

② 제9조 및 제1항의 규정에도 불구하고 분쟁이 생길 경우, "갑"의 주소지 관할법원에서 분쟁을 조정한다.

제11조(협약의 효력)

본 협약서는 4부를 작성하여 "갑", "을", "병", "정"이 각각 1부씩 보관하고, 협약서의 효력은 협약 당사자 간에 서명·날인한 날로부터 유효하다.

20 년   월   일

(갑) 추진주체명 : 주식회사 ○○○

　　　주 소 :

　　　대표자 :　　　　　　　　(인)

(을) 참가업체명 : 주식회사 ○○○

　　　주 소 :

　　　대표자 :　　　　　　　　(인)

〈입회인〉

(병) ○○전문가 :

　　　주 소 :

　　　성 명 :　　　　　　　　(인)

(정) ㈜중소기업○○연합회

　　　주 소 :

　　　대표자 :　　　　　　　　(인)

Part 8

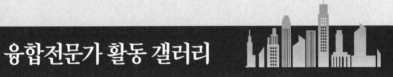

융합전문가 활동 갤러리

융합특강 및
주요활동

㈜머니투데이가 주관한 〈2010 신성장동력 중소기업CEO초청 民官 오픈 포럼〉에서 '이업종은 영원한 미래산업'이라는 주제로 강연하고 있는 필자(서울 소공동 롯데호텔, 2010.03.18.)

제주도 비전 CEO 융합교류회와 충북 직지 바이오 융합교류회와의 수륙협력 유통법인 조인식 및 세미나에서 '이업종은 영원한 미래산업'을 주제로 강의하고 있는 필자(2010.04.27.)

전남 장성군 소재의 한 펜션에서 개최된 협업PM 워크숍에서 '융합시대 Solution 협업'을 주제로 강의하는 필자(2011.06.24.)

한 · 일 중소기업 협업 세미나에서 발표하고 있는 필자(2012.11.29.)

㈜넷비즈월드가 시행한 필리핀 국제협업 세미나에서의 '융합과 협업 전략'을 주제로 강연하고 있는 필자(2015.10.30.)

㈔중소기업융합대구경북연합회에서 주관한 2015 대구경북 중소기업 융합창조 리더십 연수에서 '이업종 교류의 정체성과 방향성'을 주제로 강의하고 있는 필자(2015.03.20.)

안동융합교류회에서 '융합시대 신 비즈니스모델–협업전략'을 주제로 강의하고 있는 필자(2012.11.20.)

(사)중소기업융합경기연합회에서 '이업종 활성화 전략과 리더의 역할'을 주제로 특강하고 있는 필자(2009.12.07.)

(사)중소기업융합중앙회가 주최한 협업지도발표 · 토론회에서 강의를 마친 필자(앞줄 왼쪽에서 세 번째, 2013.12.11.)

단하융합교류회 월례회의에 참석하여 '이업종 활동원칙과 추진과제'를 주제로 특강하고 있는 필자(2012.11.14.)

명단융합교류회 월례회의에 참석하여 '이업종 활동원칙과 추진과제'를 주제로 특강하고 있는 필자(2012.04.23.)

서원경융합교류회 6대 회장 취임식에 참석하여 '융합을 통한 협업 비즈니스 발굴전략'을 주제로 협업 세미나 특강하고 있는 필자(2015.04.24.)

직지바이오융합교류회 월례회의에 참석하여 '융합정책 트랜드&신 비즈니스모델'을 주제로 특강하고 있는 필자(2012.12.10.)

진천융합교류회 월례회의에 참석하여 '이업종 활동원칙과 추진과제'를 주제로 특강하고 있는 필자(2012.07.18.)

Part 8 융합전문가 활동 갤러리

청주융합교류회 월례회의에 참석하여 '융합을 통한 협업 비즈니스 발굴전략'을 주제로 특강하고 있는 필자(2015.03.11.)

(재)대중소기업협력재단이 주최하는 2012년도 제2차 중소기업대상 협업교육에서 '융합과제 발굴기법과 협업'을 주제로 강의하고 있는 필자(2012.06.22.)

증평이업종교류회 발대식에서 '이업종 교류활성화를 위한 중소기업 간 협업사업 활용방안'을 주제로 강의하는
필자(2010.10.14.)

위 : 분임토의하는 모습(중원대학교 융합기계전기전자부품공학과 분임조)
아래 : ㈜중소기업융합충북연합회가 주최한 〈2014년 충북 중소기업CEO 융합 및 협업 세미나&융합 리더
워크숍〉을 마치고(2014.11.01.)

필리핀 세미나 종료 후 필리핀 주요 상업 텔레비전 및 라디오 방송사인 GMA 뉴스 취재 인터뷰 후
기념촬영하고 있는 필자(오른쪽에서 첫 번째)(2015.10.30.)